Contenido

PRÓLOGO

En nuestra opinión, un libro de modismos no puede considerarse nunca una obra completamente terminada. Y esto, no sólo porque siempre pueden añadirse aquellas expresiones más o menos importantes que hayan quedado atrás, sino porque, inevitablemente, con el paso del tiempo, algunos de los modismos incluidos irán cayendo en desuso y serán reemplazados por otros nuevos, imposibles de prever en estos momentos.

Nuestra selección es, como puede verse, de espectro bastante amplio. Sin embargo, no aspiramos ni mucho menos a complacer los gustos de todos. Recordamos que en una ocasión, recién aparecido el entonces Diccionario Conciso de Modismos, fuimos testigos por casualidad en una librería de la decepción de un colega al comprobar que la expresión «muerto el burro cebada al rabo» no aparecía en el Diccionario. Incidentalmente, este curioso refrán queda recogido en esta edición pero, qué duda cabe, debe de haber otros tan interesantes, o más, que sigan brillando por su ausencia. Nunca fue nuestra intención dar listas exhaustivas de modismos que el lector puede encontrar sin duda fácilmente en diccionarios ingleses especializados en la materia, a los que tanto debe este libro por otra parte.

Nuestro objetivo, más modesto si se quiere, pero igualmente apasionante para nosotros, ha sido y es realizar un pequeño estudio contrastivo de los modismos ingleses y españoles, poniendo de relieve slas curiosas diferencias entre las dos lenguas («a blue joke» —un chiste verde—; «green with envy» —muerto de envidia—; «a cat has nine lives» —siete vidas tiene un gato—, etc.), pero también las coincidencias en ambas culturas en su modo de interpretar el mundo que las rodea («the black sheep» —la oveja negra—; «to dig one's own grave» —cavar su propia tumba—; «to take the bull by the horns» —coger al toro por los cuernos—, etc.). Si en este terreno de acercamiento entre los dos pueblos a través de sus dichos y expresiones populares hemos conseguido avanzar algo, nos consideramos más que satisfechos.

En cuanto a la frecuencia de uso de los modismos, debemos advertir que nuestro criterio, basado en nuestra experiencia y en la comprobación personal de uso en las fuentes manejadas, tanto orales (conversaciones directas, películas, grabaciones, etc.) como escritas (revistas, periódicos, novelas, páginas web, etc.), está sujeto naturalmente a error. Por otra parte, hemos podido constatar que la frecuencia de empleo de un modismo por los propios nativos varía notablemente de una región a otra, de una familia a otra, e incluso entre los miembros de una misma familia: el padre o la madre, por ejemplo, pueden estar muy familiarizados con una determinada expresión que los hijos ni siquiera conocen, o viceversa. Por todo ello, nuestra clasificación tiene tan sólo valor orientativo y debe tomarse con todas las reservas que ello implica.

No debe olvidarse tampoco que los modismos tienen prácticamente todos una base metafórica, por lo que no es raro encontrarlos en forma ligeramente modificada a la dada en los diccionarios: «Mr. Giuseppe, she thought, would have better fish to fry elsewhere»[], o en forma de metáfora desarrollada, exponiendo una imagen que se retoma y se amplía a continuación: «He was crying "sour grapes". And "these grapes" were totally and hopelessly out of reach.»[]. Estas expresiones suelen presentar no pocos problemas de comprensión al lector no nativo, pero creemos que el conocimiento del modismo original es, en cualquier caso, requisito indispensable para entenderlas.

Por todas estas razones, nuestra selección, hecha fundamentalmente siguiendo el criterio de uso más extendido en el Reino Unido actualmente, aunque con algunas variantes usadas en los Estados Unidos, aspira a ser el comienzo de una colección que cada cual podrá ir aumentando por su cuenta. En cualquier caso, es nuestro sincero deseo que este libro sea del agrado de profesores y alumnos, traductores y, en general, de todas aquellas personas que se sienten atraídas por el apasionante mundo de los dichos y expresiones idiomáticas.

EL AUTOR

CÓMO MANEJAR ESTE LIBRO

Cada entrada lleva, además de la expresión correspondiente en español y en inglés, la indicación del carácter del modismo en inglés, cuando éste no es de tipo general (sl. = slang o argot, vulg. = vulgar, tabú, etc.) y la frecuencia de uso del mismo (tres asteriscos, dos o uno. según sea más o menos frecuente). La mayoría de los modismos llevan al menos un ejemplo en inglés y en español, especialmente aquellos que entendemos podrían presentar alguna dificultad de interpretación por parte del estudiante de habla española.

Los artículos están clasificados por orden alfabético, según la palabra que se considera lleva el peso semántico de la frase: así, «haber gato encerrado» lo encontrará el lector bajo el epígrafe 'gato'. Hemos preferido esta distribución, que permite al alumno encontrar bajo un solo epígrafe los modismos más usuales relacionados con una determinada palabra. Así, volviendo al ejemplo anterior, bajo el epígrafe 'gato', encontrará el lector otros modismos frecuentes con esta palabra: «buscarle tres pies al gato», «dar gato por liebre», «haber cuatro gatos», etc. De cualquier manera, para facilitar aún más la búsqueda, se incluye al final un índice por riguroso orden alfabético (excepto artículos): «El perro del hortelano» se incluye en 'perro', etc. Así, aconsejamos buscar el modismo primero en el índice, donde se encontrará el epígrafe bajo el que está incluido: por ejemplo, «sacar los pies del plato», en «pelo», 2 («soltarse el pelo».) Un amplio sistema de referencias permite al alumno encontrar rápidamente otras expresiones relacionadas. Por último, para aquellas expresiones, tanto inglesas como españolas, que no tienen un modismo equivalente en el otro idioma, damos como alternativa una traducción adecuada, que marcamos como (trad.).

INTRODUCCIÓN

1. ¿Qué es un modismo?

Entendemos por «modismo» toda expresión que significa algo distinto a lo que las palabras que la componen parecen indicar. Es un modismo español, por ejemplo, «andarse por las ramas», ya que al oírlo nadie piensa en el significado literal de 'andar por las ramas de los árboles', sino en el figurado de «no ir directo a un asunto», «dar rodeos». Del mismo modo, un inglés, cuando oye el modismo «he's always blowing his own trumpet» (lit. 'siempre está tocando su propia trompeta'), no se le ocurre pensar en este instrumento musical, sino en 'una persona que alaba sus propias virtudes' o, como decimos en español, alguien que «no tiene abuela».

Usamos la palabra «modismo» en un sentido amplio, que abarca los refranes de uso más extendido: «Obras/hechos son amores y no buenas razones/una cosa es predicar y otra dar trigo» - Actions speak louder than words, e incluso algunas citas muy conocidas: «A Dios lo que es de Dios (y al César lo que es del César)» - Render unto Caesar the things which are Caesar's.

2. En pro y en contra del modismo

El tema de los modismos, debido sin duda a su propio interés, despierta una viva polémica entre eruditos y profesores dedicados a la enseñanza de los idiomas. Por los refractarios al modismo se aducen toda clase de razones en contra. Desde que su interés es puramente anecdótico y que, por tanto, no merece la pena dedicar mucho tiempo a su enseñanza, hasta que constituyen una muestra de vulgaridad, aparte de empobrecer el idioma, encasillándolo en unos moldes rígidos y perjudicando su evolución, hay opiniones para todos los gustos. Por otra parte, sus defensores a ultranza proclaman a los cuatro vientos que los modismos son la «salsa» del idioma, y que, lejos de empobrecerlo, lo enriquecen con su variada gama de ingeniosos dichos y expresiones, reflejo del alma popular que les da vida. En consecuencia, les dedican amplio tiempo y lugar preferente en sus enseñanzas. En algunos, incluso, la cuestión llega a adquirir ribetes de auténtica obsesión. Recordamos a este respecto el caso de aquel profesor que llegó a ponerle a sus alumnos el siguiente ejercicio de traducción1:

«El español medio duerme como un lirón, come como una lima y tiene vista de lince, pero lleva una vida de perro. Para poder estar a las duras y a las maduras, tiene que ser astuto como el zorro. Aunque el amor, del que a menudo hace su caballo de batalla, le vuelve alegre como unas castañuelas y más contento que unas pascuas, no le gusta hacer el indio, ni que se la den con queso. Por tanto, si las mujeres le dan demasiados plantones, sobre todo cuando hace un frío que pela, se mosquea rápidamente y, lejos de andarse por las ramas, no duda en coger al toro por los cuernos, porque, aunque sabe hacerse el tonto para conseguir lo que quiere, no le hacen comulgar con ruedas de molino. Puede que caiga enfermo como un perro, con una fiebre de caballo, pero sabrá soportarlo todo sin inmutarse lo más mínimo, porque, si bien a veces charla por los codos, también sabe ser, llegado el caso, callado como una tumba. Reconozcan que es un bicho raro.»

Nos imaginamos los sudores de los alumnos para completar este ejercicio (véase su traducción en el apéndice, 1).

3. El modismo en su justo término

Lejos, no obstante, de las exageraciones en uno u otro sentido, es evidente que, como tantas veces ocurre, la virtud está en el término medio. Sin llegar a los extremos peligrosos del abuso obsesivo, es indudable que el modismo tiene un lugar importante en la enseñanza de los idiomas modernos, y corresponde al profesor la labor de seleccionar aquellos que juzgue más interesantes y presentarlos a sus alumnos por etapas, graduados según su dificultad. Sin embargo, para que el modismo conserve todo su valor debe cumplir los siguientes requisitos:

---

1 Versión española de *Le Jacassin* (retrato jocoso de un francés) de PIERRE DANINOS. Livre de Poche, Hachette, 1962..

a) Que sea de amplia difusión. En efecto, son los modismos que usamos todos los días los que verdaderamente interesa conocer. Hay algunos modismos usados en determinadas profesiones u oficios, o en algunas regiones, que tienen, sin duda, un sabor pintoresco o anecdótico, pero que, debido a su escasa difusión, constituyen más una carga innecesaria de memoria que auténticos conocimientos útiles.

b) Que su uso sea espontáneo, nunca forzado. Hay veces que, sin darnos cuenta, usamos varios modismos seguidos en una conversación. Pero encajan tan bien en el contexto, vienen tan a cuento, que su empleo resulta completamente natural. El peligro para el alumno es dejarse llevar por su entusiasmo y emplear en exceso y a destiempo los modismos que va aprendiendo, resultando a menudo frases tan rebuscadas como: "I put my foot down, because it was the last straw" ("dije que hasta aquí podíamos llegar, porque era la última gota"), o "I'm between the devil and the deep blue sea and I'll wait till the cows come home" ("estoy entre la espada y la pared, y esperaré hasta que las ranas críen pelo"). No lo olvidemos, el modismo tiene que surgir de manera espontánea, y es ahí donde radica su mayor encanto. Aunque el modismo se oye mucho más en conversaciones familiares o entre amigos, no hay absolutamente ningún círculo donde su uso esté excluido y, a veces, con tal que el momento elegido sea oportuno, el modismo en un ambiente oficial o diplomático puede servir para aliviar tensiones e incluso para solucionar situaciones de verdadero callejón sin salida.

4. El modismo como reflejo de la idiosincrasia de un pueblo

El conjunto de modismos de una lengua constituye un valioso caudal atesorado por un pueblo a lo largo de muchos años de luchas y experiencias. El modismo surge casi siempre espontáneamente, hijo del ingenio popular; repetido luego de boca en boca y consagrado, por último, por la pluma de los grandes escritores, se convierte en moneda corriente, usada por todos sin preocuparse de su origen, que casi siempre se pierde en la niebla de los tiempos (véase Origen de los modismos).

Siendo, pues, obra del pueblo, es lógico que reflejen su carácter y sus costumbres. Así, no es de extrañar que un pueblo como el español, amante de las corridas de toros, haga abundante uso de expresiones relacionadas de algún modo con la «fiesta». «Ver los toros desde la barrera», «echar un capote», «tirarse al ruedo», «poner un par de banderillas», «estar al quite»2 o «para el arrastre» y hasta «poner los cuernos», todos tienen algo que ver con los toros, mientras que para el inglés, gran consumidor de té desde tiempos del Imperio, una persona que no le cae bien no es precisamente «su taza de té» ("he's not my cup of tea "). Aquí el español, siempre a vueltas con la Iglesia, diría probablemente «no es santo de mi devoción».

Pero las costumbres cambian, y aunque el pueblo, siempre conservador en cuestiones de lenguaje, siga utilizando modismos que reflejan usos hace tiempo desaparecidos («llevar el agua a su molino», «mandar a la porra»), otros van quedando anticuados y van siendo remplazados por los de nueva creación. De esta forma, el repertorio está en constante renovación, y puede darse el caso de que un modismo muy popular entre una determinada generación no sea ni siquiera entendido por otra. Para el que estudia un idioma extranjero, éste es ciertamente un problema con el que puede tropezarse. En cualquier caso, los profesores harán bien en cerciorarse de que el modismo que enseñan tiene una aceptación tan amplia como para justificar su aprendizaje. Hemos incluido, no obstante, algunos pocos modismos ya obsoletos o arcaicos, que consideramos pueden ser de utilidad en la lectura de obras literarias.

5. Imposibilidad de la traducción literal

Otro problema con el que se enfrenta el profesor de idiomas en este terreno es el de la traducción de los modismos. Cuando un profesor de inglés tiene que dar a sus alumnos un modismo como «what's sauce for the goose is sauce for the gander», puede preguntarse qué clase de traducción es la más conveniente. Si les da la literal, los alumnos aprenderán que «lo que es salsa para la gansa es salsa para el ganso», y es posible que muchos se pregunten, con razón, qué diablos querrán decir los ingleses con eso. Si, en cambio, les da la traducción libre en correcto castellano: «o jugamos todos o se rompe la baraja», más de un alumno, al no ver por ninguna parte la palabra «jugar» o la palabra «baraja», empezará a pensar si a su profesor no le faltará algún tornillo, después de todo. Sin embargo, aunque la fachada sea tan diferente, la idea que se esconde tras esos dos modismos es exactamente la misma: igualdad de oportunidades, todos iguales. Es esta idea la que hay que descubrir y traducir en cada caso, simple y llanamente. Puede darse el caso —de hecho es más frecuente de lo que se cree—, como el antes reseñado, de que un modismo se pueda traducir por otro en el respectivo idioma, y también puede ocurrir que no tenga

---

2 *To be ready to help / to come lo the rescue.*

equivalente, pero aunque la traducción literal resulte imposible o absurda, siempre se podrá traducir la idea que se ha querido expresar. Cualquier idioma tiene recursos de sobra para ello. Qué más da que un inglés esté 'más loco que un sombrerero' («mad as a hatter») y un español «como una cabra», si, en definitiva, los dos están locos, y qué importa si a un español le «tienen de plantón» y al inglés lo dejan que se le «enfríen los talones» («to leave sb to cool his heels»), el resultado es que ambos tienen que esperar, o que, cuando llueve, para el español llueva «a cántaros», y para el inglés 'gatos y perros' («it's raining cats and dogs»), el caso es que se moja todo el mundo. Y aunque nos encontremos con modismos tan españoles como «echar un capote» o tan ingleses como ser un «dark horse» (caballo oscuro), siempre se puede encontrar la traducción de la idea que se ha querido expresar: «ayudar a alguien», en el primer caso, y «prácticamente un desconocido», «alguien cuyas posibilidades se ignoran, pero que puede dar la sorpresa y resultar vencedor», en el segundo. Para los modismos ingleses que ofrecemos a nuestros lectores hemos echado mano del modismo español equivalente, siempre que lo hemos podido encontrar; en caso contrario, hemos procurado dar una traducción clara y concisa de la idea encerrada en el mismo. Idéntico criterio se ha seguido para los modismos españoles, dejando fuera sólo unos cuantos que, por reflejar hechos exclusivamente españoles3, hubieran requerido una traducción explicativa demasiado larga, lo que queda fuera del alcance de este libro.

6. Diferente interpretación según contexto

No es extraño encontrar modismos, cuya interpretación depende del contexto. Así 'estar como una moto', por ejemplo, puede entenderse como estar sobrexcitado y lleno de energía, to be overexcited, exitado sexualmente, to be randy/horny, o en un estado de euforia producido por la droga, to be high. Lo mismo ocurre con 'dar calabazas', para el que hay que distinguir entre 'a un enamorado', to turn him down o 'a un estudiante', to flunk him. 'Sentar como un tiro' admite igualmente distintas interpretaciones, según nos refiramos a una comida (not agree/disagree with sb): la lasaña me sentó como un tiro - the lasagna disagreed with me; a un acto ajeno (to be miffed that...): me sentó como un tiro que saliese con ella - I was really miffed that he was going out with her, o a ropa o peinado (to look terrible on sb, not suit sb at all).

---

3   «Poner un par de banderillas a alguien», por ejemplo. Lo más parecido podría ser «*to have a dig at sb*» «llanzar una pulla a alguien».

En ciertos casos de dichos o refranes de difícil traducción, la contextualización es imprescindible para una mejor interpretación en inglés de la expresión española. Examinemos los siguientes refranes:

a) cría cuervos (y te sacarán los ojos)

b) doctores tiene la (Santa Madre) Iglesia

c) mal de muchos, consuelo de tontos

En lugar de dar en nuestro diccionario un equivalente inglés sin más, lo que podría resultar demasiado vago o incluso engañoso, recurrimos en los tres casos a una frase introductoria aclaratoria o a un ejemplo contextualizador:

a) «We haven't been lucky with our children; after all we've done for them they've repaid us with nothing but ingratitude; it's a clear case of biting the hand that feeds you».

b) «(That's not for me to say) there are competent/wise people well able to pass an opinion on that».

c) «My car has been stolen». «Car thefts happen here every day». «That's cold comfort».

7. Origen de los modismos

Como ya hemos indicado, el modismo nace del ingenio del hombre, y es tan antiguo como el hombre mismo; así, excepto en casos aislados, es muy aventurado conjeturar sobre sus orígenes. Por otra parte, a efectos prácticos, poco importa cuál sea su origen, puesto que lo que cuenta es su significado actual. Podemos, eso sí, y sólo a título de curiosidad, pasar revista a las distintas fuentes en las que los hombres en general, y los ingleses en particular, se han basado para inventar sus giros y expresiones. Está, en primer lugar, la Naturaleza misma: el cielo, la tierra, el agua, han dado pie al hombre para infinidad de modismos: «every cloud has a silver lining» (siempre hay un rayo de esperanza, la esperanza es lo último que se pierde), «to shake like a leaf» (temblar como una hoja, como un azogado), etc. Los animales, con sus costumbres, son también fuente inagotable de expresiones: «to chew sth over» (rumiar un asunto) y «to retreat into one's shell» (meterse en su concha), por ejemplo, han sido inspirados al hombre por sendas costumbres animales. A veces, guiado por su ignorancia, no ha dudado en asignar a los animales costumbres o cualidades no muy exactas que digamos, como la ceguera, atribuida en el modismo inglés al murciélago («blind as a bat»), la cual investigaciones científicas posteriores han desmentido. Pero no importa, terco como una mula, el inglés seguirá diciendo 'ciego como un murciélago' probablemente hasta el día del Juicio Final4. Otras veces nos divertimos adjudicando a las pobres bestias costumbres o caracteres que consideramos poco airosas para los humanos, y así tenemos: «mad as a March hare» (lit. más loco que una liebre en marzo= «más loco que una cabra») o «like a cat on hot bricks» (lit. como un gato sobre ladrillos ardiendo), nuestro «más nervioso que el jopo de una chiva». Pero no sólo en los animales se fija el hombre para sus modismos, también su propio cuerpo, de la cabeza («perder la cabeza» = to lose one's head) a los pies («meter la pata» = to put one's foot in it), pasando por el corazón («ojos que no ven, corazón que no siente» = what the eye doesn't see the heart doesn't grieve over), le ha servido de base para muchos.

Entre las costumbres y tradiciones hay de todo: costumbres curiosísimas, como la de los fugitivos, de arrastrar un arenque por el suelo para despistar a los perros que les perseguían («to draw / pull a red herring across the track»), de donde procede la expresión, todavía en uso, a red herring = una pista falsa, una maniobra de diversión); modismos reminiscentes de tiempos medievales, algunos con su sabor amargo de privaciones o torturas crueles: damos dos ejemplos: «One might as well be hanged for a sheep as for a lamb» (lo mismo da que lo ahorquen a uno por una oveja que por un cordero, nuestro «de perdidos, al río») y «to haul somebody over the coals» (arrastrar a alguien sobre los carbones encendidos, nuestro «dar un buen rapapolvo»). El primero nos lleva a los tiempos de Robín Hood, cuando era crimen castigado con la pena de muerte cazar en los bosques reales; el segundo nos recuerda las torturas a las que sometían los reyes normandos al pueblo sajón para sacarle el dinero. «A feather in one's cap» (una pluma en el gorro, nuestro «apuntarse un buen tanto») nos trae a tiempos un poco más próximos, y nos habla de las plumas que añadían los indios americanos a su cabellera por cada blanco que mataban5, desde su punto de vista, «apuntarse un buen tanto», en efecto. Pasamos brevemente por el pintoresco

---

4   *Till doomsday.*

5   Según versión del profesor W. FREEMAN, en su *A Concise Dictionary of English Idioms*, Universities of England Press. Según otras versiones, se trataría simplemente de las plumas añadidas por los cazadores (arqueros) a su gorro por cada pieza cobrada.

«Hobson's choice» (la opción de Hobson = no tener opción, en realidad), que debe su origen a la costumbre de un simple mozo de cuadra de Cambridge, que, por no molestarse, cuando le pedían un caballo, invariablemente ofrecía el más próximo a la puerta, y citamos, por último, en este apartado, la curiosa manía de los pueblos de largar el mochuelo de sus defectos a sus vecinos: así, ausentarse sin pedir permiso es para los ingleses «to take French leave» (tomar licencia o «despedirse a la francesa») y, para los franceses, irse sin decir adiós es «filer á l'anglaise» (largarse a la inglesa).

Amantes siempre de la cacería, no puede extrañar que los ingleses hayan acuñado expresiones como «to beat about the bush» (lit. golpear por la maleza), derivado de la costumbre de los cazadores de batir la maleza para hacer salir la pieza (nuestro «andarse por las ramas») y «to run with the hare and hunt with the hounds» (lit. correr con la liebre y cazar con los galgos), nuestro «repicar y andar en la procesión», evocadores de tantas y tantas jornadas de caza con jauría en castillos y Manor Houses (casas señoriales). Por otra parte, pueblo marinero por excelencia, los británicos han tomado del mar cientos de modismos, como «to take the wind out of sb's sails» (lit. quitar el viento de las velas a alguien), nuestro «bajarle a alguien los humos» y «all hands to the pump / on deck» (todas las manos —hombres, marineros— a cubierta), nuestro «todos a arrimar el hombro», modismos que tantos viajes y aventuras a bordo de los navíos de su majestad deben sugerir a las mentes inglesas.

La literatura también, desde la Biblia, con su regusto puritano, hasta el universalmente admirado Shakespeare y otros insignes escritores posteriores, pasando por las fábulas y cuentos de sabor popular, han aportado su granito de arena a enriquecer la lengua inglesa con modismos deliciosos. De influencia bíblica citaremos «to kill the fatted6 calf» (matar el cordero cebado para celebrar la vuelta del hijo pródigo) o «to have forty winks» (lit. dar cuarenta cabezadas, nuestro «dar una cabezadita») en el que forty tiene un valor de número indefinido (compárese al respecto el dicho español: «te lo he dicho cuarenta veces»). De Shakespeare proceden gran cantidad de modismos, como los curiosos «to out-Herod Herod7» (superar en crueldad a Herodes, es decir, «ser más papista que el papa») y «all Greek to me» (lit. todo griego para mí, nuestro «no entiendo ni jota»). Para los modismos, como para todo, mostró Shakespeare una fecundidad y agudeza fuera de serie, aunque para algunos se basara el genial escritor en fuentes anteriores, y es que verdaderamente «no hay nada nuevo bajo el sol». De

---

6   Alteración de *fattened.*

7   Herodes era siempre representado, en los Milagros de la Edad Media (Miracle Plays), como un personaje cruel, jactancioso y bravucón

los modismos tomados de fábulas y cuentos, la lista es interminable: «To be a dog in the manger» («ser el perro del hortelano»), «to cry wolf» (gritar «que viene el lobo», falsa alarma), «sour grapes» («no están maduras», de la fábula de la zorra y las uvas), «to bell the cat» («ponerle el cascabel al gato»), «to count one's chickens before they're hatched» («contar los pollos antes de que salgan del cascarón», del cuento de la lechera) por no citar más que unos pocos, son otros tantos recuerdos imborrables de nuestra niñez.

Pero el pueblo, siempre ingenioso, no necesita haber leído nada para inventar modismos: los refranes nos hablan de la sabiduría popular, y así tenemos «a stitch in time saves nine» («un remiendo a tiempo ahorra ciento», «el que arregla la gotera, arregla la casa entera»), «the early bird catches the worm» (lit. el pájaro madrugador caza el gusano, nuestro «a quien madruga, Dios le ayuda»), etc. Tanto en inglés como en español es frecuente encontrar estos refranes, deformados por el uso, abreviados a su primera mitad: «The last straw (breaks the camel's back)», «la última gota» (de agua, que hace rebosar el vaso), «there's many a slip ('twixt the cup and the lip)», «del dicho al hecho (hay gran trecho)», etc. De la vida de todos los días extrae también la gente expresiones llenas de colorido, algunas tan graciosas como «to catch sb with his trousers down» («pillar a alguien con los pantalones bajados»), en español, o, al menos, en andaluz, de implicación algo más escatológica.

En su afán de novedad y concisión, poco le importa al pueblo saltarse a la torera8 las reglas de sintaxis, y así nos ofrece en breves píldoras, llenas de ingenio, modelo de saber: «Easy come, easy go («lo que fácil viene, fácil se va»), «grasp all, lose all» («quien mucho abarca, poco aprieta»), en las que lo que se pierde en ortodoxia gramatical (en este caso, en inglés), se gana, y de qué manera, en espontánea y fácil agilidad. En resumen, aprender los modismos de una lengua es aprender la sabiduría misma, a través de miles de años de experiencia, de un pueblo.

8. Dificultad para conservar el registro

Ya hemos dicho que entendemos por «modismo» toda expresión que significa algo más de lo que las palabras que la componen indican, pero no todos los modismos pertenecen a la misma clase, ni todos se pueden usar en cualquier ambiente o círculo social. Muchos de ellos, la mayoría quizá, tienen un carácter general, como «a toda

---

8   Podría traducirse al inglés por *to flout a law* o *to pay no attention to the rules.*

costa», «seguir la corriente», «sin ton ni son», etc.; otros, sin embargo, como «dar un jabón», tienen un sabor mucho más coloquial; otros, como «eramos pocos y parió la abuela», tienen un carácter claramente familiar y algunos, como «¡chúpate esa!» o «puedes metértelo en el..,» son francamente groseros, o incluso tabú, como «echar un polvo», por ejemplo. Están también, como hemos visto más arriba, los refranes, que sin ser modismos propiamente dichos, son a veces tan conocidos y tienen un sabor tan popular («Dios los cría.., y ellos se juntan», «quien mucho abarca, poco aprieta», etc.), que merece la pena aprenderlos como si de modismos se tratara. Por último, muchos de los verbos compuestos con partícula constituyen auténticos modismos: to show off, alardear, to look down on mirar por encima del hombro, despreciar, etc. De todo encontrará el lector en nuestra selección, siempre con indicación del carácter del modismo, si éste no es de tipo coloquial normal (slang, vulgar, tabú, humorístico, etc.), y la frecuencia de su uso. Esperamos que su lectura divierta a nuestros alumnos y les ayude a perfeccionar el idioma, lo que, en resumidas cuentas, debe ser el objetivo número uno.

9. Abreviaturas usadas en este libro

adj.	adjetivo	*lit.*	literal
antic.	anticuado	*liter.*	literario
arc.	arcaico	*neg.*	negativo
cf.	compárese con	*pey.*	peyorativo
econ.	economía	*pol.*	política
esp.	especialmente	*ref.*	refrán
euf.	eufemístico	*reg.*	regional
fig.	figurado	*sb.*	somebody
fml.	formal	*sin(s).*	sinónimo(s) de uso más corriente
frec.	frecuente(mente)	*sl.*	slang, argot
gen.	generalmente	*sth.*	something
hum.	humor o humorísticamente	*tamb.*	también
IAm.	inglés americano	*trad.*	traducción
IBr	inglés británico	*vulg.*	vulgar
iron.	irónico		
hg.	ligeramente		

INGLÉS-ESPAÑOL

A

aback

To be taken aback ***

Quedarse desconcertado / estupefacto / atónito / pasmado / de una pieza.

Charlie was completely taken aback when Liz turned him down – Charlie se quedó de una pieza cuando Liz le dio calabazas.

about

1) *To be about to do sth* ***

Estar a punto de hacer algo.

My parents are about to arrive – Mis padres están a punto de llegar.

2) *About time* (+pasado) ***

Ya es hora de que...

(It's) about time you got up - Ya es hora de que te levantes.

Sin.= It's high time (+ pasado) **

3) *That's about all / it* ***

Eso es todo.

«Anything else?» «No, that's about all for now» – «¿Algo más?» «No, eso es todo por ahora».

account

1) *To put / turn sth to good account* **

Hacer buen uso de / dar buen uso a algo.

He could put his money to good account by helping the destitute and the homeless – Podría hacer buen uso de su dinero ayudando a los indigentes y a los sin techo.

2) *To take sth into account* ***

Tener algo en cuenta.

Other factors need to be taken into account – Deben tenerse en cuenta otros factores.

ace

1) *To have / hold all the aces* **

Llevar las de ganar.

The Democrats hold all the aces at the moment – En este momento, los demócratas llevan las de ganar.

2) *To be / come within an ace of sth* **

Estar a punto de / a dos dedos de (lograr) algo.

She came within an ace of victory – Estuvo a punto de lograr la victoria.

acid

The acid test **

La prueba de fuego (la prueba decisiva de la capacidad de alguien, de la verdad de algo, etc.).

The next elections will be the acid test for the Labour candidate – Las próximas elecciones serán la prueba de fuego para el candidato laborista.

actions

Actions speak louder than words **

Obras / hechos son amores y no buenas razones / una cosa es predicar y otra dar trigo (ref.).

Adam

Not know sb from Adam **

No tener ni idea de quién pueda ser una persona.

I don't know him from Adam - No lo conozco de nada.

add

1) *To add insult to injury* **

Para colmo, para más inri, ponerlo peor que estaba, empeorar las cosas.

His remark only added insult to injury - Su observación no hizo sino empeorar las cosas.

2) *To add fuel to the fire / flames* **

Añadir / echar leña al fuego, meter cizaña.

Can't you see she's furious? Don't insist any more - that's only adding fuel to the fire - ¿No ves que está furiosa? No insistas más - eso es echar más leña al fuego (véase tamb. *pour*).

age

1) *Act your age* ***

Compórtate como es debido (ya no eres ningún niño).

2) *To be of / under age* ***

Ser mayor / menor de edad.

3) *To come of age* ***

Alcanzar la mayoría de edad.

We have to wait till I come of age to get married – Tenemos que esperar a casarnos hasta que yo alcance mi mayoría de edad.

ages

1) *To be ages* ***

   Tardar siglos.

   You've been ages! - ¡Has tardado siglos!.

2) *It's ages since I last saw you* ***

   Hace siglos que no te veo.

   Sin.= *Long time no see* **

air

1) *In the open air* ***

   Al aire libre.

   The concert was held in the open air – El concierto se celebró al aire libre.

2) *In the air* ***

   a) En el aire, indeciso.

      Their future is very much in the air - Su futuro está muy en el aire.

      Cf. La pelota está todavía en el tejado - *It's all still (up) in the air*

   b) En el aire (rumores, etc.), en el ambiente.

      There were rumours of a coup in the air - Había rumores de un golpe militar en el aire.

3) *On the air* ***

   En antena (en TV o radio).

   The Prime Minister will be on the air at 10 p.m. - El Primer

   Ministro estará en antena a las 10 de la noche.

4) *To walk/ tread/float on air* **

   No caber en sí de gozo/ alegría.

He's been walking on air since his daughter was born - No cabe en sí de alegría desde que nació su hija.

airs

To put on airs / to give oneself airs ***

Adoptar aires de superioridad, darse (mucho) bombo, darse aires.

Nobody likes her in the office - she puts on airs as if she were the boss – No le gusta a nadie en la oficina - se da aires como si fuera la jefa.

alive

Alive and kicking ***

Vivito y coleando.

«*Are they dead?*» - «*Not at all, they are alive and kicking*» - «¿Están muertos?» - «¡Qué va! Están vivitos y coleando.»

all

1) *All the same* ***

A pesar de todo.

They found him all the same - Lo encontraron, a pesar de todo.

2) *All over the world* ***

Por / en todo el mundo.

English is spoken all over the world - El inglés se habla en todo el mundo.

3) *All in all* ***

En general, en resumidas cuentas, bien mirado.

All in all, I don't see why they shouldn't do it - Bien mirado, no veo por qué no lo iban a hacer.

4) *All alone* ***

Completamente solo, más solo que la una.

He sat all alone smoking a cigarette on the porch – Estaba sentado completamente solo fumando un cigarrillo en el porche.

5) *All and sundry* **

Todos, todo el mundo, todos sin excepción, todo quisque, todos y cada uno, propios y extraños.

He's told your little secret to all and sundry in the village – Le ha contado tu pequeño secreto a todo el mundo en el pueblo (véanse también butcher, 1 y «bicho», 5).

6) *All but...****

Casi, por poco.

You all but spoilt everything with your lack of tact - Por poco no lo estropeas todo con tu falta de tacto.

7) *All told* ***

En total, en conjunto.

There were only 50 people all told - En total sólo había 50 personas.

angels

Enough to make the angels weep *

(Como) para echarse a llorar.

Inflation and unemployment are up and exports and tourism down - *enough to make the angels weep* - La inflación y el paro han subido y las exportaciones y el turismo han bajado - como para echarse a llorar.

ants

To have ants in one's pants **

Tener azogue en el cuerpo, estar hecho de rabos de lagartijas, moverse más que un saco de ratones.

Why is he so restless? He seems to have ants in his pants - ¿Por qué está tan inquieto? Parece que tiene azogue en el cuerpo.

any

Any minute / time now ***

De un momento a otro.

They will arrive any minute now - Llegarán de un momento a otro.

apple

An apple a day keeps the doctor away (ref.) **

Una manzana diaria aleja al médico de casa (trad.).

applecart

To upset the applecart **

Echar todo a rodar, tirar por tierra, aguar la fiesta.

So he's come two days too soon, hasn't he? That upsets the applecart - De modo que ha venido dos días antes de la cuenta, ¿eh? Eso lo echa todo a rodar.

April

April fool ***

Inocente (persona a la que se le ha gastado una broma el 1 de abril, como en España el 28 de diciembre).

around

Around / round the clock **

Día y noche, las 24 horas del día.

That pharmacy is open round the clock - Esa farmacia está abierta las 24 horas del día.

as

1) Comparaciones más frecuentes con as:

- *As bald as a coot (IBr)* / *as bald as a cue ball* / *a baby's bottom (IAm)* ** - Calvo como una bola de billar.

- *As black as coal* * - Negro como el carbón

- *As black as pitch* ** - Oscura como boca de lobo (noche).

- *As blind as a bat* - Que no ve tres en un burro (véase *blind*, 1).

- *As bold as brass* ** - Muy osado, caradura, descarado.

- *As bold* / *brave as a lion* * - Valiente como un león

- *As bright as a button* ** - Ser muy despierto, ser más listo que el hambre.

- *As broad as it is long* * (esp. IBr) - Lo mismo da, es igual, para el caso es lo mismo (véase tamb. *six*).

- *As brown as a berry* - Muy moreno (véase «moreno», 2).

- *As cheap as dirt* * - Baratísimo, tirado.

- *As busy as a bee* - Muy ocupado / atareado (véase *bee*, 2).

- *As calm as a millpond* * - Como una balsa de aceite (dicho del agua del mar).

- *As clean as a new pin* - Más limpio que una patena / que los chorros deloro (véase *clean*, 1).

- *As clean as a whistle* (sl.. policial) - Limpio, inocente (véase *clean*, 2).

- *As clear as a bell* * Alto y claro, perfectamente audible.

- *As clear as mud* - Clarísimo (dicho con ironía) (véase «agua», 3b).

- *As close as an oyster* * - Poco comunicativo, cerrado, hermético.

- *As cold as ice* ** - Muy frío, helado.

- *As common as dirt/muck* * - De lo más ordinario/vulgar.

- *As cool as a cucumber* - Fresco como una lechuga (véase *cool*, 1).

- *As cross as two sticks* * - De un humor de perros.

- *As cunning as a fox* - Astuto como un zorro (véase *fox*).

- *As dead as a dodo* - Completamente muerto (véase «muerto», 3).

- *As dead as a doornail* * - Completamente muerto.

- *As deaf as a post* - Sordo como una tapia (véase «sordo», 1).

- *As different as chalk and cheese* - Diferente como de la noche al día (véase *different*).

- *As different as day and night* * - Completamente diferente, diferente como de la noche al día.

- *As drunk as a lord (IBr)/as a skunk (IAm)* – Borracho como una cuba (véase «borracho»).

- *As dry as a bone* - Muy seco, reseco (véase *bone*, 3, sin.).

- *As dry as dust* * - Muy aburrido (carente de interés).

- *As dull as ditchwater (IBr)* ** - Muy aburrido (carente de interés).

- *As easy as ABC* - Muy fácil (véase *easy*, 1).

- *As easy as falling off a log* - Muy fácil (véase *easy*, 1).

- *As easy as pie* - Muy fácil (véase *easy*, 1).

- *As easy as winking* - Muy fácil (véase *easy*, 1).

- *As fast as a deer/hare* * - Muy rápido (véase tamb. *quick*, 2).

- *As fat as a pig* - Gordo corno un cerdo (véase *pig*, 6).

- *As fit as a fiddle* - Como las propias rosas, de primera (véase *fit*, 1).

- *As flat as a pancake* - Completamente liso, liso como una tabla (véase *flat*,

1)

- *As free as a bird/the air* ** - Libre como un pájaro/los pájaros/como el aire.

- *As fresh as a daisy* ** - Fresco como una rosa, como las propias rosas (sano, activo, etc.).

- *As good as gold* ** - Más bueno que el pan, muy bueno, (referido esp a niños o animales de compañía que se comportan bien).

- *As good as new* - En muy buen estado, como nuevo (véase *as*, 6).

- *As happy as a lark* - Muy feliz (véase *happy*, 2).

- *As happy as a sandboy* – Muy feliz (véase *happy*, 2, sins.).

- *As happy as Larry* – Muy feliz (véase *happy*, 2, sins.).

- *As hard as nails* – Duro de corazón (véase *nail*, 1).

- *As heavy as lead* * - Más pesado que el plomo (que pesa mucho).

- *As hungry as a hunter* - Muy hambriento (véase «hambre», 2, sin.).

- *As keen as mustard* ** - Muy entusiasta por o interesado en algo.

- *As large as life* - De tamaño natural, en persona (véase *life*, 1).

- *As light as a feather* - Ligero como una pluma (véase «pluma»).

- *As light as air* - Ligero como el aire (véase «pluma», sin.).

- *As like as two peas (in a pod)* - Iguales, como dos gotas de agua (véase «gota»).

- *As mad as a hatter* - Loco como una cabra (véase *mad*).

- *As mad as a March hare* – Loco como una cabra (véase *mad*, sin.)

- *As meek as a lamb* *- Manso como un corderito.

- *As nutty as a fruitcake* * – Más loco que una cabra.

- *As obstinate/stubborn as a mule* - Terco como una mula (véase «terco»).

- *As old as Methuselah* - Más viejo que Matusalén (véase *old*, 1, sin.).

- *As old as the hills* - Muy viejo (véase *old*, 1).

- *As patient as Job* - Más paciente que Job (véase *Job*, 1).

- *As pissed as a newt* (IBr)* Tajado (véase tamb. «tajado»).

- *As plain as a pikestaff* - Más claro que el agua (véase «agua», 3a, sin.).

- *As plain as the nose on your face* - Más claro que el agua (véase «agua», 3a, sin.).

- *As pleased as Punch* - Contento como unas pascuas (véase *happy*, 2, sin.).

- *As poor as a church mouse* – Más pobre que las ratas / que una rata (véase «pobre»).

- *As pretty as a picture* ** - Precioso / muy bonito

- *As proud as a peacock* - Orgulloso como un pavo real (véase *peacock*).

- *As pure as the driven snow (hum. o liter.)* * - Puro, inocente.

- *As quick as lightning* * - Muy rápido, como las balas.

- *As quiet as a mouse* - Más callado que en misa (véase *mouse*).

- *As quiet as a tomb* – Silencioso como una tumba (véase «tumba»).

- *As regular as clockwork* *** - Como un reloj (de gran regularidad).

- *As rich as Croesus* * – Muy rico.

- *As right as rain* - Perfectamente bien (véase *right*, 3).

- *As safe as houses* ** - Muy seguro, sin peligro, a salvo.

- *As sharp as a needle* ** - Muy agudo, ingenioso, más listo que el hambre.

- *As sick as a dog* - Con vómitos violentos (véase *dog*, 4.)

- *As sick as a parrot* * – (hum.) Cabreado

- *As silent as the grave* ** - Callado / silencioso como una tumba.

- *As slippery as an eel* - Escurridizo como una anguila (véase *slippery*).

- *As slow as a tortoise* * - Lento como una tortuga.

- *As snug as a bug in a rug* *– Muy a gusto, más a gusto que un guarro en una charca. (reg.).

- *As sober as a judge* ** - a) Sobrio, sereno. b) Serio, solemne.

- *As sound as a bell* - Más sano que una pera (véase *sound*, 1).

- *As sour as vinegar* * - De carácter agrio/avinagrado.

- *As steady as a rock* ** - Firme como una roca.

- *As stiff as a poker* - Más tieso que un palo (véase *stiff*, 1).

- *As strong as a horse* - Fuerte como un roble (véase *horse*, 3).

- *As sure as eggs is eggs* - Tan seguro como que dos y dos son cuatro (véase *egg*, 1).

- *As sure as fate* * - Cierto, seguro, sin la menor duda.

- *As sure as hell* - Cierto, seguro, sin la menor duda (véase *hell*, 4).

- *As sweet as honey* * - Dulce como la miel.

- *As thick as thieves* - Uña y carne (véase «uña», 1).

- *As thin as a rake* - Muy flaco (véase *thin*, 1)

- *As timid as a rabbit* * - Muy tímido.

- *As tough as leather* * - Más duro que la pata de Perico (comida).

- *As tough as nails* ** - Duro de carácter.

- *As true as steel* - a) Muy fiel, fiel hasta la muerte ** b) Muy cierta (una afirmación) *

- *As ugly as sin* - Más feo que Picio (véase «Picio»).

- *As warm as toast* * - Calentito (dentro de casa, cuando fuera hace frío).

- *As white as a sheet* - Blanco como la pared/cera (véase «blanco», 1).

2) *As good as done* ***

Dalo por hecho.

«And the job?» *«It's as good as done»* - «¿Y el trabajo?» - «Puedes darlo por hecho.»

3) *As it were* ***

Por decirlo así/por así decirlo.

She is, as it were, a paragon of virtue - Ella es, por decirlo así, un dechado de perfecciones.

Sin. = *So to speak* ***

4) *As you make your bed, so you must lie on it* ** (ref.).

Tú te lo has buscado y debes cargar con las consecuencias, a lo hecho pecho.

5) *As brave, etc, as the next man* **

Tan valiente, etc., como el primero/como el que más.

6) *As good as new* ***

Como nuevo, en muy buen estado.

I bought my car five years ago, but it's as good as new – Compré mi coche hace cinco años, pero está como nuevo.

ask

1) *To ask for it* ***

Buscársela.

You asked for it - Tú te la has buscado.

Sin.= *To have it coming* (véase *come*, 1).

2) *To ask for a light* ***

Pedir fuego/lumbre.

Give me a light, please - Deme fuego, por favor.

3)   *To be sb's for the asking* ***

Ser algo de alguien con sólo pedirlo, no tener más que pedirlo

If you want any of mother's pictures, it's yours for the asking – Si quieres alguno de los cuadros de mamá, no tienes más que pedirlo.

ass

1)   *A silly ass* ***

Un tonto, un imbécil, un asno.

He proved to be a silly ass – Resultó ser un imbécil.

2)   *A pompous ass* ***

Un fatuo.

I think that senator is a pompous ass – Creo que ese senador es un fatuo.

3)   To make an ass of oneself ***

Ponerse en ridículo.

It was silly of me to ask her about her divorce – I'm afraid I made an ass of myself. - Fue estúpido por mi parte preguntarle sobre su divorcio - Me temo que me puse en ridículo.

at

1)   At any rate ***

En cualquier caso, sea como sea.

At any rate, his mind is made up now - En cualquier caso, ya se ha decidido.

Sin.= *Anyway* – De todas maneras, de todos modos.

2)   At best ***

En el mejor de los casos, como mucho.

You'll get fifty pounds, at best - Te darán 50 libras, en el mejor de los casos.

3) At length ***

Con detenimiento.

Come to my office when you like and we'll discuss the matter at length - Ven a mi oficina cuando quieras, y discutiremos el asunto con detenimiento.

4) At that ***

Por cierto, además, si vamos al caso.

It's a very expensive hat and rather old-fashioned at that – Es un sombrero muy caro y bastante anticuado, además.

5) At a pinch **

En caso de apuro, si no hay otro remedio.

We can do it ourselves. We'll ask for help only at a pinch - Podemos hacerlo nosotros. Sólo pediremos ayuda en caso de apuro.

6) At sb's beck and call **

A disposición de / a las órdenes de alguien, para lo que guste mandar.

If you think I'm going to be always at your beck and call, you've got another think coming - Si crees que voy a estar siempre a tu disposición, lo llevas claro.

7) At the most ***

Como máximo, como mucho

There were 100 people at the most – Había cien personas como mucho.

aunt

An agony aunt **

Persona que lleva una columna en un periódico o una revista, donde resuelve los problemas sentimentales de los lectores, consejera sentimental.

avoid

To avoid like the plague **

Evitar a/huir de alguien como (de) la peste.

Now that I'm ruined all my old friends avoid me like the plague - Ahora que estoy arruinado, todos mis antiguos amigos me evitan como la peste.

axe

1) *To have an axe to grind* **

Tener algún interés personal, vérsele a alguien el plumero.

He has an axe to grind in that matter - Se le ve el plumero en ese asunto.

2) *To get/give the axe* ***

a) Ser despedido/despedir del trabajo, dar/pegar el corte.

If the crisis goes on, I'm afraid more workers will get the axe - Si la crisis sigue, me temo que más trabajadores serán despedidos (véase tamb. *sack*).

b) Ser cancelado/cancelar (un proyecto, etc.), cortar, dar/pegar el corte.

There was a project to build 500 houses in this area, but they gave it the axe - Había un proyecto para edificar 500 casas en esta zona, pero lo cancelaron.

Vérsele a alguien el plumero

B

baby

1) *To be / not to be sb's baby* **

Ser / no ser la responsabilidad de alguien.

Building contracts are my partner's baby – Los contratos de construcción son responsabilidad de mi socio (véase tamb. *pigeon*).

2) *To be a cry baby* **

Ser un llorón / quejica.

I'm fed up with him – he's a cry baby – Estoy de él hasta la coronilla – es un quejica.

3) *To throw the baby out with the bath water* **

Deshacerse de algo malo / que molesta, pero de forma radical, tirando también lo bueno, aprovechable, etc., ser demasiado drástico, írsele a alguien la mano (al tratar de solucionar un problema), hacer pagar a justos por pecadores.

back

1) *Back to square one* **

Vuelta a empezar, como al principio.

We're back to square one - Estamos como al principio.

2) *To be glad to see the back of sb* **

Alegrarse de que alguien se haya marchado, dar un suspiro de alivio, a enemigo que huye puente de plata.

He went away last week and 1 was glad to see the back of him - Se marchó la semana pasada y di un suspiro de alivio / cómo me alegré al ver que se iba (véase tamb. «enemigo»).

3) *(To do sth) behind sb's / one's back* ***

(Hacer algo) a espaldas de alguien.

They meet every day behind my back - Se ven todos los días a mis espaldas.

4) *To break the back of sth* **

Hacer/terminar la parte más difícil, lo más gordo de un trabajo.

There's still something to be done, but thank goodness we've broken the back of the main job - Todavía queda algo por hacer, pero gracias a Dios ya hemos hecho la parte más difícil.

5) *To break one's/sb's back* ***

Deslomarse, partirse la cara trabajando, (hacer) trabajar como un enano, matarse a trabajar.

If they think I'm going to break my back working there for that salary, they've got another think coming - Si creen que voy a partirme la cara trabajando allí por ese salario, lo llevan claro (véase tamb. *work*, 3).

6) *To have one's back to the wall* ***

Estar entre la espada y la pared, estar en un aprieto.

With the collapse of his firm's shareprice, he had his back to the wall - Con la caída del precio de las acciones de su firma, se encontraba entre la espada y la pared (véase tamb. «espada»).

7) *To pat sb/oneself on the back* **

Felicitar(se).

I think we can pat ourselves on the back for what we've achieved - Creo que podemos felicitarnos por lo que hemos logrado.

Cf. (To get) a pat on the back - (Recibir) un golpecito en la espalda de felicitación (usado a veces irónicamente) (trad.): *After what I did for them, all I got was a pat on the back* - Después de lo que hice por ellos, todo lo que recibí fue un golpecito de felicitación en la espalda.

8) *A stab in the back* ***

Una puñalada por la espalda.

They gave the job to sb else: really a stab in the back – Le dieron el trabajo a otro: realmente una puñalada por la espalda.

9) *To get/put sb's back up* **

Poner nervioso, crispar/atacar los nervios de alguien (haciendo o diciendo algo), fastidiar, reventar.

He's always so sure of himself – frankly, he puts my back up - Está siempre tan seguro de sí mismo – francamente, me crispa los nervios (véase tamb. *hair*, 2 y «nervios», 1).

10) *To get off sb's/one's back* **

   a)   Quitarse a alguien de encima.

       He's always asking me silly questions, I don't know how to get him off my back - Siempre me está haciendo preguntas estúpidas, no sé cómo quitármelo de encima.

   b)   Dejar tranquilo/en paz, dejar de molestar.

       For goodness' sake, get off my back - Por lo que más quieras, ¡déjame en paz!

11) *To cover one's back* **

Cubrirse las espaldas.

You should take out public liability insurance to cover your back – Deberías hacerte un seguro de responsabilidad civil para cubrirte las espaldas.

backbone

To the backbone ***

Hasta la médula, por los cuatro costados.

Winston is an Englishman to the backbone - Winston es inglés hasta la médula.

Sin.= *To one's fingertips* **

bad

1) *To be going through a bad patch* **

Estar pasando una mala racha.

I admit I'm going through a bad patch, but I'm sure my luck's going to change – Admito que estoy pasando una mala racha, pero estoy seguro de que mi suerte va a cambiar (véase tamb. *run*, 1).

2) *Too bad* ***

Una pena. qué le vamos a hacer, ¡qué lástima!

«I need some more money» «Too bad». — «Necesito más dinero». «Una pena».

3) *To have got it bad* **

Estar muy colado por alguien, haberle entrado muy fuerte.

This time you've got it bad, haven't you? – Esta vez te ha entrado muy fuerte, ¿verdad?

ball

1) *The ball is in your court* **

Ahora te toca a ti, el próximo movimiento es tuyo, tú tienes la palabra.

I've already talked to him twice and he won't listen to me, now the ball's in your court - Yo ya he hablado con él dos veces y no quiere escucharme, ahora te toca a ti.

2) *To be on the ball* ***

Estar atento, alerta, ojo avizor, al loro, bien informado.

To be a good poltician you must be always on the ball – Para ser un buen político hay que estar siempre al loro.

3) *To start / keep the ball rolling* **

Empezar / continuar una actividad / conversación sin que decaiga.

Try to keep the ball rolling until I arrive - Trata de mantener la conversación sin que decaiga hasta que yo llegue.

4) *To have a ball* ***

Pasárselo en grande, pasarlo pipa.

We had a ball last night – Anoche nos lo pasamos pipa.

5) *(Not) to play ball (with sb)* **

(No) cooperar, (no) estar por la labor.

Dad wanted me to help him mend the fence, but I wouldn't play ball- Papá quería que le ayudara a reparar la valla, pero yo no estaba por la labor

bananas

1) *To be/go bananas* **

Estar/volverse majareta.

The old man must have gone bananas to marry that young girl - El viejo debe de haberse vuelto majareta para casarse con esa joven.

Cf. *To be bananas about sth/sb* ** – estar chiflado, por algo/alguien; *to drive sb bananas* ** – volver loco a alguien.

2) *To go bananas* **

Ponerse furioso o muy excitado por algo.

My mother went bananas when I said I was going to leave the job – Mi madre se puso furiosa cuando dije que iba a dejar el trabajo.

bargain

Into the bargain **

Además, encima (otro inconveniente más, como si todo lo demás no fuera suficiente), por si faltara poco.

I don't know what she sees in that man - he's a prize idiot and penniless into the bargain - No sé lo que le ve en ese hombre - es un grandísimo imbécil, y, por si faltara poco, sin un céntimo.

bark

1) *Somebody's bark is worse than their bite* **

Perro que ladra no muerde/perro ladrador, poco mordedor, no es tan fiero el león como lo pintan.

Don't be afraid – his bark is worse that his bite – No tengas miedo – perro que ladra no muerde.

2) *To be barking up the wrong tree* **

Equivocarse de medio a medio, andar descaminado.

If you think he's guilty, you're barking up the wrong tree – Si crees que es culpable, te equivocas de medio a medio.

bat

1) *To have bats in the belfry* *

Tener la cabeza a pájaros, estar chiflado.

Everybody knows the old man had bats in the belfry - Todo el mundo sabe que el viejo estaba chiflado.

2) *Not bat an eyelid* **

No inmutarse, no pestañear.

He didn't bat an eyelid when the bomb exploded - No se inmutó cuando explotó la bomba.

3) *To run like a bat out of hell* *

Ir/correr como alma que lleva el diablo.

He ran away like a bat out of hell – Salió corriendo como alma que lleva el diablo (véase tamb. «leche», 2).

be

1) *To be here to stay* ***

Haber para rato, tener para rato.

The crisis is here to stay - Tenemos crisis para rato.

2) *To be in for sth* ***

Aguardarle a uno algo, venírsele encima algo (desagradable o sorpresivo).

He doesn't know what he's in for, poor chap - No sabe lo que le espera, el pobre.

3)   *To be a far cry from sth* ***

Distar mucho de.

Her latest novel is a far cry from the previous ones – Su última novela dista mucho de las anteriores.

bear

To be like a bear with a sore head **

Estar de un humor de perros.

The boss is like a bear with a sore head this morning - El jefe está de un humor de perros esta mañana.

bearings

To lose one's bearings **

Desorientarse, perder el norte.

It isn't the first time the old man loses his bearings – No es la primera vez que el anciano se desorienta.

beat

What beats me... ***

Lo que no comprendo...

What beats me is their lack of enthusiasm - Lo que no comprendo es su falta de entusiasmo.

beaver

1)   *To beaver away* (esp. IBr) **

Trabajar mucho, con afán (para subir de categoría, etc.), gen. de forma rutinaria y con poca imaginación o en trabajos de poca monta, a destajo.

My husband is beavering away somewhere in Wales – Mi marido anda por ahí trabajando a destajo en algún lugar de Gales.

2)   *An eager beaver***

Una persona muy trabajadora, frec. con excesivo celo (véase tamb. apéndice, 2).

bed

A bed of roses **

Una vida fácil, placentera, llena de lujos, etc., un jardín de rosas (gen. neg.).

I never promised you a bed of roses - Nunca te prometí un jardín de rosas.

bee

1)   *To have a bee in one's bonnet (about sth)* **

Estar obsesionado con una idea, tener una idea fija.

She has a bee in her bonnet about cleanliness – Está obsesionada con la limpieza.

2)   *As busy as a bee* ***

Ocupadísimo, atareadísimo.

She's a hard worker – she's always as busy as a bee – Es muy trabajadora – siempre está atareadísima.

Cf. *To be a busy bee* ** - Ser una persona muy ocupada / atareada.

3)   *To think sb/ sth is the bee's knees* **

Creer que alguien/algo es estupendo, el no va más

Cf. *To think oneself the bee's knees* ** Creerse el ombligo del mundo (véase tamb. *cat, 6*).

beef

To beef about sth **

Quejarse de algo.

Stop beefing about the work you have to do and get on with it - Deja de quejarte del trabajo que tienes que hacer y hazlo de una vez.

beeline

To make a beeline for sth/ sb **

Salir flechado/disparado para/hacia algo/alguien.

The children made a beeline for the cake - Los niños salieron flechados hacia el pastel.

beg

1) *To beg the question* ***

    Salir por la tangente/por peteneras/por los cerros de Úbeda (al responder a una pregunta).

    The politician has just begged the question as usual – El político se ha salido por la tangente como de costumbre (véase tamb. «tangente»).

2) *Beg, borrow or steal* *

    Consíguelo a cualquier precio/como sea (pero sin pagar).

    Beg, borrow or steal, but I must have the diamonds by the end of the week - Consíguelo como sea, pero debo tener los diamantes para finales de semana.

3) *To beg off* ***

    Excusarse de hacer algo (con algún pretexto).

    I invited her to the cinema, but she begged off saying she had to go to the hairdresser's - La invité al cine, pero se excusó diciendo que tenía que ir a la peluquería.

49

bend

To be / go round the bend *

Estar / volverse chiflado / majareta.

She says her husband is going round the bend – Dice que su marido se está volviendo majareta.

Cf. *To drive sb round the bend* ** - Volver loco a alguien.

best

1) *The best / greatest idea since sliced bread* (hum.) **

Lo mejor que se ha inventado (en mucho tiempo).

My children think that videogames are the best idea since sliced bread - Mis hijos creen que los videojuegos es lo mejor que se ha inventado.

2) *The best of British luck to you, him, etc.* (hum.) **

Te / le, etc., deseo la mejor de las suertes (gen. irónico, cuando no se cree mucho en las posibilidades de éxito del sujeto en cuestión, semejante en cierto modo al español «que Dios te / lo, etc., coja confesado»).

«I'll have a go at bullfighting». «The best of British luck to you» - «Voy a meterme a torero» «Te deseo la mejor de las suertes.»

between

Between you and me / between ourselves ***

Entre tú y yo / entre nosotros.

Between you and me, I think she's in love with you - Entre tú y yo, creo que está enamorada de ti.

Cf. *Between you, me and the gatepost / bedpost / lamp-post* (hum.)* - Entre tú y yo.

To kill two birds with one stone

bird

1) *Birds of a feather... (flock together)* (ref.) ***

    Dios los cría... (y ellos se juntan), dime con quién andas... (y te diré quién eres).

2) *Birds of a feather* ***

    Personas del mismo carácter (usado generalmente en sentido peyorativo: de la misma ralea / calaña, tal para cual).

    Those two are birds of a feather – Esos dos son tal para cual.

3) *To kill two birds with one stone* ***

    Matar dos pájaros de un tiro.

    Biking to work you kill two birds with one stone. You save the bus fare and it helps you to lose weight – Yendo en bici al trabajo matas dos pájaros de un tiro. Te ahorras el billete de autobús y te ayuda a perder peso.

4) *The birds and the bees* **

    Los pájaros y las abejas (explicación de la reproducción sexual humana, dada a veces a los niños en Inglaterra, comparándola con la de los animales. En España: las abejas y las flores, los animales y las plantas, etc.).

5) *The bird has flown* ***

    El pájaro ha volado (el sujeto se ha escapado).

    The police went to his house, but the bird had flown - La policía fue a su casa, pero el pájaro había volado.

6) *A bird of ill omen* (lit. y fig.)**

    Un pájaro de mal agüero.

    Some people believe the raven to be a bird of ill omen – Algunas personas creen que el cuervo es un pájaro de mal agüero; *that friend of yours is a bird of ill omen* – ese amigo tuyo es un pájaro de mal agüero.

7) *A bird of passage* ***

Un ave de paso.

He won't be living here long, he's a bird of passage - No vivirá aquí mucho tiempo, es un ave de paso.

8) *To do bird* (IBr) **

Cumplir condena (en la cárcel).

His friend was doing bird in an English prison - Su amigo estaba cumpliendo condena en una prisión inglesa.

Sin. = *To do time* ***

9) *The early bird catches the worm* ***

A quien madruga, Dios le ayuda (ref.).

Try to be here before 7 a.m. – you know, the early bird... – Intenta estar aquí antes de las 7 de la mañana – ya sabes, a quien madruga...

Cf. *An early bird* *** - Una persona madrugadora: *she's already up - she's an early bird* - Ya está levantada, es muy madrugadora.

Cf. No por mucho madrugar amanece más temprano (ref.) – *No matter how early you get up, you can't make the sun rise any sooner* (trad.)

10) *To get the bird* **

Ser abucheado.

He can't act, he's sure to get the bird again in Broadway – No sabe actuar, seguro que lo abuchean otra vez en Broadway (véase tamb. 14a).

11) *A little bird told me* (hum.) ***

Me lo dijo un pajarito.

12) *A rare bird* **

Persona o cosa que se ve poco, difícil de encontrar., «rara avis».

A good old breakfast is a rare bird these days - Un buen desayuno clásico es «rara avis» en estos tiempos.

13) *(Strictly) for the birds* (IAm) **

Poco importante, insignificante, despreciable, inaceptable.

They gave me ten dollars for my work, that's strictly for the birds - Me dieron diez dólares por mi trabajo, casi nada.

Sin.. = *Shit for the birds* ** (IAm vulg.) - leche y habas.

14) *To give sb the bird* *

    a)   (IBr) Abuchear a alguien (véase tamb. 10).

    b)   (IAm) Hacer la peseta (véase tamb. *finger, 6*).

15) *The birds* * (vulg., ofensivo)

Las mujeres, las tías (en el habla machista)

Sin.= *The chicks* * (vulg., ofensivo).

birthday

In one's birthday suit (hum) **

Como vino/como Dios lo trajo al mundo, en pelota (picada), en cueros (vivos).

There he was in his birthday suit - Allí estaba, como vino al mundo (véase tamb. «pelota, 1»).

bite

1) *To bite off more than one can chew* **

Abarcar más de lo que se puede, meterse en camisa de once varas.

He's recently opened two more restaurants – that's biting off more than he can chew – Recientemente ha abierto dos nuevos restaurantes – eso es abarcar más de lo que puede.

2) *A bite* ***

Un bocado, algo de comer.

I'm hungry, let's have a bite - Estoy hambriento, vamos a tomar algo de comer.

3)   *To bite the bullet* *

Aguantar con entereza, apretarse los machos.

These are bad times for our firm, but we have to bite the bullet and keep going – Corren malos tiempos para nuestra empresa, pero tenemos que apretarnos los machos y seguir adelante.

black

1)   *In black and white* ***

Por escrito.

I'd like to have it down in black and white - Me gustaría que me lo dieras por escrito.

Sin. = *In writing* ***

2)   *Something looks black/ not as black as it's painted* ***

La cosa está negra/difícil/no tan negra como dicen/parece.

Cheer up! The situation isn't as bad as it's painted - ¡Ánimo! La cosa no está tan negra como dicen.

3)   *An (accident) black spot* ***

Punto negro (lugar de una carretera donde ocurren muchos accidentes).

Don't drive so fast! We're getting near an accident black spot - ¡No conduzcas tan deprisa! Nos acercamos a un punto negro de accidentes.

bleed

To bleed sb white **

Dejar tieso a alguien, sacarle bien los cuartos.

That girl is bleeding him white - Esa chica le está sacando bien los cuartos.

blessing

1) *To count one's blessings* **

Dar gracias (a Dios) por lo que se tiene, darse con un canto en los dientes.

Stop complaining and count your blessings – you've still got a job – Deja de quejarte – puedes darte con un canto en los dientes: todavía tienes trabajo.

2) *To be a blessing in disguise* **

No hay mal que por bien no venga (algo malo aparentemente, pero bueno en realidad).

Don't feel so miserable – your divorce may have been a blessing in disguise – No te sientas tan triste por tu divorcio – no hay mal que por bien no venga.

blind

1) *To be as blind as a bat* ***

No ver (ni) tres en un burro, ver menos que un topo/que Pepe Leches.

I think he didn't see us – he's as blind as a bat – Creo que no nos vio – no ve ni tres en un burro.

2) *A blind alley* (lit. y fjg.) ***

Un callejón sin salida.

The situation is bad enough – we've landed in a blind alley – La situación es bastante mala – nos hemos metido en un callejón sin salida.

3) *In the country of the blind the one-eyed man is king* (ref.) *

En el país de los ciegos, el tuerto es rey.

4) *Love is blind* ***

El amor es ciego.

«How can she be in love with such an ugly guy?» «Well, you know love is blind»- «¿Cómo puede estar enamorada de un tipo tan feo? » «Bueno, ya sabes que el amor es ciego».

5)   *A blind date* ***

Una cita a ciegas, cita de dos personas (gen. de sexo opuesto) que no se conocen.

Blind dates can be thrilling, but they can be risky, too – Las citas a ciegas pueden ser apasionantes, pero también peligrosas.

blood

1)   *Blood is thicker than water* **

La sangre tira mucho, lo primero es la familia, la voz de la sangre.

It's normal that she should be more worried about her brother than about you – blood is thicker than water – Es normal que esté más preocupada por su hermano que por ti – la sangre tira mucho.

2)   *There's bad blood between them* **

Son enemigos, se odian, hay mal rollo entre ellos (véase tamb. «rollo», 2).

3)   *To freeze / chill / curdle the / sb's / one's blood* ***

Helar la sangre en las venas.

The news of his tragic death froze my blood - La noticia de su trágica muerte me heló la sangre en las venas.

4)   *In cold blood* ***

A sangre fría.

They murdered him in cold blood - Lo asesinaron a sangre fría.

5)   *One's own flesh and blood* ***

Los de su propia sangre / familia.

You must help your niece- after all she's your own flesh and blood - Debes ayudar a tu sobrina - después de todo es de tu propia sangre.

6)   *To be like getting blood out of a stone* *

Es como sacar agua de las piedras / pedir peras al olmo, es difícil sacarle nada, es misión imposible.

Getting a loan from him is like getting blood out of a stone – Conseguir un préstamo de él es como intentar sacar agua de las piedras.

Sins.= *To ask the impossible, to be an impossible task.*

7) *To sweat blood* ***

Sudar sangre (trabajar duro o pasar muchas penalidades para conseguir algo).

The poor boy sweated blood to finish his homework on time – El pobre muchacho sudó sangre para terminar los deberes a tiempo.

8) *To be/ run in sb's blood* **

Llevarlo en la sangre.

His love for the sea runs in his blood - his father was a sailor, too - Lleva en la sangre el amor por el mar - su padre también era marinero.

blow

1) *To blow the gaff* *

Irse de la lengua.

It was supposed to be a secret, but somebody has blown the gaff – Se suponía que era un secreto, pero alguien se ha ido de la lengua (véase tamb. «lengua», 1).

2) *To blow one's nose* ***

Sonarse la nariz.

He blew his nose noisily - Se sonó la nariz ruidosamente.

3) *To blow one's top* **

Ponerse hecho una fiera/ furia, hinchársele a alguien las narices.

He blew his top when he heard the news – Se puso hecho una furia cuando oyó la noticia (véanse tamb. *cut*, 2 y *red*, 1).

4) *To blow hot and cold* **

Ser un veleta, cambiar constantemente de opinión, dar una de cal y otra de arena.

You never know where you stand with him. He blows hot one day and cold the next - Nunca se sabe a qué atenerse con él. Es un veleta.

Sin. = *To be fickle* – Ser un veleta, ser voluble.

5) *To blow a fuse* **

Cruzársele a alguien los cables (ponerse furioso, histérico, etc. sin razón aparente).

He blew a fuse and started shooting at people – Se le cruzaron los cables y empezó a disparar a la gente.

6) *To blow the whistle on sb* **

Tirar de la manta.

He was taking bribes until a colleague blew the whistle on him – Estuvo aceptando sobornos hasta que un colega tiró de la manta.

blue

1) *Out of the blue* ***

Inesperadamente, como por ensalmo.

I wasn't expecting to see him again, but one day he turned up out of the blue – No esperaba verlo de nuevo, pero un día apareció como por ensalmo.

2) *To feel blue* **

Estar / sentirse triste / melancólico / deprimido.

He's been feeling blue for a year – Lleva un año sintiéndose deprimido.

3) *A blue-eyed boy* ***

Niño mimado, enchufado (usado gen. peyorativamente), el ojito derecho de alguien.

He's the teacher's blue-eyed boy - Está enchufado con el profesor.

4) *To have blue blood in one's veins* **

Tener sangre azul (en las venas) / ser noble.

He has blue blood in his veins – he's a count or something – Tiene sangre azul en sus venas – es conde o algo por el estilo.

boat

1) *We are all in the same boat* **

Estamos todos en el mismo barco (trad.), estamos todos en la misma situación.

You must lend a hand too – we're all in the same boat – Tú debes echar una mano también – todos estamos en el mismo barco.

2) *To push the boat out* **

Tirar la casa por la ventana.

He pushed the boat out and bought his girlfriend a diamond ring for her birthday – Tiró la casa por la ventana y le compró a la novia un anillo de diamantes por su cumpleaños.

boast

To boast of/about sth ***

Jactarse de, alardear/presumir de algo.

He's always boasting about his money - Siempre está presumiendo de dinero.

Sin. = *To show off* ***

Bob

(And) Bob's your uncle (hum.) **

(Y) todo perfecto, (y) todos contentos.

All you have to do is tell your girlfriend you have an important exam tomorrow, and Bob's your uncle! - Todo lo que tienes que hacer es decirle a tu novia que tienes un examen importante mañana, y todos contentos.

body

To earn barely enough to keep body and soul together *

Ganar lo justo para no pasar hambre.

He can't afford to take a holiday. He earns barely enough to keep body and soul together – No puede permitirse tomarse unas vacaciones. Gana lo justo para no pasar hambre.

boil

1) *To boil with anger* ***

Estar que se trina, echar chispas.

He's boiling with anger this morning - Está que trina esta mañana (véase tamb. «chispas»).

2) *To make sb's / one's blood boil* ***

Quemar la sangre, poner negro, hervir la sangre, sacar de sus casillas.

It makes my blood boil when I see all that violence in football matches - Me hierve la sangre cuando veo toda esa violencia en los partidos de fútbol.

bolt

A bolt from the blue **

Inesperadamente, sin previo aviso, de pronto.

The news came as a bolt from the blue - La noticia vino inesperadamente.

bone

1) *To make no bones about sth* ***

No andarse con chiquitas, no tener pelos en la lengua, hablar claro.

When it comes to saying what he thinks, he makes no bones about it - Cuando llega la hora de decir lo que piensa, no tiene pelos en la lengua (véase tamb. *word,*11).

2) *To make old bones* **

Llegar a/hacerse viejo, durar.

If you aren't more careful, you won't make old bones here – Si no tienes cuidado, no te harás viejo aquí.

3) *To be bone dry* *

Estar muy seco, reseco, más seco que la mojama.

It hasn't rained for months and the land is bone dry – Lleva meses sin llover y la tierra está más seca que la mojama.

Sin.= *As dry as a bone* *

4) *A bag of bones* **

En los huesos, esquelético, un saco/montón de huesos, puro hueso.

How can you like her? She's just a bag of bones - ¿Cómo puede gustarte? Es sólo un montón de huesos.

5) *To bone up on sth* **

Repasar, empollarse, estudiar.

I have an exam tomorrow - 1 have to bone up on my Latin - Tengo un examen mañana - tengo que «empollarme» el Latín (véase tamb. *swot up*).

6) *To feel it in one's bones* **

Tener un presentimiento, estar seguro de algo.

Her husband's the murderer - I feel it in my bones – Su marido es el asesino - estoy seguro, tengo ese presentimiento (véase tamb. «nariz», 3).

7) *Chilled/frozen to the bone/marrow* ***

Helado hasta los huesos/la médula.

Come inside - you're going to get chilled to the bone - Ven dentro - te vas a helar hasta los huesos.

Sin. *To be frozen stiff* **

8) *Close to the bone* **

(De un chiste) demasiado atrevido, subido de tono.

He likes to tell jokes that are close to the bone – Le gusta contar chistes subidos de tono.

Sin.= *Near the knuckle* **

book

1) *To be in sb's good/ bad/ black books* **

Estar bien/mal con alguien, disfrutar/gozar o no del favor/simpatía de alguien.

You know very well I'm in my aunt Agatha's black books – Sabes muy bien que no gozo de las simpatías de mi tía Agatha.

2) *To do sth by the book/ go by the book* **

Seguir las normas, cumplir el reglamento.

He always goes by the book – you can't expect him to do otherwise – Siempre sigue las normas – no puedes esperar que lo haga de otra manera.

3) *To throw the book at sb* **

Castigar severamente/con mano dura, aplicar todo el peso de la ley.

It wasn't the first time he had battered his wife, so the judge threw the book at him – No era la primera vez que había pegado a su mujer, así que el juez lo castigó con mano dura.

4) *To bring sb to book (for sth)* *

Exigir explicaciones a alguien (por algún delito, etc.), pedirle cuentas.

It's still a crime and he must be brought to book – Sigue siendo un delito y deben exigírsele explicaciones.

5)   *You can't judge a book by its cover* **

Las apariencias engañan.

The hotel looked good, but you can't judge a book by its cover – El hotel parecía bueno, pero las apariencias engañan.

boot

1)   *Too big for one's boots* *

Creído, pagado de sí mismo.

He's getting too big for his boots - Está empezando a creérselo más de la cuenta (véanse tamb. «abuela» y *full*, 5).

2)   *To give sb/ get the boot* ***

Despedir/ser despedido del trabajo, poner/ser puesto de patitas en la calle.

He's not working there any longer - he got the boot - Ya no trabaja allí - lo pusieron de patitas en la calle (véase tamb. *sack*).

3)   *To hang up one's boots* **

Colgar las botas, dejar una determinada profesión.

Jones, the famous footballer, hung up his boots last year - Jones, el famoso futbolista, colgó las botas el año pasado.

4)   *To lick sb's boots* **

Lamer las botas, adular rastreramente, hacer la pelota.

Did you notice the way Smith licks the boss's boots? - ¿Te has dado cuenta de cómo le hace la pelota Smith al jefe? (véase tamb. «coba»).

born

I wasn't born yesterday **

Ya soy mayorcito, no nací ayer, no me chupo el dedo.

I understand it only too well - I wasn't born yesterday - Ya lo creo que lo entiendo - ya soy mayorcito.

boss

To boss sb about ***

   Dar órdenes, mandonear.

   Stop bossing me about - Deja ya de darme órdenes.

brace

To brace oneself for sth **

   Prepararse para (malas noticias, etc.).

   Brace yourself for the worst - Prepárate para lo peor.

brain

1) *Use your brain!* ***

   Usa la cabeza / el cerebro, piensa.

   Come on! Use your brain – she couldn't have killed him - ¡Vamos! Usa el cerebro – ella no ha podido matarlo.

   Sins. = *Use your head / wit!* ** / *Use your loaf!* *

2) *To pick sbs brains* ***

   Explotar / aprovecharse de los conocimientos de otro, consultar a alguien que sabe más que uno.

   If you don't know how to solve that problem, pick somebody's brains – Si no sabes cómo resolver ese problema, consulta a alguien que sepa más que tú.

3) *To beat sb's brains out* ***

   Machacar los sesos a alguien.

Don't walk alone at night in this city - they could beat your brains out - No pasees solo en esta ciudad de noche - te podrían machacar los sesos.

4) *To blow sb's/one's brains out* ***

Volar(se)/levantar(se)/saltar(se) la tapa de los sesos.

He committed suicide - he blew his brains out - Se suicidó - se levantó la tapa de los sesos.

bread

One's/sb's bread and butter **

El sustento de uno/alguien, sus habichuelas, el medio de ganarse la vida, el pan de cada día.

I used to be a miner, but gardening is my bread and butter now – Yo era minero, pero la jardincría es como me gano la vida ahora.

break

To break the (bad) news gently **

Decir las (malas) noticias poco a poco.

Break the news gently to him - Dale la noticia poco a poco.

break down

To break down ***

a) Averiarse, estropearse (aparato, vehículo).

It isn't the first time your car breaks down - No es la primera vez que tu coche se avería.

b) Derrumbarse, desmoronarse, venirse abajo (persona).

When she heard the news, she broke down and wept - cuando oyó la noticia, se vino abajo y lloró.

breast

To make a clean breast of it **

Descargar la conciencia, decirlo todo.

You'd better make a clean breast of it - Mejor será que descargues tu conciencia (me lo digas todo).

breathing

A breathing space **

Un respiro.

Won't you give me a breathing space, please? - ¿No me das un respiro, por favor?

brevity

Brevity is the soul of wit (ref.) **

Lo bueno, si breve, dos veces bueno.

«His speech was a bit short». «Well, you know, brevity is the soul of wit». – «Su discurso fue un poco corto». «Bueno, ya sabes, lo bueno, si breve, dos veces bueno».

bridge

We'll cross the bridge when we come to it **

Nos enfrentaremos a ese problema cuando llegue el momento, no antes.

«What shall we do if the crisis goes on much longer». «Don't worry, we'll cross the bridge when we come to it» - «¿Qué haremos si la crisis sigue mucho más tiempo?» «No te preocupes, nos enfrentaremos al problema cuando llegue el momento».

bring

1) *To bring sth. home to sb* ***

    Hacer comprender algo a alguien.

    Try to bring home to him the danger involved - Trata de hacerle comprender el peligro que hay.

2) *(Not) bring oneself to do sth* ***

    (No) decidirse a hacer algo.

    I know it's the right thing to do, but I can't bring myself to do it – Sé que es lo que hay que hacer, pero no me decido a hacerlo.

3) *To bring the house down / bring down the house* **

    Hacer que el teatro se venga abajo por los aplausos, echar humo (los aplausos).

    It was a wonderful performance - it brought the house down - Fue una actuación maravillosa - el teatro se vino abajo / los aplausos echaban humo.

4) *To bring home the bacon* **

    a) Ganar el pan, traer el sustento / los garbanzos a casa.

        He's unemployed, so it's his wife who brings home the bacon – Está parado, así que es su mujer la que trae los garbanzos a casa.

    b) Llevarse el gato al agua

        We need to get that contract, and we're relying on you to bring home the bacon – Necesitamos conseguir ese contrato y confiamos en que seas tú el que se lleve el gato al agua.

broad

In broad daylight ***

    A plena luz del día.

I can't understand how they managed to rob the bank in broad daylight - No entiendo cómo lograron atracar el banco a plena luz del día.

broadly

Broadly speaking **

A grandes rasgos, hablando en términos generales.

Broadly speaking, there are only two main types – Hablando en términos generales, sólo hay dos tipos principales.

broke

To be broke ***

Estar tieso/pelado, sin un céntimo/una gorda/un duro/una peseta/un euro, sin una lata, a dos velas, sin blanca, a la cuarta pregunta/con una mano detrás y otra delante.

I can't lend you the fifty pence - I'm broke myself - No te puedo prestar los 50 peniques - yo también estoy tieso (véase tamb. «tieso»).

Sins.= *To be penniless* *** / *skint* ** / *flat* / *stone broke* **, *not have a bean* (IBr) *

brother

Big Brother **

Gran Hermano (estado, organización, etc. que controla y vigila a las personas limitando su libertad) (de la novela *Nineteen eighty-four* de George Orwell).

brown

In a brown study *

Ensimismado, pensativo.

He's been in a brown study most of the day – Lleva pensativo casi todo el día.

brush up

To brush sth up ***

Repasar, refrescar, poner al día (conocimientos, idiomas, etc.)- *I have to go to Paris next summer, so I must brush up my French* - Tengo que ir a París el verano que viene, así que tengo que repasar mi francés.

buck

The buck stops here **

Yo soy el último/la última responsable.

The buck stops here – you can't take the matter any further – Yo soy el último responsable – no puedes llevar el asunto más allá.

bull

1) *To take the bull by the horns* ***

Coger al toro por los cuernos, arrostrar valientemente una situación difícil, armarse de valor.

We'll take the bull by the horns and throw them out – Nos armaremos de valor y los echaremos.

2) *To be like a bull in a china shop* **

Ser como un toro en una tienda de porcelana (trad.), ser como un elefante en una cacharrería, ser un desmañado.

I've never seen such a clumsy man - he's like a bull in a china shop – Nunca he visto un hombre tan desmañado - es como un elefante en una cacharrería - lo rompe todo.

3) *The old bull* **

El mismo rollo de siempre.

He kept telling me to be a good boy and all that - the old bull - No hacía más que decirme que fuera un buen muchacho, etc. - el mismo rollo de siempre.

4) *Like a red rag to a bull* **

Que causa el mismo efecto que un trapo rojo al toro (lo irrita, pone furioso) (trad.)

I went into the boss's office and asked him for a rise - it was like a red rag to a bull... - Entré en el despacho del jefe y le pedí un aumento - fue como un trapo rojo a un toro...

bump off

To bump sb off ***

Liquidar (gen. en lenguaje de gángsters).

They bumped him off - Lo liquidaron.

Sins. = *To do sb in* ***, *to knock sb off* **(véase tamb. «cargarse»).

burn

1) *To burn the candle at both ends* *

Trabajar demasiado/en exceso, pasarse la vida trabajando.

You're burning the candle at both ends – Te pasas la vida trabajando.

2) *To burn the midnight oil* **

Quedarse estudiando/trabajando hasta muy tarde/hasta altas horas de la madrugada.

The day before the exam you burnt the midnight oil, didn't you? – El día antes del examen te quedaste estudiando hasta altas horas de la madrugada, ¿verdad?

burst

To burst into tears ***

Romper/echarse a llorar, prorrumpir en llanto.

She burst into tears when they took her husband away - Se echó a llorar cuando se llevaron a su marido.

Andarse por las ramas

bury

To bury the hatchet **

Enterrar el hacha de guerra, fumar la pipa de la paz, reconciliarse, hacer las paces, firmar la paz. (véase tamb. *smoke*, 1).

bush

To beat about the bush ***

Andarse por las ramas, andarse con/dar rodeos.

Stop beating about the bush and tell us where the money's hidden- Déjate de rodeos y dinos dónde está escondido el dinero.

business

1) *That's my business* ***

Eso es asunto mío.

2) *That's none of your business* ***

Eso no es asunto tuyo.

Cf. *Mind your own business!* – ¡Ocúpate de tus asuntos!

3) *Business is business* ***

Los negocios son los negocios.

busman

A busman's holiday **

Día de fiesta que se pasa trabajando en la obligación de todos los días, como si no fuera fiesta (trad.).

but

But for sth/sb***

A/de no ser por, si no es por algo/alguien.

But for your help, I would have never finished this book - De no ser por tu ayuda, no habría terminado nunca este libro.

butcher

1) *The butcher, the baker and the candlestick maker* *

Todo el mundo/todo quisque/todo bicho viviente (véanse tamb. *all,* 5 y «bicho», 5).

2) *To have/take a butcher's* *

Echa un vistazo [rhyming sl.: *to have a butcher's (look) = to have a look*].

butter

1) *To butter sb up* ***

Hacer la pelota/pelotilla/rosca.

I wish he'd stop buttering the boss up – A ver cuando deja de hacerle la pelota al jefe (véase tamb. «coba»).

2) *To be a butter-fingers* ***

Tener las manos de trapo/mantequilla, caérsele a uno todo de las manos.

It's the third plate she's broken this month - she's a butter-fingers - Es el tercer plato que rompe este mes - tiene las manos de trapo.

butterfly

To have/get butterflies in one's stomach/tummy **

Estar nervioso/inquieto (esp. antes de un examen, un partido, una cita, etc.), tener un cosquilleo en el estómago.

On my first date, I always have butterflies in my stomach – En mi primera cita, siempre tengo un cosquilleo en el estómago.

buy

1) *To buy sth* **

Creer (lo que alguien dice), tragárselo.

The police will never buy that story- La policía nunca creerá esa historia.

2) *To buy time* **

Ganar tiempo (empleando alguna estratagema, etc.) (véase tamb. *time*, 15).

He's only trying to buy time – Sólo está intentando ganar tiempo.

by

1) *By all means* ***

Por supuesto, no faltaba más.

«May I borrow your ladder?» *«By all means»* - «¿Me prestas la escalera?» «Por supuesto.»

2) *By fair means or foul* **

Por las buenas o por las malas.

He's intent on getting his money back by fair means or foul - Está decidido a recuperar su dinero por las buenas o por las malas.

3) *By fits and starts* *

A trompicones.

Space research advances by fits and starts – La investigación espacial avanza a trompicones.

4) *By hook or by crook* **

Por las buenas o por las malas.

She was determined to get it by hook or by crook – Estaba decidida a conseguirlo por las buenas o por las malas.

5) *By leaps and bounds* **

A pasos agigantados.

Her interest in ballet is increasing by leaps and bounds – Su interés por el ballet está aumentado a pasos agigantados.

6) *By no means* ***

De ningún modo, en absoluto.

The will is by no means satisfactory for him - El testamento no es en absoluto satisfactorio para él.

7) *By oneself* ***

Solo, a.

Fiona likes to be by herself - A Fiona le gusta estar sola.

Sin. = *On one's own* ***

8) *By way of* ***

A modo de.

He said a few words by way of introduction - Dijo unas palabras a modo de presentación.

9) *By a long chalk* ***

Con mucha diferencia, con mucho.

He's the best of my students by a long chalk - Es el mejor de mis alumnos con mucha diferencia.

Sin.= *By a long way/shot* *** (véase tamb. *chalk*).

10) *By and by*

a)   Poco a poco **

Don't you worry - you'll improve by and by

No te preocupes - irás mejorando poco a poco

b)   Luego, más tarde **

She says she will be here by and by - Dice que estará aquí / vendrá luego.

11) *By and large ***

En general.

They do it well by and large- En general, lo hacen bien.

12) *By the way*

A propósito (véase «propósito», a).

bygones

*Let bygones be bygones ***

Pelillos a la mar, lo pasado, pasado está.

There, shake hands and let bygones be bygones - ¡Ea! Daos la mano y pelillos a la mar.

Sin. = *No hard feelings ***

C

cake

1) *You can't have your cake and eat it* ***

O una cosa u otra, las dos cosas no pueden ser, no se puede repicar y andar en la procesión (véase tamb. *way*, 8).

Make up your mind - a holiday in Ibiza or redecorating our house. You can't have your cake and eat it – Decídete - vacaciones en Ibiza o redecorar la casa. Las dos cosas no pueden ser.

2) *To take the biscuit / cake for sth* **

Llevarse la palma, ser único para...

You really take the cake for making a fool of yourself with women - Realmente te llevas la palma en ponerte en ridículo con las mujeres.

3) *Cakes and ale* (liter.) *

Actividad placentera, diversión (trad.).

calf

To kill the fatted calf *

Matar un cordero cebado, celebrar un gran banquete en honor de alguien que ha estado mucho tiempo ausente (hijo pródigo, etc) (origen bíblico).

You didn't expect me to kill the fatted calf just because he's back, did you? - No esperarías que matara un cordero para celebrar su vuelta, ¿no?

call

1) *To call sb names* ***

Poner verde a alguien.

Stop calling him names - Deja de ponerlo verde

Sin.= *To call sb all the names under the sun* * (véase tamb. «verde», 2).

2) *To call/ take the roll* **

Pasar lista (en las escuelas, etc.).

First I'll call the roll to see if anyone is missing – Primero voy a pasar lista a ver si falta alguien.

Sin.= *To call/ take the register* (antic.).

3) *To call the tune* **

Llevar la voz cantante, llevar la batuta.

It's her who calls the tune all the time - Es ella quien lleva siempre la voz cantante.

4) *To call sb's bluff* **

Poner a alguien en evidencia, descubrir el juego a alguien, pillarle un farol; (en el póquer) hacer que alguien ponga sus cartas boca arriba, dejando su farol al descubierto.

He kept saying that he could ride a horse, but one day we called his bluff - No hacía más que decir que sabía montar a caballo, hasta que un día le pillamos el farol/ lo pusimos en evidencia.

candle

1) *Can't hold a candle to sb* **

No llegar a la suela del zapato.

She sings much better than him. Actually, he can't hold a candle to her – Ella canta mucho mejor que él. De hecho, él no le llega a la suela del zapato (véase tamb. *patch*).

2) *The game is not worth the candle* (antic.)

La cosa no merece la pena.

cannon

Cannon fodder **

Carne de cañón.

We must stop him using civilians as cannon fodder – Debemos impedir que use a los civiles como carne de cañón.

cap

1) *If the cap fits (wear it)* ***

El que se pica, ajos come.

When I said somebody here is too cocky by half, I wasn't referring to you, but «if the cap fits. . .» - Cuando dije que hay aquí alguien que es demasiado enterado, no me estaba refiriendo a ti, pero «el que se pica, ajos come».

2) *To cap it all* ***

Para colmo de males, para rematar las cosas, ¡encima!, ¡por si faltara poco!

And to cap it all, I got a parking ticket, too - Y para colmo de males, me multaron también por aparcar mal.

3) *Cap / hat in hand* **

Humildemente, más suave que un guante.

He's unbearably arrogant, but when he needs money, he doesn't mind coming to me cap in hand to borrow some – Es insoportablemente arrogante, pero cuando necesita dinero, no le importa venir a mí humildemente y pedírmelo prestado.

carpet

1) *To have sb on the carpet* ***

Leerle a uno la cartilla, echar un rapapolvo / una bronca, llamar a capítulo.

The boss had him on the carpet the other day because he'd been late two days running - El jefe le echó una bronca el otro día por llegar tarde dos días seguidos (véase tamb. «rapapolvo»).

2) *To roll out the red carpet for sb***

Recibir con todos los honores.

They rolled out the red carpet for their important visitor – Recibieron al distinguido huesped con todos los honores.

3) *To brush/sweep sth under the carpet* (IBr)/*rug* (IAm) **

Silenciar/echar tierra a un asunto.

We won't allow the matter to be swept under the carpet – No vamos a permitir que se eche tierra al asunto (véase tamb. «tierra», 1).

carried away

To get carried away (by sth.) ***

Emocionarse/entusiasmarse (con), dejarse llevar (por) (emoción, sentimiento).

I was a fool -I got carried away by my feelings – Fui tonto – me dejé llevar por mis sentimientos.

carrot

The carrot and the stick **

La «zanahoria o el palo»: promesas y amenazas, una de cal y otra de arena.

To get the best out of your workforce it's probably better to use the carrot rather than the stick - Para conseguir el máximo rendimiento de tus operarios, quizá sea mejor «la zanahoria» que «el palo».

carry

1) *To carry/take coals to Newcastle* *

Hacer algo completamente superfluo o innecesario, ir a vendimiar y llevar uvas de postre, llevar leña al monte.

How could you think of taking raisins to those friends in Malaga - that's like carrying coals to Newcastle - ¿Cómo pudiste pensar en llevarle pasas a esos amigos de Málaga? Eso es como ir a vendimiar y llevar uvas de postre.

2)   *To carry the can ***

Pagar el pato, enmarronarse, comerse el marrón.

I don't wish to carry the can for people like him - No quiero enmarronarme por gente como él.

Sin. = *To take the rap***

carry on

To carry on with sb **

Tener un lío / estar liado / entendérselas con alguien.

Now she's carrying on with the butcher - Ahora tiene un lío con el carnicero.

Sin. = *To have an affair with sb ****

cart

To put the cart before the horse **

Empezar la casa por el tejado.

Don't buy the food till we know the number of guests– that's what I'd call putting the cart before the horse – No compres la comida hasta que no sepamos el número de invitados- eso es lo que yo llamaría empezar la casa por el tejado.

cash

1)   *Cash on the nail ***

A tocateja, al contado rabioso, al pum pum.

He paid cash on the nail – Pagó a tocateja.

Sin.= *Cash down ****

2)   *To cash in on sth* ***

Explotar/aprovecharse de los méritos de otra persona.

As usual, he's cashing in on his wife's charm – Como de costumbre, está explotando el encanto de su mujer.

castles

To build castles in the air **/ *in Spain* *

Hacer castillos en el aire.

Stop building castles in the air - we must have our feet on the ground - Deja ya de hacer castillos en el aire - hay que tener los pies en el suelo.

cat

1)   *To be like a cat on hot bricks*(IBr)/ *like a cat on a hot tin roof* (IAm)**

Estar como un,-a gato,-a sobre un tejado de zinc, nervioso,-a, inquieto,-a, excitado,-a, etc., estar más nervioso que el jopo de una chiva.

What's the matter with you? You're like a cat on hot bricks - ¿Qué te pasa? Estás como un gato sobre un tejado de zinc/estás más nervioso que el jopo de una chiva.

2)   *To wait to see which way the cat jumps***

Esperar a ver por dónde van los tiros.

«*Have you made up your mind yet?*» «*No, I'm waiting to see which way the cat jumps*» - «¿Te decidiste ya?» «No, estoy esperando a ver por dónde van los tiros.» (véase tamb. *wind, 3*).

3)   *When the cat's away (the mice will play)* (ref.) **

Cuando el profesor (jefe, amo. etc.) no está presente, los alumnos (etc.) se aprovechan, cuando el gato no está, los ratones bailan.

4)   *All cats are (alike) grey in the dark/ night* (ref.) *

De noche todos los gatos son pardos.

5) *A cat may look at a king* (ref.) *

Una persona de condición humilde/pobre, etc., puede mirar a otra de rango superior, todos estamos hechos de lo mismo.

6) *To think that one's the cat's whiskers/pyjamas* **

Creerse que se es el ombligo del mundo/lo mejor.

Perhaps he thinks he is the cat's whiskers, but in my opinion he's just a poor devil -Quizá se cree que es el ombligo del mundo, pero en mi opinión no es más que un pobre diablo.

Sin.= *To think one is the bee's knees* **

7) *Not have/stand a cat in hell's chance* **

No tener ni la más remota posibilidad.

He wants to marry her, but he doesn't have a cat in hell's chance - Quiere casarse con ella, pero no tiene ni la más remota posibilidad.

Sin.= *Not have a dog's chance* **

8) *The cat's paw* *

Persona utilizada por otra como instrumento para sacarle las castañas del fuego.

He isn't the real murderer - he was only the cat's paw - No es el asesino verdadero - fue sólo un instrumento.

9) *Curiosity killed the cat* (ref.) **

La curiosidad mata al hombre, la curiosidad mató al gato (trad.)

Don't ask too many questions - you know curiosity killed the cat - No hagas demasiadas preguntas - ya sabes, la curiosidad mata al hombre.

10) *To grin like a Cheshire cat* (liter.)*

Sonreír ampliamente, enseñando todos los dientes (empleado frecuentemente en sentido peyorativo: sonreír sin venir a cuento, tontamente, de forma forzada, etc.)

11) *To look like sth the cat brought / dragged in* (hum.) *

Parecer que se viene de la guerra (sucio, desastrado).

Where have you been? You look like sth the cat dragged in - ¿Dónde has estado? Parece que vienes de la guerra.

12) *To put / set the cat among the pigeons* *

Armar gran revuelo / confusión (haciendo o diciendo algo inesperado), meter al lobo en el redil / gallinero.

He put the cat among the pigeons when he solemnly announced that he knew the murderer was one of the family - Armó un gran revuelo cuando solemnemente anunció que sabía que el asesino era uno de la familia.

13) *There's more than one way to skin a cat* *

Cada uno tiene su manera de hacer las cosas, cada maestrillo tiene su librillo.

Let me do it my way - there's more than one way to skin a cat. - Déjame hacerlo a mi manera - cada maestrillo tiene su librillo.

14) *To have nine lives like a cat* **

Tener siete vidas como un gato / los gatos.

There, he's escaped again, he has nine lives like a cat - ¡Vaya!, otra vez se ha escapado, tiene siete vidas como un gato.

15) *Has the cat got your tongue?* **

¿Te ha comido la lengua el gato?

Why don't you say anything? Has the cat got your tongue? - ¿Por qué no dices nada? ¿Te ha comido la lengua el gato?

16) *To play cat and mouse with sb* **

Jugar al ratón y al gato con alguien.

Stop playing cat and mouse with me and tell me the truth - Deja ya de jugar al ratón y al gato conmigo y dime la verdad.

17) *To be like the cat that got / stole the cream* *

Estar muy ancho / ufano (por algo que se tiene o se ha logrado).

He's been like the cat that got the cream ever since his father bought him his bike - ¡Cómo está de ancho desde que su padre le compró la bici!

18) *A fat cat* *

Un pez gordo (alguien muy rico).

More fat cats are investing in Spain – Más peces gordos están invirtiendo en España.

19) *Muffled cats catch no mice* (ref.) (arc.)

Gato con guantes no caza ratones.

Sin.= *A cat in gloves catches no mice* (arc.)

catch

1) *To catch sb napping* **

Pillar dormido a alguien.

We caught them napping - Los pillamos dormidos.

2) *To catch sb with his trousers down* (hum.) **

Pillar dormido, pillar desprevenido, pillar en bragas / con los pantalones bajados.

They caught him with his trousers down - Lo pillaron en bragas.

3) *To catch on* ***

Cuajar, tener éxito.

His idea didn't catch on - Su idea no cuajó.

4) *To catch sb off guard* **

Pillar desprevenido.

Your attack caught him off guard - Tu ataque lo pilló desprevenido.

5) *To catch a tartar* *

Salir la criada respondona, no contar con la huéspeda.

You thought she'd do as you wanted, but you've caught a tartar there - Pensaste que ella haría lo que tú quisieras, pero te ha salido la criada respondona.

6)   *Catch 22* *

Dificultad/pega, esp. una norma/regla/ley, considerada injusta/poco razonable/caprichosa, o simplemente fastidiosa, que le impide a uno escapar de una situación desagradable o dejar de hacer lo que no se quiere hacer, parecida a la frase española, muy común en Andalucía: «Tires por donde tires, te encontrarás con Ramírez.» La frase *catch 22* tiene su origen en una novela de J. Heller, en la que, en la 2ª Guerra Mundial, a los pilotos que alegaban estar locos se les permitía no tener que volar y marcharse a su casa, pero cuando solicitaban el permiso correspondiente se demostraba que no estaban locos y tenían que seguir volando.

chalk

Not by a long chalk **

No, con mucha diferencia, ni mucho menos.

It isn't his best film, not by a long chalk – No es su mejor película, ni mucho menos.

Sin.= *Not by a long way/shot* *** (véase tamb. *by, 9*).

chance

1)   *The chance of a lifetime* ***

La oportunidad de su vida.

That journey to Africa is the chance of a lifetime for her - Ese viaje a Africa es la oportunidad de su vida.

2)   *To leave nothing to chance* ***

No dejar ningún cabo suelto, no dejar nada al azar.

He's very thorough - he never leaves anything to chance – Es muy metódico - no deja nunca nada al azar.

3) *To have/ stand no chances* ***

No tener ninguna posibilidad.

You haven't got a chance - No tienes ninguna posibilidad.

4) *To take a chance/ no chances* ***

Arriesgarse/ no arriesgarse.

«*A murderer has got to take a chance*», *said Poirot* - «Un asesino tiene que arriesgarse», dijo Poirot.

change

1) *To change one's mind* ***

Cambiar de opinión.

I've changed my mind - we'll go to Spain for our holiday next summer - He cambiado de opinión - iremos a España de vacaciones el verano que viene.

2) *For a change* ***

Para variar.

I'll have smoked salmon today for a change - Tomaré salmon ahumado hoy, para variar.

3) *To change hands* ***

Cambiar de mano/ de dueño.

That shop has changed hands three times this year - Esa tienda ha cambiado de mano tres veces este año.

4) *To change one's tune* **

Cambiar de actitud.

It's about time they changed their tune - Ya es hora de que cambien de actitud.

cheek

1) *To turn the other cheek* **

Poner la otra mejilla.

I'm tired of turning the other cheek. Next time he attacks me, I'll respond to violence with violence - Estoy cansado de poner la otra mejilla. La próxima vez que me ataque responderé a la violencia con violencia.

2)   *Cheek by jowl (with sb)* *

Codo con codo (con alguien), juntos.

If he'd known he was to find himself seated cheek by jowl with his worst enemy he wouldn't have attended the dinner- De haber sabido que iba a encontrarse sentado codo con codo con su peor enemigo, no habría asistido a la cena.

cheer

To cheer up ***

Animarse, levantar el ánimo.

Cheer up, everything's going to be all right - Anímate, todo va a salir bien.

cheese

1)   *Say cheese!* (hum.) ***

Sonríe (al hacer una foto)), di patata.

Sin.= *Watch the birdie!* ** - ¡Mira, que va a salir un pajarito!

2)   *Hard cheese* *

¡Mala suerte! (usado generalmente cuando a uno en realidad no le importa mucho la desgracia o el contratiempo del individuo en cuestión).

«*Madge has turned me down again*». «*Hard cheese!*» – «Madge me ha dado calabazas otra vez». «¡Mala suerte!»

Sin.= *Tough shit!* ** (vulg.) Mala suerte/pata

cherry

1)   *To have/get another/a second bite at the cherry* **

Tener una segunda oportunidad.

He was lucky - they let him have another bite at the cherry – Tuvo suerte - le dieron una segunda oportunidad.

2)   *The cherry/ icing on the cake* **

La guinda (del pastel).

It was a perfect evening - her kiss, the icing on the cake – Fue una velada perfecta - su beso, la guinda del pastel.

chew

1)   *To chew it over* **

Rumiar, meditar algo, pensarlo mucho antes de tomar una decisión.

I have to chew it over (I have to think it over) - Tengo que rumiarlo (lo tengo que pensar).

Sin.= *To chew the cud* *

2)   *To chew the fat* **

Estar de palique o de cotilleo, pegar la hebra.

Stop chewing the fat and get to work – Dejaros de cotilleo y poneros a trabajar.

Sin.= *To gossip.*

chicken

1)   *To be no spring chicken* **

No ser ningún,-a niño,-a.

She's no spring chicken - she's forty if she's a day - No es ninguna niña, lo menos tiene cuarenta años.

2)   *Don't count your chickens before they're hatched* (ref.) *

No hagas las cuentas de la lechera, no vendas la piel del oso antes de cazarlo.

You don't have the money yet – don't count your chickens before they're hatched – Todavía no tienes el dinero – no hagas las cuentas de la lechera.

3) *(It's no) chicken feed* **

(No es) grano de anis, (no es) moco de pavo, (no es) una cantidad despreciable.

Sin.= *It's not to be sneezed at* ** - No es de despreciar.

4) *To be (a) chicken* **

Ser un gallina / un cobardica / un cagado / un rajado.

5) *Which came first the chicken or the egg?* *

¿Qué fue primero, la gallina o el huevo? (De dos cosas relacionadas, ¿cuál fue primero o causa de la otra?)

Abreviado a menudo: *It's a case of the chicken and / or the egg* **

6) *(Sb's chickens) come home to roost* **

Volverse contra uno mismo, pasar factura, pagar las consecuencias (de acciones pasadas), pagarlas todas juntas

His lack of financial planning is coming home to roost – Su falta de planificación financiera le está pasando factura.

child

Child's play ***

Juego de niños / muy fácil.

«Did you convince him?» «It was child's play» - «¿Lo convenciste?» «Fue un juego de niños» (véase tamb. *easy*, 1).

China

Not for all the tea in China *

Ni por todo el oro del mundo, por nada del mundo

chip

(To have) a chip on one's shoulder (about sth) **

Ser un resentido, un amargado (por creer que se ha sido tratado injustamente en algún momento del pasado).

He has a chip on his shoulder about not having been sent to university by his father – Está amargado por no haber sido mandado a estudiar en la universidad por su padre.

chop

To be for the chop **

(IBr) Ser lo más probable que se cierre/suprima (fábrica, programa de televisión), que se despida (empleado).

Our factory is for the chop too – Nuestra fábrica también es probable que se cierre.

clean

1) *As clean as a new pin* *

Más limpio que una patena, limpio como los chorros del oro.

The pots and pans were as clean as a new pin – Los cacharros de cocina estaban limpios como los chorros de oro.

2) *As clean as a whistle* (sl. policial.) *

Limpio, inocente.

I think we made a mistake arresting that man - he's as clean as a whistle - Creo que cometimos un error arrestando a ese hombre - es inocente.

3) *To give sb/sth a clean bill of health* **

Dar el visto bueno a la salud de alguien o al funcionamiento de algo.

It was a sudden death. Actually, his doctor had given him a clean bill of health only two weeks ago – Fue una muerte repentina. De hecho, el médico le había dado el visto bueno a su salud hace sólo dos semanas.

clip

To clip sb's wings **

Cortar las alas a alguien.

He's making a mess of things in the firm - we'll have to clip his wings - Lo está liando todo en el negocio - vamos a tener que cortarle las alas.

closet

To come out of the closet ***

Salir del armario (dejar de ocultar alguien su homosexualidad).

I hear Andrew has come out of the closet – He oído decir que Andrew ha salido del armario.

Sin. *To come out* ***

cloud

1) *Every cloud has a silver lining* **

La esperanza es lo último que se pierde, siempre hay un rayo de esperanza.

2) *To be on cloud nine* **

Estar en el séptimo cielo

After a tiring day at work, being at home is like being on cloud nine – Después de un día agotador en el trabajo, estar en casa es como estar en el séptimo cielo (véase tamb. *heaven*, 2).

3) *To be under a cloud* *

Estar bajo sospecha, haber caído en desgracia.

We all thought he had a brilliant future in the party, but now he's under a cloud – Todos creíamos que tenía un brillante futuro en el partido, pero ahora ha caído en desgracia.

clover

To be/live (like pigs) in clover **

Vivir a cuerpo de rey.

They're staying in that luxury hotel living like pigs in clover and doing no work - Están parando en ese hotel de lujo viviendo a cuerpo de rey y sin hacer nada (ver tamb. *Riley*).

coast

The coast is clear ***

No hay moros en la costa.

You can come out - the coast is clear - Puedes salir - no hay moros en la costa.

La frase negativa, *the coast is not clear*, puede traducir la frase española «hay ropa tendida/moros en la costa».

cold

1) *To be cold comfort (for sb)* **

No ser consuelo para alguien, mal de muchos, consuelo de tontos.

«My car has been stolen». «Car thefts happen here every day». «That's cold comfort» – «Me han robado el coche». «Aquí ocurren robos de coches todos los días». «¡Menudo consuelo!, mal de muchos, consuelo de tontos»

Sin.= *To be small comfort* **

2) *To leave cold* ***

Dejar frío/indiferente/no entusiasmar.

Her painting leaves me cold - Su pintura me deja frío.

3) *To leave out in the cold* **

Dejar fuera, excluir (de un beneficio, una lista, etc.).

I was surprised to see that their best forward had been left out in the cold - Me sorprendió ver que habían dejado fuera del equipo a su mejor delantero.

4) *To have a cold* ***

Estar resfriado.

I've got a bad cold – Estoy muy resfriado.

comb

To go over/ through sth with a fine-tooth comb **

Registrar minuciosamente (la policía, etc., una habitación, un lugar, una zona, etc.), peinar.

They've gone over the woods with a fine-tooth comb, but haven't found anything -Han peinado el bosque, pero no han encontrado nada.

come

1) *To have it coming* ***

Buscársela, estársela buscando

I'm sorry for you, but you had it coming – Lo siento por ti, pero te la estabas buscando.

2) *To come true* ***

Hacerse realidad.

Her dream has come true - Su sueño se ha hecho realidad.

3) *Come what may* ***

Pase lo que pase.

I will never leave you, come what may – Nunca te dejaré, pase lo que pase.

4) *To come to terms with sth* ***

Resignarse a aceptar algo malo o doloroso como irremediable/irreparable.

Your son is dead and you must come to terms with your loss – Tu hijo está muerto y tienes que aceptar tu pérdida como irreparable; *I'll never come to terms with injustice* – nunca me resignaré a aceptar la injusticia.

Cf. *To come to terms with sb* – Llegar a un acuerdo con alguien.

5) *To come a cropper* **

Darse/pegarse un batacazo, (fig.) sufrir un revés.

If you don't study harder, you'll come a cropper again - Si no estudias más, te vas a pegar otro batacazo.

6) *How come?* ***

¿Cómo es eso? ¿Cómo es que...?

How come you're not at school? - ¿Cómo es que no estás en la escuela?

7) *Come off it!* ***

¡Venga ya!, ¡déjate de tonterías!, ¡corta el rollo!

Come off it! I've heard that story many times before - ¡Venga ya!, he oído esa historia antes muchas veces.

8) *(Come through/off) with flying colours* **

(Salir) airoso/con toda brillantez de una prueba.

«Did he pass the exam?» *«Yes, he came through with flying colours»* – «¿Aprobó su examen?» «Sí, con toda brillantez».

comeuppance

To get one's comeuppance *

Recibir su merecido.

He'll get his comeuppance sooner or later – Recibirá su merecido tarde o temprano.

comparisons

Comparisons are odious ***

Las comparaciones son odiosas.

cook

1) *Too many cooks spoil the broth* (ref.) *

   Demasiados cocineros estropean el caldo.

   We'd better carry out the project by ourselves – as the saying goes: "too many cooks spoil the broth" – Mejor será que llevemos adelante el proyecto nosotros solos – como dice el refrán: "demasiados cocineros estropean el caldo".

2) *To cook sb's goose* **

   Hacer la pascua a alguien, hacer un pie agua, hacer polvo (y como resultado, estar acabado, no tener nada que hacer), hacer la puñeta (vulg.), caerse con todo el equipo, dejar para el arrastre.

   They've cooked his goose - Le han hecho bien la pascua; *he realized that his goose was cooked* - se dio cuenta de que no tenía nada que hacer.

3) *What's cooking?* **

   ¿Qué se está cociendo / tramando?

   They've been talking in secret for more than two hours – I'd like to know what's cooking – Llevan hablando en secreto más de dos horas – me gustaría saber qué se está cociendo.

cool

1) *As cool as a cucumber* **

   a) Tranquilo, relajado, sin perder la calma, tan pancho / campante.

      At the press conference, the journalists bombarded the President with questions, but he kept as cool as a cucumber – En la rueda de prensa, los periodistas acribillaron al Presidente a preguntas, pero éste se mantuvo relajado/sin perder la calma.

b)   Fresco como una lechuga, sin notar el calor, el esfuerzo, etc.

She didn't sleep a wink all night, but in the morning, she was a cool as a cucumber – No pegó ojo en toda la noche, pero por la mañana estaba fresca como una lechuga.

Cf. Ser más fresco que una lechuga, ser muy fresco/un caradura – *to have got a nerve*: *that boy's got a nerve* – ese muchacho es más fresco que una lechuga.

2)   *Cool!* ***

¡Guay!

«*I've passed maths at last*». «*Cool!*» - «Por fin he aprobado las mates». «¡Guay!».

Cf. *Great!* - ¡genial!, ¡estupendo!, ¡magnífico!

cope

To cope with sth ***

Llevar/sacar adelante/hacer frente a algo.

That's more than 1 can cope with - Eso es más de lo que puedo llevar adelante/no puedo hacer frente a eso.

corner

(Just) (a)round the corner ***

A la vuelta de la esquina, cerca (lugar o tiempo).

There's a chemist's just round the corner - Hay una farmacia a la vuelta de la esquina; *Christmas is round the corner* – la Navidad está a la vuelta de la esquina.

couch

A couch potato **

Persona que se pasa todo el día sentada en el sofá viendo la tele, teleadicto.

cough

To cough up **

Soltar la pasta (el dinero), aflojar la mosca.

Cough up or they'll do you in - Suelta la pasta o te liquidarán.

crack

To crack a joke **

Contar un chiste.

He likes to crack a joke from time to time - Le gusta contar chistes de vez en cuando.

Sin. = *To tell a joke.*

creaking

A creaking door/gate hangs long/longest (on its hinges) (ref.) *

Una persona inválida o enferma crónica suele durar mucho tiempo, (hum.) bicho malo nunca muere.

credit

To do sb credit ***

Honrar a alguien.

His behaviour does him credit - Su comportamiento le honra.

crest

To be on the crest of the wave **

Estar en la cresta de la ola, triunfar.

He's just got the Oscar for best actor – we could say that he's on the crest of the wave – Acaba de ganar el Oscar al mejor actor – podríamos decir que está en la cresta de la ola.

crocodile

1) *Crocodile tears* **

Lágrimas de cocodrilo.

He expressed his sympathy to the widow, but I don't think he was really sorry. They were just crocodile tears – Le dio el pésame a la viuda, pero no creo que lo sintiera de verdad. Sólo eran lágrimas de cocodrilo.

2) *A crocodile* (IBr) **

Fila de personas, esp. colegiales, que van por la calle caminando de dos en dos.

crossroads

To be at a/the crossroads ***

Estar en la encrucijada.

Now Luke is at the crossroads – he doesn't know whether to stay at his current job or accept a new post abroad – Ahora Luke está en la encrucijada – no sabe si seguir en su actual trabajo o aceptar un nuevo puesto en el extranjero.

crow

As the crow flies **

En línea recta.

It's thirty miles to the castle as the crow flies - Hay 30 millas al castillo en línea recta.

cry out for

To cry out for sth ***

Pedir a gritos algo.

The car is crying out for a coat of paint - El coche está pidiendo a gritos una capa de pintura.

crying

To be a crying shame **

Ser una vergüenza, algo que clama al cielo.

The roads in our country are a crying shame - Las carreteras de nuestro país son una vergüenza.

culture

A culture vulture *

(*hum*) Un devorador de cultura (que no se pierde ninguna conferencia/ exposición, etc).

curtains

To be curtains for sb/ sth **

Ser el fin para alguien/algo.

That law could be curtains for bullfights in Catalonia – Esa ley podría ser el fin de las corridas de toros en Cataluña.

cushy

A cushy number * (IBr)

Un chollo (esp. un trabajo fácil).

cut

1) *To cut the ground from under sb's feet* *

Echar por tierra (planes, proyectos de alguien).

He wanted to sell Persian rugs, but the new regulations on imports cut the ground from under his feet – Quería vender alfombras persas, pero las nuevas normas sobre las importaciones echaron por tierra sus planes.

2) *To cut up rough* **

Poner el grito en el cielo, ponerse furioso.

She'll cut up rough if you don't give her what she's asked for - Se va a poner furiosa si no le das lo que ha pedido.

3) *To cut no ice (with sb)* **

No tener efecto (sobre alguien), no convencer, dejar frío

His excuses cut no ice with me - Sus excusas no me convencieron.

4) *To cut a fine/good figure* **

Tener buena presencia/planta (persona).

He cut a fine figure in his Navy uniform – Tenía buena planta con su uniforme de la Marina.

5) *To cut a poor/sorry figure* **

Tener un aspecto de pena (persona).

He cut a sorry figure in his old-fashioned grey suit – Tenía un aspecto de pena con su traje gris pasado de moda.

6) *To cut sb dead* ***

Negar el saludo (fingir no haber visto).

I greeted him, but he cut me dead - Yo lo saludé, pero él me negó el saludo.

7) *To cut sb off without a penny* ***

Desheredar a alguien.

His father cut him off without a penny, when he married that *girl* - Su padre lo desheredó cuando se casó con esa chica.

8) *Cut the crap* (vulg.) ***

Corta el rollo.

Sin.= *Cut the cackle* **

9) *Cut and dried* **

Previsto, decidido, fijado de antemano

The result of the elections is cut and dried.- El resultado de las elecciones está decidido de antemano.

10) *To cut both ways* ***

a)   Ser de doble filo (argumento).

b)   Tener su lado bueno y su lado malo (situación), tener ventajas e inconvenientes.

11) *To cut corners* *

Tomar atajos (hacer las cosas rápido y mal para ahorrarse dinero o tiempo).

You and your idea of cutting corners to save time! Now we have to do it all over again - ¡Tú y tu idea de tomar atajos para ahorrar tiempo! Ahora tenemos que hacerlo todo de nuevo.

D

daggers

To look daggers at sb **

Mirar con odio a alguien, ponerle cara de perro / de pocos amigos, lanzarle una mirada asesina.

I don't think she likes you very much – she's looking daggers at you – No creo que le gustes mucho – te está lanzando miradas asesinas.

Sin.= *To give sb a black look* **

damage

What's the damage? (hum.) **

¿Qué se ha roto aquí?, ¿qué se debe?, tráigame la cuenta / la dolorosa.

damn

1) *Damn it all* ***

    ¡Al diablo con todo!

    Sin.= *Hang it all!* **

    Cf. *Damn!* - ¡Maldita sea!, ¡joder!

2) *To damn with faint praise* **

    Elogiar con tan poco entusiasmo que suena a crítica (trad.).

    Stop talking about my new novel – you're damning it with faint praise – Deja de hablar de mi nueva novela – tus elogios suenan a crítica.

Damocles

The sword of Damocles (liter.) *

La espada de Damocles, peligro inminente que se cierne sobre algo / alguien.

Unemployment is a sword of Damocles hanging over the government - El desempleo es una espada de Damocles que se cierne sobre el gobierno.

dance

1) *To dance attendance on sb* **

Bailarle el agua a alguien, estar pendiente de alguien, colmar de atenciones.

The film star loves to have men dancing attendance on her - **A** la estrella de cine le encanta tener a los hombres bailándole el agua.

2) *To dance to sb's tune* **

Bailar al son que le tocan a uno.

I'm afraid Great Britain will dance to the USA's tune as usual – Me temo que Gran Bretaña bailará al son que le toquen los Estados Unidos, como de costumbre.

3) *To make a song and dance about sth* **

Hacer muchos aspavientos por algo sin importancia.

I'm used to hearing him make a song and dance about his 'terrible' headache – Ya estoy acostumbrada a oírle hacer aspavientos por su 'terrible' dolor de cabeza.

Darby and Joan

To be like Darby and Joan (gen. hum.) *

Llevarse a las mil maravillas (aplicado a un matrimonio de ancianos que lleva muchos años felizmente casados).

dark

To be a dark horse **

Ser (alguien) una incógnita / un enigma.

That writer is a dark horse - nobody seems to know him - Ese escritor es una incógnita - nadie parece conocerlo.

day

1) *Call it a day* ***

Ya está bien de trabajo por hoy, mañana será otro día.

We've been working since eight o'clock this morning. We can call it a day - Llevamos trabajando desde las ocho de la mañana. Ya está bien por hoy.

2) *To have an off day* **

Tener un mal día.

It was one of his off days - Era uno de sus días malos.

3) *A day off* ***

Un día libre.

Thursday is my day off- El jueves es mi día libre.

4) *A red-letter day* **

Un día señalado.

It was a red-letter day for me when I first met you - Fue un díaseñalado para mí cuando te conocí.

5) *Every other/second day* ***

Un día sí y otro no.

We had our riding lessons every other day - Teníamos la lección de equitación un día sí y otro no.

6) *Day in, day out* **

Un día sí y el otro también, todos los días.

He gets drunk day in, day out – Se emborracha un día sí y el otro también.

7) *One of these days* ***

Un día de éstos.

We'll have lunch together one of these days – Almorzaremos juntos un día de éstos.

8) *The good old days* ***

Los buenos viejos tiempos.

«How I miss the good old days when we were in the army». *«We were young then»* - «Cómo echo de menos los viejos tiempos, cuando estábamos en el ejército». «Entonces éramos jóvenes».

9) *To have known / seen better days* ***

Haber conocido mejores tiempos.

This theatre has known better days - Este teatro ha conocido mejores tiempos.

10) *Late in the day* ***

Algo tarde (quizá demasiado; debía haberse hecho antes, etc.).

I congratulate you, a bit late in the day, for your latest book - Te felicito, un poco tarde tal vez, por tu último libro.

11) *To make sb's / one's day* ***

Hacer feliz a alguien diciendo o haciendo algo, ocurrir algo que lo hace a uno feliz, alegrar el día a alguien.

I met her at the bookshop and it made my day - La encontré en la librería y me alegró el día.

12) *A nine days' wonder* **

Algo / alguien que causa sensación durante poco tiempo, éxito efímero.

His book was quite a success, but it proved to be a nine days' wonder - Su libro causó sensación, pero resultó ser un éxito efímero (véase tamb. *flash*).

13) *To be the order of the day* ***

Estar a / ser la orden del día.

Unfortunately, violence is the order of the day now - Desgraciadamente, la violencia está a la orden del día ahora.

14) *Any day* ***

En cualquier momento, con los ojos cerrados.

I can beat him at chess any day - Puedo ganarle al ajedrez con los ojos cerrados.

15) *Any day now* ***

En cualquier momento, muy pronto

Carol's expecting her baby to be born any day now – Carol espera que su bebé nazca en cualquier momento.

16) *To live from day to day* ***

Vivir al día (véase tamb. «vivir», 1).

17) *One of these days is none of these days* (hum.) **

Un día de estos es nunca (hay que precisar más al hacer una cita) (trad.).

18) *In this day and age* **

En los tiempos que corren (gen. demostrando sorpresa o enfado).

It's surprising,, in this day and age, to find sb who hasn't got a mobile phone- En los tiempos que corren, es raro encontrar a alguien que no tenga móvil.

19) *Those were the days!* ***

¡Qué tiempos aquellos!

20) *One's good deed for the day* ***

La buena acción del día de alguien.

Please, give me a lift to the office - consider it your good deed for the day – Por favor, acércame a la oficina en tu coche - considéralo tu buena acción del día.

21) *At the end of the day* **

A fin de cuentas.

At the end of the day, it's you decision – A fin de cuentas, es decisión tuya.

deal

It's a deal ***

> Trato hecho.
>
> Cf. *No deal* *** - No hay trato.

dear

Oh dear! ***

> ¡Caramba!, ¡vaya por Dios!
>
> *Oh dear! There they are again* - ¡Vaya por Dios! ¡Ahí están otra vez!

depth

To be out of one's depth ***

a)   No hacer pie.

> *Children, don't go out of your depth* - Niños, no os vayáis adonde no hacéis pie.

b)   Estar perdido, no poder con algo.

> *He's out of his depth in that subject* - Está perdido en ese tema.

devil

1)   *Needs must when the devil drives* (ref.) (antic).

> A la fuerza ahorcan.

2)   *A poor devil* **

> Un pobre diablo, un don nadie.
>
> Sin.= *A nobody* ***

3)   *To play the devil's advocate* (liter.) *

> Hacer de abogado del diablo.

I played the devil's advocate to see how sure he was of his ideas - Hice de abogado del diablo para ver lo seguro que estaba de sus ideas.

4)   *The devil makes work for idle hands* (ref.) *

La ociosidad es madre de todos los vicios, cuando el diablo no tiene nada que hacer, mata moscas con el rabo.

5)   *...and the devil take the hindmost* *

...y el que venga detrás que arree.

At the sales, everyone runs for the best bargains...and the devil take the hindmost – En las rebajas, todo el mundo corre para conseguir las mejores gangas...y el que venga detrás que arree.

die

The die is cast ***

La suerte está echada.

It's too late now to change things - the die is cast – Ya es tarde para cambiar las cosas - la suerte está echada.

difference

1)   *It doesn't make any difference* ***

Es igual, da lo mismo.

June or July - it doesn't make any difference to me – Junio o julio - me da lo mismo.

2)   *It makes all ihe difference* ***

Es completamente diferente, eso lo cambia todo.

If he shot him in self-defence, it makes all the difference – Si le disparó en defensa propia, eso lo cambia todo.

different

To be as different as chalk and cheese **

Ser diferentes como de la noche al día, parecerse como un huevo a una castaña.

discretion

Discretion is the better part of valour (ref.) *

La prudencia no está reñida con el valor, una retirada a tiempo es una victoria.

do

1) *To do* ***

    Ser suficiente, bastar, servir, ser apropiado.

    That'll do, thanks - Es suficiente, gracias; *that/ it won't do* - no sirve/no puede ser.

2) *To do sb in* **

    Cargarse a alguien, liquidarlo, matarlo.

    They've done him in - Se lo han cargado (véase tamb. «cargarse»).

3) *To do with sth* (con *can/ could*) ***

    Venir bien/ de maravilla.

    I could do with a cup of tea - Me iría muy bien una taza de té.

4) *To do without sth/ sb* ***

    Pasarse sin algo/ alguien.

    I can't do without her - No puedo pasar sin ella.

5) *To do one' best* ***

    Hacer lo posible, hacer todo lo que esté en las manos de uno.

I'll do my best - Haré lo posible/cuanto esté en mis manos.

6) *Do as you would be done by* (ref.) *

No hagas a los demás lo que no quieras que te hagan a ti.

7) *To do well* ***

    a)   Tener éxito, triunfar, irle a alguien bien.

        He's doing quite well in his new job - Le va muy bien en su nuevo trabajo.

    b)   Ir mejor (de salud)/mejorando (gen. sólo en forma progresiva).

        She's doing quite well of late - Está bastante mejor útltimamente.

8) *To do one's own thing* **

Ir alguien a su aire/por libre, hacer lo que le gusta sin preocuparse de la opinión de los demás.

His father wants him to run the family business, but he's determined to do his own thing and be a painter – Su padre quiere que dirija el negocio familiar, pero él está decidido a ir por libre y ser pintor.

9) *To do a good/bad turn* ***

Hacer un favor/una mala jugada/una faena/jugarreta.

I owed it to him - he did me a good turn once – Se lo debía - me hizo un favor una vez; *he hates me. I once did him a bad turn out of ignorance-* me odia. Una vez le hice una faena por ignorancia/sin querer.

Cf. *To do sb a favour* *** – Hacerle un favor a alguien

10) *To do sb out of sth* **

Robar, quitar, birlar, privar a alguien de algo.

If you're not careful, he'll do you out of your job – Si no te andas con cuidado, te quitará el trabajo.

They did him out of his money - Le birlaron el dinero.

11) *To do it* ***

Lograr algo, triunfar.

We did it - Lo logramos.

12) *To do the trick* **

Servir (para el caso), resolver el problema, resultar.

It's old and worn, but it'll do the trick - Es viejo y usado, pero servirá (véase tamb. 1).

13) *Do's and don'ts* **

Lista de cosas que se pueden hacer y de las que no, a hacer ya no hacer, permitidas y prohibidas.

Here's a list of do's and don'ts while you are in hospital – Aquí tienes una lista de lo que puedes y no puedes hacer mientras estés en el hospital.

doctor

Just what the doctor ordered **

(hum.) Lo que el médico me mandó / recetó, justo lo que necesito / quiero.

I'd love to meet that sexy girl over there; she's smashing - just what the doctor ordered – Me encantaría conocer a esa chica sexy de ahí; está estupenda - justo lo que el médico me recetó.

dog

1) *To help a lame dog over a stile* *

Ayudar a una persona necesitada, echar un cable / una mano.

You know I don't mind helping a lame dog over a stile, but it is the third time this month your brother has asked me for money - Sabes que no me importa echar una mano cuando puedo, pero es la tercera vez este mes que tu hermano me pide dinero.

Sins. = *To lend / give sb a hand* (véase *hand*, 8).

2) *To go to the dogs* **

Empeorar, echarse a perder, irse a pique.

Another marriage gone to the dogs - Otro matrimonio que se va a pique.

3) *Let sleeping dogs lie* **

No despiertes al león dormido.

Don't bring up old family feuds – better let sleeping dogs lie – No saques a relucir viejas rencillas familiares – es mejor no despertar al león dormido.

4) *As sick as a dog* *

Con vómitos violentos.

She's as sick as a dog this morning, poor girl - Tiene vómitos violentos esta mañana, pobre chica.

5) *Every dog has his/its day* **

Todo el mundo (hasta el más desgraciado/humilde, etc.) tiene su día grande. (En frases con connotación negativa puede entenderse como: A cada cerdo le llega su San Martín.)

6) *A hair of the dog (that bit you)* **

Una copita por la mañana de lo mismo que se bebió la noche anterior ayuda a superar la resaca.

7) *Like a dog with two tails* *

Muy contento/feliz con algo, como niño con zapatos nuevos.

Since his father bought him the new mobile he's like a dog with two tails - Desde que su padre le compró el nuevo móvil está como niño con zapatos nuevos.

8) *You can't teach an old dog new tricks* (ref.) *

Llega un momento en que se es demasiado viejo para aprender.

9) *Dog eat dog* *

La lucha/competencia feroz y despiadada por la vida/existencia, por triunfar a toda costa.

He didn't hesitate to sacriflce his best friend to get to the top - another case of dog eat dog - No dudó en sacrificar a su mejor amigo para llegar a la cima - es un ejemplo más de la competencia feroz de la vida (véase tamb. *rat*, 2).

10) *To die like a dog* **

Morir como un perro (retorciéndose de dolor, abandonado, olvidado por todos, etc.).

11) *A shaggy dog story* *

Un chiste largo y malo.

Oh, my God! he's going to tell us that shaggy old story again - ¡Oh Dios mío! Otra vez nos va a contar ese chiste tan largo y tan malo.

12) *There's life in the old dog yet* *

Todavía no está acabado (ni mucho menos), todavía tiene que dar mucha guerra, tiene cuerda para rato.

He's had another book published - there's life in the old dog yet - Le han publicado otro libro - todavía no está acabado (véase tamb. *hill*).

13) *Top dog* **

El mandamás, el que parte el bacalao.

He's top dog around here - Aquí es él el que parte el bacalao.

14) *To make a dog's breakfast / dinner of sth* (IBr) *

Desordenar, hacer un desastre / desaguisado.

He helped me redecorate my house, but he's made a dog's breakfast of it – Me ayudó a redecorar la casa, pero vaya desaguisado que ha hecho.

doghouse

To be in the doghouse (with sb) **

Caer en desgracia con alguien, estar "castigado" (gen. el marido por su mujer).

He's in the doghouse with his wife again for forgetting it was her birthday yesterday – Su mujer lo ha "castigado" otra vez por olvidar que ayer fue su cumpleaños.

done for

To be done for ***

Estar perdido.

If they catch us, we are done for - Si nos pillan, estamos perdidos.

donkey

1) *Donkey's years* **

Muchos años, mucho tiempo, siglos.

I haven't seen old Charles for donkey's years - Hace siglos que no veo al amigo Charles.

2) *The donkey work* **

La parte más dura, no especializada, pesada, rutinaria, etc., de un trabajo.

I'm tired of doing the donkey work and him taking all the credit - Estoy cansado de hacer el trabajo más pesado y de que él se atribuya todo el mérito.

3) *To talk the hind leg(s) off a donkey* *

Hablar por los codos (véase tamb. «hablar», 4).

door

To lay sth at sb's door *

Echarle la culpa de algo a alguien.

The negotiations have broken down, but don't lay the failure at my door – Las negociaciones se han roto, pero no me eches a mí la culpa del fracaso.

dot

1) *To dot the i's and cross the t's / to dot one's i's* **

    Poner los puntos sobre las íes.

2) *On the dot* **

    En punto, puntualmente.

    Sins. = *Sharp / punctually, on the nose* (véase *nose*, 9).

doubt

When in doubt, don't (ref.) *

    En la duda, abstente.

down

1) *Down in the mouth* **

    Deprimido, caricontencido.

    Why do you look so down in the mouth today? - ¿Por qué pareces tan caricontencido hoy?

2) *Down and out* **

    Arruinado, sin un céntimo, sin trabajo / hogar, viviendo en la calle, etc.

    The novel is about someone who is down and out in New York – La novela va sobre alguien que está arruinado y sin trabajo, viviendo en la calle en Nueva York.

    Cf. *To be / walk on the streets* – Ser un sin techo.

3) *Down on one's luck* **

    En racha de mala suerte.

    He's down on his luck now, but I hope everything changes for the better soon - Está en racha de mala suerte, pero espero que todo cambie para mejor pronto.

draw

1) *To draw a blank* ***

No sacar nada en limpio/claro.

We questioned him, but drew a blank - Lo interrogamos, pero no sacamos nada en limpio.

2) *To draw the line at (doing) sth* ***

Poner límite, no pasar por algo.

I don't mind him borrowing things from me, but I draw the line at him using my toothbrush - No me importa que tome prestadas mis cosas, pero por el cepillo de dientes no paso.

3) *To draw lots (for sth)* **

Echar (algo) a suertes.

There was only one bed, so they drew lots to see who would sleep in it – Sólo había una cama, así que lo echaron a suertes, para ver quién dormiría en ella.

4) *To draw to a close* **

Tocar a su fin.

The term is drawing to a close - El trimestre está tocando a su fin.

Sin. = *To come to an end* ***

5) *To draw/pull in one's horns* **

Restringir (gastos, actividades, etc.), apretarse el cinturón.

If the club doesn't get some extra money from somewhere soon, it will have to draw its horns pretty sharply- Si el club no consigue algún dinero extra pronto de alguna parte tendrá que restringir sus actividades drásticamente.

6) *To draw sb out* **

Hacer perder la timidez a alguien, sonsacar, hacer hablar, desatar la lengua.

He's got lots of interesting stories about his travels, if only you can draw him out - Tiene muchas historias interesantes sobre sus viajes, si eres capaz de hacerle hablar.

drive

1) *To drive sb mad* ***

    Volver loco a alguien.

    You're driving me mad - Me estáis volviendo loco.

2) *What are you driving at?* ***

    ¿Adónde quieres ir a parar?

drop

1) *A drop in the ocean* **

    Una raya en el agua.

    £200 million is a drop in the ocean compared to what is needed to help people affected by the earthquake – 200 millones de libras es una raya en el agua, comparado con lo que se necesita para ayudar a los afectados por el terremoto.

2) *To drop sb a line* ***

    Escribir a alguien cuatro letras / unas líneas / una nota.

    I'll drop her a line to let her know of our arrival - Le escribiré unas líneas para comunicarle nuestra llegada.

3) *Drop dead!* **

    ¡Muérete! (exclamación de fastidio dicha a un pesado, etc.).

drown

To drown one's sorrows (in drink) **

    Ahogar las penas en vino.

    He's trying to drown his sorrows (in drink) - Está tratando de ahogar sus penas en vino.

duck

1) *A lame duck* **

   a) Un inútil / inepto (persona).

   My uncle Greg is a bit of a lame duck – Mi tío Greg es un poco inútil.

   b) Político / gobierno acabados / malparados, sin posibilidad de reelección.

   Who's going to listen to our lame ducks now? - ¿Quién va a escuchar ahora a nuestros políticos (ministros, etc.) malparados?

   c) Que no vale, en declive (empresa, compañía)

   The government refused to inject cash into those industries it considered to be lame ducks- El gobierno se negó a inyectar dinero en aquellas industrias que consideraba en declive.

2) *To be (like) water off a duck's back* **

   Resbalar las críticas, etc., oírlas como quien oye llover.

   The boy was often scolded by his father, but it was like water off a duck's back for him - Al niño le regañaba a menudo el padre, pero él lo oía como quien oye llover.

3) *To take to sth like a duck to water* *

   Adaptarse con suma facilidad a algo, como si lo hubiera hecho toda la vida / siempre.

   He took to his new way of life like a duck to water - Se adaptó a su nuevo modo de vida como si lo hubiera hecho siempre.

4) *A sitting duck* **

   Un blanco fácil (lit. y fig.).

   Here we are like sitting ducks to him with his telescopic sight rifle - Aquí somos un blanco fácil para él con su rifle provisto de punto de mira telescópica.

5) *A dead duck* *

Algo/alguien fracasado o condenado al fracaso, un fracaso seguro.

The project was a dead duck from the beginning – El proyecto estaba condenado al fracaso desde el principio.

6) *Lovely weather for ducks* *

(hum.) Buen tiempo para los patos (trad.)/para las ranas, tiempo muy lluvioso.

It's been raining non-stop for a month now. Lovely weather for ducks – Lleva lloviendo ya un mes sin parar. Buen tiempo para las ranas.

dumb

To play dumb **

Hacerse el tonto/el sueco.

Don't play dumb with me - No te hagas el tonto conmigo.

dust

1) *To kick up/raise a dust* *

Armar un escándalo.

He kicked up a dust in the restaurant because they served him his soup cold – Armó un escándalo en el restaurante porque le sirvieron la sopa fría.

2) *To bite the dust* (liter.) *

Morder el polvo.

Another potential rival that's bitten the dust- Otro rival en potencia que ha mordido el polvo.

Dutch

1) *Dutch courage* **

Valor que da el vino.

He had a couple of drinks before the interview that gave him Dutch courage –
Tomó un par de copas antes de la entrevista que le dieron valor (el valor que da
el vino).

2)   *To go Dutch (with sb)* ***

Pagar cada uno lo suyo, ir/pagar a escote/a medias.

I always insist on going Dutch when we go out together – Siempre insisto en ir
a medias cuando salimos juntos.

Sin.= *To go halves (with sb)* ***

3)   *To talk double Dutch* **

Sonar a chino (lenguaje hablado o escrito que no se entiende).

His speech was double Dutch to me - Su discurso me sonó a chino (véase tamb.
Greek).

4)   *Dutch treat* *

Algo que se paga a escote/a medias.

*Want to come to the cinema with me? But it'll have to be a Dutch treat, I'm
broke* - ¿Quieres venir al cine conmigo? Pero tendremos que pagar a escote,
estoy «tieso».

Dutchman

Then I'm a Dutchman *

Expresión de incredulidad.

If she's a countess, then I'm a Dutchman - Si es condesa, yo soy el Papa.

E

ear

1) *To feel one's ears burning* *

Silbarle/pitarle a uno los oídos (porque estan hablando de nosotros).

He kept talking about you the whole evening - you must have felt your ears burning – No paró de hablar de ti toda la noche - deben de haberte estado pitando los oídos.

2) *To play by ear* **

a) Tocar (música) de oído.

He plays the piano by ear – Toca el piano de oído.

b) Improvisar, hacer frente a las cosas/problemas, etc., como vienen, sin ningún plan premeditado, actuar como parezca más apropiado en ese momento.

He'd answered my first two questions correctly, but I could see that he was playing by ear - Había contestado a mis dos primeras preguntas correctamente, pero pude ver que estaba improvisando.

3) *Cannot believe one's ears/eyes* ***

No dar crédito a los oídos/ojos.

I was very surprised when I learnt she'd joined the army - I couldn't believe my ears - Me sorprendí mucho cuando me enteré de que había ingresado en el ejército - no podía dar crédito a mis oídos.

4) *To fall on deaf ears* **

Caer en saco roto, hacer caso omiso (de peticiones, reclamaciones, etc.).

I'm afraid our request has fallen on deaf ears - Me temo que nuestra petición ha caído en saco roto.

5) *To reach/come to sb's ears* **

Llegar a los oídos de alguien.

The news of your marriage has reached my ears - Ha llegado a mis oídos la noticia de tu boda.

6) *To stop one's ears* ***

Taparse los oídos (lit. y fig.), no querer saber nada.

When he doesn't like the news, he just stops his ears - Cuando no le gustan las noticias, se tapa los oídos.

7) *To be (still) wet behind the ears* **

Estar todavía verde/en pañales (faltar experiencia, práctica, etc.).

I'm sure he'll be one of our best men, but he's still wet behind the ears - Estoy seguro de que será uno de nuestros mejores hombres, pero todavía está un poco verde (véase tamb. *green*), 1.

8) *To be out on one's ear* *

Verse en la calle (sin trabajo).

So your husband is out on his ear again – Así que tu marido está otra vez en la calle sin trabajo.

9) *To keep one's ear (close) to the ground* **

Mantenerse atento/alerta para estar informado/al tanto/al loro.

I think they're up to sth - keep your ear to the ground – Creo que están tramando algo - mantente alerta.

early

Early to bed, early to rise, makes a man healthy, wealthy and wise (ref.) *

El acostarse temprano y levantarse temprano hacen al hombre sano, rico y sabio (trad.).

earth

1) *How / who / why / what / where, etc on earth?* ***

   ¿Cómo / quién / por qué / qué / dónde, etc.diablos?

   What on earth are you talking about? - ¿De qué diablos estás hablando?

   Sins.= *How / who / why / what / where the hell?* (descortés)***, *How / who / why / what / where the heck?* (euf.) **

2) *To move heaven and earth* **

   Remover cielos y tierra.

   *We'll move heaven and earth to find h*er - Removeremos cielos y tierra hasta encontrarla (véase tamb. *leave*, 1).

easy

1) *To be as easy as pie / winking / ABC / falling off a log* ** / *

   Ser muy fácil / pan comido / coser y cantar / un paseo militar, estar tirado / chupado, ser un chollo.

   Sins.= *To be plain sailing* **, *to be a (real) doddle* *** (véase tamb. *child*, 1).

2) *Easy come, easy go* **

   Como vino se fue, igual de fácil que se consiguió, se perdió.

   Cf.. = Los dineros del sacristán cantando se vienen, cantando se van (ref.).

3) *Easy does it* ***

   ¡Tranquilo!, ¡despacio!, ¡con cuidado!

   Easy does it! Sit on this chair - ¡Despacio, con cuidado! ¡Siéntate en esta silla!

4) *It's easier said than done* **

   ¡Es más fácil decirlo que hacerlo!, ¡eso se dice pronto!, del dicho al hecho va un gran trecho.

That would be the best for everybody, but it's easier said than done – Eso sería lo mejor para todos, pero del dicho al hecho va un gran trecho.

5) *To go easy on* **

    a) *To go easy on/with sth*

       Usar/tomar algo con moderación, hacer algo con cuidado.

       The doctor has told me to go easy on fatty foods – El médico me ha dicho que tenga cuidado con las comidas con mucha grasa.

    b) *To go easy on/with sb*

       No ser demasiado duro/severo con alguien.

       Go easy on the boy - it's his first job – No seas demasiado severo con el muchacho - es su primer trabajo.

eat

1) *To have sb eating out of one's hand* **

Meterse a alguien en el bolsillo, hacer que alguien haga lo que uno quiere

Don't worry, she'll soon have him eating out of her hand - No te preocupes, pronto se lo meterá en el bolsillo.

2) *To eat one's fill* ***

Comer hasta hartarse, matar el hambre.

I'll take you to that restaurant so that you can eat your fill of prawns - Te llevaré a ese restaurante para que puedas comer gambas hasta hartarte.

3) *To eat like a bird* **

Comer como un pajarito.

4) *To eat crow* (esp. IAm) *

Retirar lo dicho, reconocer un error.

As you can see it's all a lie, and now he'll have to eat crow - Como ves, es todo mentira y ahora tendrá que retirar lo dicho.

Cf. *To take sth back* *** - Retirar (lo dicho): *I take it back*- lo retiro.

5)   *To eat humble pie* *

Reconocer humildemente su error.

When he realized that he had been wrong, he had to eat humble pie – Cuando se dio cuenta de que estaba equivocado, tuvo que reconocer humildemente su error.

edge

1)   *To be on edge* ***

Tener los nervios de punta / a flor de piel.

She's on edge today - Tiene los nervios de punta hoy.

2)   *To be on the edge of one's seat* *

Estar en vilo / ascuas.

The film's ending had him on the edge of his seat – El final de la película lo tuvo en vilo.

3)   *To take the edge off sth* **

Mitigar / suavizar algo.

The aim is to take the edge off accusations of corruption - El objetivo es suavizar las acusaciones de corrupción.

Cf. *To take the edge off one's appetite / hunger* ** - Engañar el hambre.

egg

1)   *As sure as eggs is eggs* *

Tan seguro como que dos y dos son cuatro.

2)   *To put all your eggs in one basket* *

Jugárselo todo a una carta.

I advise you to invest somewhere else too – it isn't wise to put all your eggs in one basket – Te aconsejo que inviertas también en otro sitio – no es prudente jugárselo todo a una carta.

3)   *You can't make an omelette without breaking eggs* (ref.) *

Toda mejora implica algún trastorno, quien algo quiere, algo le cuesta.

4)   *You can't teach your grandmother to suck eggs* (ref.) (antic)

Más sabe el diablo por viejo que por diablo.

5)   *To have a nice little nest egg* **

Tener un dinerillo ahorrado.

He isn't worried about his future – apart from his pension, he has a nice little nest egg in the bank – No le preocupa el futuro – aparte de su pensión, tiene un dinerillo ahorrado en el banco.

6)   *(Good in parts) like the curate's egg* *

(IBr) (hum) Bueno en partes, como el huevo del cura, que tiene partes buenas y partes malas/su lado bueno y su lado malo (un arzobispo le puso un huevo podrido en el desayuno a un cura y éste, para no ofender a su superior, le dijo que estaba bueno "en partes") (trad.).

7)   *To have/to be left with egg on one's face* *

Quedar en ridículo/como un idiota, quedársele a uno cara de tonto.

After their team lost the match 5-0, the fans were left with egg on their face – Tras perder el partido por 5-0, a los hinchas se les quedó cara de tonto.

elbow

To elbow one's way through/into/to sth ***

Abrirse paso a codazos.

He elbowed his way to the bar – Se abrió paso a codazos hasta el bar.

elephant

1) *To have a memory like an elephant* *

    Tener una memoria de elefante, tener muy buena memoria.

    My grandmother has a memory like an elephant – Mi abuela tiene una memoria de elefante.

2) *A white elephant* **

    Algo costoso y poco práctico (trad.).

    The naval base has turned out to be a white elephant - La base naval ha resultado ser costosa y poco práctica.

eleven

At the eleventh hour **

En el último minuto.

They arrived at the eleventh hour - Llegaron en el último minuto.

Sins. = *At the last moment* *** / *just in time* ***

end

1) *At the end of one's tether* **

    Al límite de la paciencia, de la resistencia, que ya no se puede aguantar más.

    He's at the end of his tether - Se le está agotando la paciencia.

2) *At a loose end* **

    Sin nada que hacer, desocupado.

    He was at a loose end, so he decided to watch an old movie – No tenía nada que hacer, así que decidió ver una película antigua.

3) *End of (story)* ***

    Y fin de la historia, y punto.

    You won't go out with that guy. End of (story) – No saldrás con ese tipo. Y punto.

    Sin.= *And that's flat* (véase *flat, 2*), *period.*

4) *Loose ends* ***

    Cabos sueltos.

    It's almost finished – there are only a few loose ends to tie up – Está casi terminado – sólo queda atar unos cuantos cabos sueltos.

err

To err is human (to forgive divine) (ref.) *

Equivocarse es humano (perdonar, divino).

essence

To be of the essence ***

    Ser esencial

    In the present case, time is of the essence – En el presente caso, el tiempo es esencial.

even

1) *To be even (with sb)* ***

    Estar en paz con alguien (en cuanto a dinero, etc.).

    Now we're even - Ahora estamos en paz.

2) *To break even* ***

    Salir en paz (cubriendo gastos).

We broke even - Salimos en paz (cubrimos gastos).

eye

1) *To be up to one's eyes (in sth)* ***

   Estar hasta el cuello / hasta arriba / agobiado (de trabajo, deudas, problemas, etc).

   I'm up to my eyes in work at present - Estoy hasta el cuello de trabajo ahora; *he's up to his eyes in debt* – está hasta el cuello de deudas (véanse tamb. «agua», 4, «cabeza», 15 y «culo», 1).

2) *To have a good eye / to have an eye for sth* **

   Tener buen ojo para algo.

   He has an eye for horses - Tiene buen ojo para los caballos

3) *To give sb a black eye / to black sb's eye* ***

   Ponerle a alguien un ojo morado / a la funerala.

   Who's given you that black eye? - ¿Quién te ha puesto ese ojo morado?

4) *Somebody's eyes are bigger than their belly* *

   Su ojo se llena antes que su tripa, querer comérselo todo y hartarse luego muy pronto.

5) *Make (sheep's) eyes at sb* **

   Lanzar miraditas amorosas a alguien, hacer ojitos.

   The girl was obviously making eyes at him, and it was making him nervous - Estaba claro que la chica le estaba echando miraditas y lo estaba poniendo nervioso.

6) *(Not) see eye to eye (with sb)* **

   (No) estar de acuerdo con alguien, (no) ser de la misma opinión, (no) ver las cosas de la misma manera.

   I'm afraid we don't see eye to eye on the question of salaries - Me temo que no estamos de acuerdo en la cuestión de los salarios.

7)   *A sight for sore eyes* **

Un regalo para la vista, algo o alguien que nos causa mucha alegría/placer ver.

And there were the famous pearls —a sight for sore eyes - Y allí estaban las famosas perlas —un regalo para la vista.

8)   *To catch sb's eye* ***

Llamar/atraer la atención de alguien.

He's been trying to catch the waiter's eye for more than 5 *minutes now without success* - Lleva más de 5 minutos tratando de atraer la atención del camarero, sin éxito.

9)   *Open one's/sb's eyes (to sth)* ***

Abrirle los ojos a alguien (respecto a/sobre algo), quitarle la venda de los ojos.

It's about time someone opened his eyes to that woman's intentions – Ya es hora de que alguien le abra los ojos sobre las intenciones de esa mujer.

10)   *To give sb the evil eye* **

Echar el mal de ojo a alguien.

Everything is going wrong since I met him - he must have given me the evil eye - Nada me sale bien desde que lo conocí - debe de haberme echado el mal de ojo.

11)   *To/with the naked eye* **

A simple vista, sin valerse de/sin ayuda de ningún instrumento.

No, you can't see them with your naked eye/it isn't visible to the naked eye, you need a microscope - No, no se ven/no son visibles a simple vista, necesitas un microscopio.

12)   *One in the eye for sb* **

Un revés, un serio contratiempo, un "palo" (para alguien que, en nuestra opinión, lo merece, lo estaba buscando, etc.).

«*Liverpool lost the league in the last match*».- «*That's one in the eye for their cocky manager*».- «Liverpool perdió la liga en el último partido».- «Vaya palo para el enterado de su entrenador».

F

face

1) *To make faces at sb* **

Hacer muecas a alguien.

The baby is making faces at you - El bebé te está haciendo muecas.

2) *To keep a straight face* ***

Mantenerse serio, aguantar la risa.

I could hardly keep a straight face at the ceremony - Apenas si pude aguantar la risa en la ceremonia.

3) *Let's face it* ***

Reconozcámoslo.

Let's face it, we're ruined - Reconozcámoslo, estamos arruinados.

4) *To save face* **

Salvar el tipo.

He doesn't mind doing it provided he's allowed to save face - No le importa hacerlo con tal que se le permita salvar el tipo.

5) *To face the music* **

Afrontar las consecuencias, aguantar el chaparrón.

I'm afraid we'll have to face the music - Me temo que tendremos que aguantar el chaparrón.

6) *To sb's face* ***

En su cara.

They called him Dracula to his face - Le llamaban Drácula en su cara.

7) *On the face of it* **

Según parece, al parecer, a juzgar por las apariencias, como puede verse.

On the face of it, they all have alibis - Según parece, todos tienen coartada.

8) *Face to face* ***

Cara a cara, frente a frente.

The enemies were face to face at last - Los enemigos estaban frente a frente por fin; *I won't tell you over the phone; I prefer to explain things to you face to face* - No quiero decírtelo por teléfono; prefiero explicarte las cosas cara a cara.

9) *A slap in the face* ***

Un bofetón en la cara (lit. y fig.).

Her not coming to his birthday party was like a slap in the face to him - No venir a su fiesta de cumpleaños fue como un bofetón en la cara para él.

10) *To fall flat on one's face*

Caerse de bruces (cuan largo se es) ***

He stepped on the banana skin and fell flat on his face - Pisó la cáscara de plátano y se cayó de bruces.

11) *To pull a long face* **

Poner cara larga.

The children pulled long faces when their father told them he was not taking them to the cinema - Los niños pusieron cara larga cuando su padre les dijo que no los llevaba al cine.

12) *To stare sb in the face*

a) Tener ante los ojos, saltar a la vista (algo obvio) **

What a fool I've been! — the solution was there staring me in the face all the time and I didn't see it - ¡Qué tonto he sido! — la solución estaba ahí ante mis ojos todo el tiempo y yo no la veia.

b)   Estar muy cerca (el desenlace / final) *

Death was staring him in the face - La muerte estaba muy cerca.

13)   *To lose face* ***

Desprestigiarse, quedar mal / en mal lugar.

He accepted the fight — he didn't want to lose face in front of his pals - Aceptó la pelea — no quería quedar mal delante de sus amigos.

14)   *His / her face fell* **

Se le cambió la cara.

He was quite cheerful till they told him the price. Then his face fell – Estaba bastante alegre hasta que le dijeron el precio. Entonces se le cambió la cara.

facts

The facts of life ***

El cómo nacen los niños.

She doesn't even know yet the facts of life - Ni siquiera sabe todavía cómo nacen los niños.

fair

1)   *Fair and square*

a)   Honradamente, limpiamente **

Don't complain. She beat you fair and square - No te quejes. Te ganó limpiamente.

b)   De lleno, justo en el blanco *

He hit him fair and square on the jaw - Le golpeó de lleno en la mandíbula.

2)   *To be fair game* **

Ser un blanco ideal (de burlas, críticas).

His latest book will be fair game for his critics - Su último libro será un blanco ideal para sus críticos.

3)   *Fair's fair* ***

Lo que es justo es justo.

We must give them a pay rise - fair's fair – Debemos subirles el sueldo - lo que es justo es justo.

fall

1)   *To fall back on sth/sb* ***

Recurrir a algo/alguien (cuando todo lo demás falla/en caso de apuro).

It's always comforting to have sb/sth to fall back on when you are in need - Siempre es reconfortante tener alguien/algo a quien/que recurrir en caso de apuro.

2)   *To fall for it* ***

Picar, caer en la trampa.

He fell for it - Picó (véase tamb. «tragar», 2).

3)   *To fall short of sth* **

No llegar a, no alcanzar (un objetivo marcado/esperado).

Profits have fallen short of expectations – Los beneficios no han alcanzado las expectativas.

4)   *To fall to pieces*

a)   Caerse a pedazos (por el uso) ***

Our car's falling to pieces. It's about time we bought a new one – Nuestro coche se está cayendo a pedazos. Ya va siendo hora de que nos compremos uno nuevo.

138

b)   Desmoronarse, venirse abajo (persona, organización) **

The economy is falling to pieces – La economía se está viniendo abajo.

5)   *To fall flat* **

a)   Ser/resultar un fracaso (evento).

His latest movie has fallen flat – Su última película ha resultado un fracaso.

b)   No hacer mucha gracia (chiste).

His joke fell flat – Su chiste no hizo mucha gracia.

6)   *To fall between two stools* *

Dudar entre dos acciones y quedarse a mitad de camino, no convencer ni a tirios ni a troyanos.

He wanted his movie to be innovative, but it fell between two stools – Quería que su película fuera innovadora, pero se quedó a mitad de camino.

fancy

To take a fancy to sb/sth ***

Encapricharse con algo/de alguien.

I can see he's taken a fancy to you – Veo que se ha encaprichado contigo.

far

*Far be it from me to...****

Dios me libre, no ser ni mucho menos mi intención...

Far be it from me to tell you what you should to do, but... - Dios me libre de decirte lo que tienes que hacer, pero..

fat

The fat is in the fire **

Se va a armar la gorda.

The fat is in the fire - your father knows all about it – Se va a armar la gorda - tu padre lo sabe todo.

fault

It isn't my/your/his, etc. fault ***

No es culpa mía/tuya/suya, etc.

It isn't my fault if I'm late. I was in a traffic jam – No es culpa mía si llego tarde. Me pilló un atasco.

favour

Do me a favour! **

(*iron.*) ¡Hazme el favor de...!

Do me a favour and shut up! - ¡Hazme el favor de callarte!

feather

1) *They could have knocked me down with a feather* *

Me quedé de una pieza/de piedra/atónito.

When I was told the price of the car, they could have knocked me down with a feather – Cuando me dijeron el precio del coche, me quedé de una pieza.

Sins.= *To be amazed/dumbfounded/thunderstruck.*

Cf. *To be bowled over/gobsmacked* ** - Quedarse pasmado/boquiabierto: *I was bowled over by her beauty* – Me quedé pasmado ante su belleza.

2) *To ruffle sb's/a few feathers* *

Molestar, herir la susceptibilidad de alguien/de un grupo.

The President's comments on the war has ruffled a few feathers – Los comentarios del Presidente sobre la guerra han herido la susceptibidad de unos cuantos.

feel

1) *To feel like sth/doing sth* ***

Apetecer algo/hacer algo.

I feel like swimming/a swim - Me apetece nadar; *I don't feel like it* - No me apetece.

2) *To feel funny* **

Sentirse raro, indispuesto.

He said he felt funny and five minutes later he was dead - Dijo que se sentía indispuesto y cinco minutos después estaba muerto.

3) *To feel rotten* **

Sentirse mal/fatal.

After such a long journey, grandma felt rotten – Después de tan largo viaje, la abuela se sentía fatal.

feelers

To put out feelers **

Tantear el terreno.

I've put out feelers and I don't think they'd mind selling - He tanteado el terreno, y creo que no les importaría vender (véase tamb. «terreno»).

feet

1) *To get cold feet* **

Enfriarse, quitarse las ganas de hacer algo, entrar miedo, dar marcha atrás.

He was going to/he meant to complain to the boss, but then he got cold feet and went home without seeing him - Iba a/quería quejarse al jefe, pero luego le entró miedo y se fue a su casa sin verlo.

2) *To have feet of clay* **

Tener los pies de barro (debilidades, defectos, etc., ignorados, inesperados, etc.).

He discovered that his idol had feet of clay - Descubrió que su ídolo tenía los pies de barro.

3) *At sb's / one's feet* ***

A los pies de, a sus pies.

She had all the men she wanted at her feet - Tenía todos los hombres que quería a sus pies.

4) *To have / keep one's feet on the ground* ***

Tener los pies en el suelo.

He knew he'd never be famous - he had his feet on the ground - Sabía que nunca sería famoso - tenía los pies en el suelo.

5) *(Not) let the grass grow under one's feet* **

(No) dejar pasar demasiado tiempo (sin emprender una acción).

I felt convinced that something ought to be done and that we should not let the grass grow under our feet - Estaba convencido de que debía hacerse algo y (de) que no debíamos dejar pasar demasiado tiempo.

6) *To put one's feet up* **

Descansar un rato.

You've been working long enough – put your feet up for a while – Llevas mucho tiempo trabajando – descansa un rato.

7) *To get / have itchy feet* **

Ser inquieto, entrar ganas de cambiar de aires a menudo, ser culo / culillo de mal asiento.

He has itchy feet. He never stays in a job for more than two or three months – Es culo de mal asiento. Nunca se queda en un trabajo más de dos o tres meses.

few

Few and far between **

Contados, raros, muy pocos, escasos, difíciles de encontrar.

Opportunities like this are few and far between - No hay muchas oportunidades como ésta.

fill

1)   *To fill a gap* ***

Llenar un hueco.

«*What do you think about his new book?*» «*It fills a gap*» - «¿Qué opinas de su nuevo libro?» «Viene a llenar un hueco».

2)   *Fill her up* ***

Llénelo (el depósito de gasolina del coche).

Sin. = *Fill it up* ***, *to fill the tank.*

finders

Finders keepers... (losers weepers) *

El que se lo encuentre se queda con ello (trad.).

He says he doesn't intend to return the ancient coin he's found in his property, buried under the ground – finders keepers... – Dice que no piensa devolver la moneda antigua que ha encontrado en su propiedad, enterrada bajo el suelo – él se la ha encontrado y es suya.

finger

1)   *To keep one's fingers crossed* ***

Tocar madera, rezar para que algo salga bien.

I hope our daughter passes her exam - keep your fingers crossed - Espero que nuestra hija apruebe - toca madera.

(En otro sentido, para evitar desgracias, los supersticiosos dicen: *Touch wood* *** - Toca madera.)

2)   *Fingers were made before forks* *

Los dedos fueron hechos antes que los tenedores (frase empleada para justificar tocar los alimentos con los dedos en la mesa) (trad.).

3)   *To have green fingers* ** (IAm *to have a green thumb***)

Ser un buen jardinero, dársele a alguien bien la jardinería.

My new neighbour has green fingers - Mi nuevo vecino es un buen jardinero.

4)   *Not lift a finger* **

No mover un dedo (esp. para ayudar a alguien).

She could've saved him, but she didn't lift a finger to help him - Ella pudo haberlo salvado, pero no movió un dedo para ayudarle.

5)   *To let sb/sth slip through one's fingers* **

Dejar que algo o alguien se escape de entre las manos/los dedos.

I almost had him, but I let him slip through my fingers - Casi lo tenía, pero se me escapó de entre los dedos.

6)   *To give sb the finger* (vulg.) *

Hacer la peseta (véase tamb. *bird, 14b*).

7)   *Not lay a finger on sb* ***

No ponerle una mano encima, no tocarle un pelo a alguien.

If you lay a finger on her, I'll kill you – Te mataré si le pones la mano encima.

first

1)   *Not know the first thing* **

No saber ni palabra, no tener ni idea, no saber de la misa la media/dónde se tiene la mano derecha.

Well, really, he doesn't know the first thing – Bueno, la verdad es que no sabe dónde tiene la mano derecha.

2) *First things first* ***

Lo primero es lo primero, cada cosa a su tiempo.

3) *First thing in the morning* ***

A primera hora de la mañana, lo primero que se hará a la mañana siguiente.

I'll do it first thing in the morning - Será lo primero que haga mañana por la mañana.

4) *First come, first served* ***

Se servirá / atenderá por orden de llegada.

5) *First and foremost* **

Ante todo, antes que nada, principalmente, primero y principal.

First and foremost, she's a mother - Ante todo, es madre.

6) *There's a first time for everything* ***

Hay una primera vez para todo.

«*I've never done surfing before*». «*Well, there's a first time for everything*». – «Nunca he hecho surf antes». «Bueno, hay una primera vez para todo».

fish

1) *To have other fish to fry* **

Tener cosas más importantes que hacer.

«*Are you going to the meeting tomorrow?*» «*No, I have other fish to fry*» - «¿Vas a la reunión mañana?» «No, tengo cosas más importantes que hacer».

2) *To fish for compliments* **

Estar deseando que le regalen a uno los oídos.

He's always fishing for compliments - Está siempre deseando que le regalen los oídos.

3)   *A cold fish* *

Que tiene sangre de horchata, que no se inmuta por nada.

4)   *To be a different kettle of fish* *

Ser harina de otro costal (véase tamb. «harina.»).

5)   *A fine / pretty kettle of fish* *

¡Bonito lío!

6)   *Neither fish, (flesh), nor fowl (nor good red herring)* *

(Abrev. gen. a *neither fish nor fowl* **).

Ni chicha ni limoná, ni fu ni fa.

The trouble wiih the Labour Party nowadays is that it is neither fish nor fowl -
Lo malo del partido laborista estos días es que no es ni chicha ni limoná.

7)   *There are plenty more fish in the sea* **

Hay muchos más peces en el mar, hay muchas más mujeres u hombres en el
mundo (dicho para consolar a alguien de un fracaso amoroso).

8)   *To drink like a fish* **

Beber como una cuba, como una esponja, beber mucho.

He drinks like a fish - he's always drunk - Bebe como una cuba - está siempre
borracho.

9)   *A big fish in a small pond* **

Persona importante, inteligente, etc., que influye en o controla solamente una
pequeña parcela (frase empleada a veces en el sentido de venirle a alguien
pequeño el puesto que ocupa).

He's underemployed – he's like a big fish in a small pond – Está subempleado
– le viene pequeño el puesto que ocupa / es como un pez grande en un pequeño
estanque (trad.).

Cf. Venirle grande algo a alguien – *To be too much for sb.*

fit

1) *To be (as) fit as a fiddle* ***

    Estar estupendamente, de primera / como las propias rosas.

    «How are you today?». «Fit as a fiddle» - «¿Cómo estás hoy?». «De primera.»

    Sins. = *Fine; very well; in the pink* *; *the picture of health* ***

2) *To fit sb like a glove* **

    Quedar muy bien, ser la talla justa, sentar como un guante.

    That dress fits you like a glove - Ese vestido te queda muy bien.

    Cf. *To suit sb to a T 7tee* *** / ** Sentar / quedar muy bien / favorecer (ropa, etc.), sentar / quedar de maravilla / de perlas, ir / quedar que ni pintado: *Your new dress suits you to a T* – Tu vestido nuevo te queda de maravilla.

fix

To be in a fix / get into a fix **

Estar / meterse en un (buen) lío / aprieto.

He realized he was in a fix – Se dio cuenta de que se había metido en un buen lío.

flare

To flare up **

Enfadarse, ponerse hecho una fiera / furia.

Don't flare up so - No te enfades. No te pongas así (véanse tamb. *cut*, 2 y *blow*, 3).

Sin. = *To get angry* ***

flash

A flash in the pan **

Un éxito efímero, humo de pajas.

He won a few matches in a row, but it was another flash in the pan – Ganó unos cuantos partidos seguidos, pero fue otro éxito efímero.

flat

1) *As flat as a pancake* **

Completamente liso, liso como una tabla (fig., carente de interés) (hum., lisa como una tabla = escasa de pechos).

2) *(And) that's flat* **

Y punto (no se hable más) (véase tamb. *end,* 3).

flea

To send sb away with a flea in their ear **

Echar a alguien con cajas destempladas, echar a alguien con viento fresco.

I didn't like his manners, so I sent him away with a flea in his ear – No me gustaron sus modales, de manera que lo eché con cajas destempladas.

flog

To flog a dead horse ***

Ser como hablar con la pared, machacar en hierro frío, malgastar saliva.

Stop asking the Government for funds for your new project. You're flogging a dead horse – Deja de pedir fondos al Gobierno para tu nuevo proyecto. Es como hablar con la pared.

Sin.= *It's like talking to a brick wall* **

flunk

To flunk (sl. estudiantil) **

Suspender, catear.

I flunked maths - Cateé las mates; *it's the third time he's flunked me* - es la tercera vez que me catea.

Sin.= *To fail.*

fly

1) *To fly off the handle* *

Ponerse hecho una fiera / furia, perder los estribos.

She flew off the handle when she saw the mess - Se puso hecha una fiera cuando vio el desorden (véase tamb. *hit, 4*).

2) *A / the fly in the ointment* **

La única pega.

The fly in the ointment is that your ex will be your next-door neighbour – La única pega es que tu ex será tu vecino de al lado.

3) *To be a fly on the wall* *

Ser alguien que observa a los demás sin ser observado, estar en algún lugar (escondido) / poder mirar por un agujerito para ver lo que pasa.

I'd like to be a fly on the wall at the meeting - Me gustaría poder mirar por un agujerito para ver lo que pasa en la reunión.

foggiest

I haven't the foggiest / faintest (idea) ** / ***

No tengo ni puñetera / ni la más remota idea.

«When is the next meeting?» «I haven't got the foggiest (idea)». «¿Cuándo es la próxima reunión?» «No Tengo ni puñetera idea».

follow

To follow suit ***

Seguir el ejemplo, hacer lo mismo.

He went into the cave and the others followed suit - Entró en la cueva y los demás siguieron su ejemplo.

fool

1) *A fool's errand* *

Viaje / empresa / tarea / encargo, etc., descabellados / sin sentido.

That mission is really a fool's errand – Esa misión es realmente una empresa descabellada.

2) *Fools rush in where angels fear to tread* (ref.) *

No hay mayor atrevimiento que el del necio.

foot

1) *To put one's foot down* ***

Ponerse firme, plantarse, decir «hasta aquí podíamos llegar», cortar por lo sano.

Things were going too far, so I had to put my foot down – Las cosas estaban yendo demasiado lejos, de modo que tuve que cortar por lo sano.

2) *To start / get off on the right / wrong foot* ***

Empezar con buen / mal pie.

You shouldn't have insulted the boss —that's what I call starting off on the wrong foot - No debías haber insultado al jefe —a eso lo llamo yo empezar con mal pie.

3) *To put one's best foot forward* **

Esmerarse al máximo.

I know it isn't easy —you just put your best foot forward and we'll see - Sé que no es fácil —tú esmérate al máximo y ya veremos.

4) *To foot the bill* ***

Correr con los gastos, pagar la cuenta

Yes, he invited me, but I footed the bill, as usual - Sí, me invitó, pero fui yo quien pagué la cuenta, como de costumbre.

forty

To have forty winks **

Dar una cabezada / cabezadita, echar un sueñecito.

Dad's having forty winks in his armchair – Papá está dando una cabezadita en su sillón.

Sin. = *To doze (off)* ***

fox

As cunning as a fox **

Astuto como un zorro.

He was as cunning as a fox, one of the finest politicians we've ever had.

Era astuto como un zorro, uno de los mejores políticos que hemos tenido.

freak

To be a ....freak ***

Ser un 'friqui', fanático de algo.

My brother's a computer freak – Mi hermano es un 'friqui' de los ordenadores.

free

There's no such thing as a free lunch **

Nadie da nada por nada.

Don't be so naive – there's no such thing as a free lunch – No seas tan ingenuo – nadie da nada por nada.

French

1)   *Excuse / pardon my French* (hum.) **

Perdone / disculpe mi francés (frase dicha como disculpa tras soltar un taco) (trad.).

2)   *A French letter* **

Un condón/preservativo.

friend

1)   *To have friends in high places* **

Tener enchufes/contactos/amigos en altos puestos.

Trust him to get it - he has friends in high places - Ya verás cómo lo consigue - tiene enchufes

2)   *A friend in need is a friend indeed* (ref.) **

En la necesidad es cuando se ven los verdaderos amigos, un amigo que te ayuda cuando lo necesitas es un amigo de verdad.

3)   *A fair-weather friend* **

Un amigo sólo cuando las cosas van bien.

I realized too late that he was a fair-weather friend – Me di cuenta demasiado tarde de que era mi amigo sólo cuando las cosas me iban bien.

frog

1)   *A frog in the/one's throat* **

Carraspera.

Sorry (clearing his throat), a frog in the throat - Disculpe (aclarándose la garganta), tengo un poco de carraspera.

2)   *The frogs* (ofensivo) *

Los franceses, los «franchutes».

from

1)   *From now on* ***

De ahora en adelante, a partir de ahora.

From now on try to be more careful – Intenta tener más cuidado, a partir de ahora.

2) *From A to Z* **

De pe a pa.

She knows her history book by heart from A to Z – Se sabe su libro de historia de memoria de pe a pa.

full

1) *Full-time* ***

Jornada completa, en exclusiva, etc. (trabajo, etc., todo el día, opuesto a *part-time* —media jornada).

He works for them full-time now - Ahora trabaja para ellos en jornada completa.

2) *A full house* ***

Un lleno/llenazo, en un teatro, cine, etc., de bote en bote.

There's a full house tonight - Esta noche hay un lleno.

3) *Full marks* **

Sobresaliente (fig.) - buena nota (por algo bien hecho).

«Did I do well?» « You get full marks» - «¿Estuve bien?» «Sobresaliente.»

4) *To be full of beans* **

Estar lleno de energía, rebosar vitalidad.

While Paul and I were exhausted after such a long journey, our children were full of beans- Mientras que Paul y yo estabamos exhaustos tras tan largo viaje, nuestros niños estaban llenos de energía.

5) *To be (too) full of oneself* ***

Tenérselo creído, no pensar/hablar, etc., más que en/de uno mismo.

He's clever and all that, but I think he's too full of himself - Es listo y todo eso, pero me parece que se lo tiene demasiado creído (véanse tamb. «abuela», y *boot*, 1).

6)   *The full monty* **

(De) todo, todo completo.

«Do you mean they take off all their clothes?» «Yes, they go all the way, the full monty» - «¿Quieres decir que se quitan toda la ropa?» «Sí, llegan hasta el final, todo completo»; *the wedding reception was magnificent; there was champagne, caviare, a three-course meal, two bands- the full monty* - el banquete de bodas fue magnífico; hubo champán, caviar, una comida de tres platos, dos bandas de música- de todo.

funny

The funny thing... ***

Lo curioso del caso...

The funny thing is that I'd never seen her before - Lo curioso del caso es que no la había visto nunca antes (en mi vida).

G

gaga

To be going gaga **

Estar chocheando.

The old boy is obviously going gaga - Está claro que el viejo está chocheando.

get away

1) *To get away with it* ***

Salirse con la suya, quedar impune.

I know who the murderer is and he won't get away with it - Sé quién es el asesino, y no se saldrá con la suya.

2) *To get away from it all* ***

Quitarse de en medio y olvidarse de todos los problemas.

«This week-end I'm going fishing and will forget all my problems» «I wish I could get away from it all, too» - «Este fin de semana me voy de pesca, y me olvidaré de todos mis problemas» «Ojalá pudiera yo quitarme de en medio tambien».

3) *Get away with you!* *

¡Anda ya! ¡No te creo! (véase tamb. *get on*, 4).

get down

To get down to brass tacks **

Poner manos a la obra, ir a lo que importa, a lo fundamental.

Stop chatting away and let's get down to brass tacks - Dejad de charlar y vamos a lo que importa.

get even

To get even with sb ***

Vengarse de alguien.

He got even with her - Se vengó de ella.

Sin. = *To get back at sb* ***

get in touch

To get in touch with sb ***

Ponerse en contacto con alguien.

Can you tell me how to get in touch with him? - ¿Puedes decirme cómo ponerme en contacto con él?

get it off

To get it offf one's chest **

Desahogarse.

Get it off your chest, then you'll feel better - Desahógate, y te sentirás mejor.

get it straight

To get it straight **

Dejar las cosas en claro.

Let's get it straight, I won't stand for that sort of thing in my house - Dejemos las cosas en claro, no toleraré ese tipo de cosas en mi casa.

get on

1) *To get on (well) (with sb)* ***

Llevarse bien (con alguien), hacer buenas migas.

Do you get on (well) with your sister? - ¿Te llevas bien con tu hermana?

Cf. No llevarse bien/llevarse mal (con alguien) – *Not get on (well) (with sb)****

2)   *To get on (with sth)* ***

Hacer progresos, desenvolverse, irle a uno (bien o mal) (con algo).

How are you getting on with your English? - ¿Cómo te va con el inglés?

3)   *To get on like a house on fire* *

Llevarse a las mil maravillas.

We got on like a house on fire - Nos llevábamos a las mil maravillas.

4)   *Get on with you!* **

¡Venga ya! (expresión de incredulidad).

«*Albert's got married*» «*Get on wilh you!*» - «Albert se ha casado» «¡Venga ya! (no lo creo)».

get one's own

To get one's own back (on sb) **

Vengarse (de alguien).

He got his own back on her at last - Se vengó de ella por fin.

Sins. = *To take revenge (on sb), to avenge oneself (on sb) (for sth), to get even with sb/ to get back at sb* (véase *get even*).

get over

To get over sth ***

Recuperarse (de una enfermedad).

Don't worry, he'll soon get over his flu - No te preocupes, pronto se recuperará de su gripe.

get rid

Get rid of sth/sb ***

Deshacerse de algo/alguien, quitarse de encima, librarse de, eliminar.

Get rid of the body – Deshazte del cadáver; *time you got rid of those old shoes* – ya va siendo hora de que te deshagas de esos viejos zapatos; *how can I get rid of acne?* - ¿cómo puedo eliminar el acné?; *I don't know how to get rid of that bore* – no sé cómo quitarme de encima a ese pelmazo.

get the wind

Get the wind up *

Asustarse, entrarle a uno el pánico, haberle metido a uno las cabras en el corral.

He got the wind up and left the country - Le entró el pánico y se fue del país.

get to grips

To get/come to grips with sth **

Atacar (un problema, trabajo, etc.), ponerse a.hacer algo.

The sooner we get to grips with our work, the better - Cuanto antes nos pongamos a trabajar, mejor.

get wind

*To get wind of sth**

Enterarse de/olerse algo.

Well, he got wind of it somehow - Pues bien, de algún modo se lo olió.

ghost

A ghost writer **

«Negro» (persona que escribe para otro).

He has a number of ghost writers who write his books for him - Tiene varios «negros» que le escriben los libros.

gird

To gird (up) one's loins (gen. hum.)**

Apretarse los machos.

Gird up your loins and propose to her – Apriétate los machos y declárate a ella.

give

1) *To give sth up* ***

Dejar (tabaco, bebida, etc).

I'm going to give up smoking - Voy a dejar el tabaco.

2) *To give sb a piece of one's mind* **

Decirle/soltarle a alguien cuatro frescas, decirle cuatro verdades/las verdades del barquero, cantarle las cuarenta.

As soon as he comes, I'll give him a piece of my mind - En cuanto venga, le voy a decir cuatro verdades (véase tamb. «cuarenta»).

3) *To give sb the benefit of the doubt* **

Dar a alguien el beneficio de la duda.

I don't know for sure if it was him who stole the money. I prefer to give him the benefit of the doubt – No estoy seguro de si fue él quien robó el dinero. Prefiero darle el beneficio de la duda.

4) *To give in (to sth)* ***

Ceder (ante algo).

We mustn't give in to their threats - No debemos ceder ante sus amenazas.

5) *To give the game away* **

Descubrir el pastel, irse de la lengua.

She knows about her present —your brother gave the game away - Sabe lo de su regalo —tu hermano descubrió el pastel (véanse tamb. *spill* y «lengua», 1).

6) *To w sb the bum's rush* *

Echar a alguien a patadas.

When he began to insult everybody at the disco, they gave him the bum's rush – Cuando empezó a insultar a todo el mundo en la discoteca, lo echaron a patadas.

Sin.= To kick sb. out ***

7) *To give sb the gate* (IAm) *

Largar / echar a alguien del trabajo.

He's been given the gate – Lo han echado del trabajo (véase tamb. *sack*, 1).

8) *To give sb a break* ***

Dar a alguien un respiro.

Stop telling me that I made a mistake. Give me a break – Deja ya de decirme que me equivoqué. Dame un respiro.

9) *Don't give me that!* **

¡No me vengas con ésas!

10) *Give him an inch and he will take a yard* *

Le das la mano y se toma el brazo.

glasshouses

People who live in glasshouses shouldn't throw stones (ref.) *

Siempre habla el que más tiene que callar / el que más razones tiene para callar (véase tamb. *pot*, 2).

go

1) *To go back on one's word* ***

Volverse atrás de la palabra dada.

He's gone back on his word - Se ha vuelto atrás de la palabra dada.

2) *To go a long way towards doing sth* **

Contribuir en gran medida a lograr algo.

His efforts went a long way towards maintaining the peace in the area - Sus esfuerzos contribuyeron en gran medida a mantener la paz en la zona.

3) *To go in for* ***

Practicar, tener como «hobby».

He goes in for stamp-collecting - Tiene como «hobby» coleccionar sellos.

4) *To go out of one's way to do sth* **

Desvivirse por hacer algo.

He went out of his way to please us - Se desvivió por complacernos (véase tamb. *put*, 4).

5) *To go (out) on a spree* **

Irse de juerga.

We'll go out on a spree tonight - Nos iremos de juerga esta noche (véase tamb. *town*, 1).

Cf. *To go on a shopping spree* *** - Ir de compras y volverse loco, -a comprando cosas.

6) *To go overboard (about sth/sb)* **

Volverse loco de entusiasmo (por algo/alguien).

She went overboard about the idea of spending a year in Canada - Se volvió loca de entusiasmo ante la idea de pasar un año en Canadá.

7) *To go* ***

   a)   Quedar tiempo (por transcurrir).

   Five minutes to go - Quedan cinco minutos.

   b)   (euf.) Irse, morir.

   I always told my wife 1 would be the first to go and now she's dead - Yo siempre le decía a mi esposa que yo sería el primero en irme y ahora ella está muerta (véase tamb. *pass away*).

8) *To go against the grain* **

Hacerse cuesta arriba, costar trabajo hacer algo.

I know you're supposed to eat this fish with your fingers, but it goes against the grain - Sé que se supone que este pescado se come con los dedos, pero se me hace cuesta arriba.

9) *Go along/go on with you!* */ *go on* **

Expresión de incredulidad, ¡anda ya!, ¡no te creo!, etc.

Sin.= *Get on with you!* (véase *get on*, 4).

10) *To go ape* *

Ponerse hecho una fiera/furia, como un energúmeno (véanse tamb. *blow, 3, fly, 1, go, 17, hit, 4, jump, 1, red, 1,* y *wall, 4*).

11) *To go fifty-fifty* ***

Ir a medias (véase tamb. *Dutch*, 2).

12) *To go on (about sth)* **

Enrollarse, hablar sin parar sobre algo.

How he goes on about his safaris! - ¡Cómo se enrolla sobre sus safaris!

13) *To go (a)round* ***

Haber bastante/para todos.

There's enough wine to go around - Hay bastante vino para todos.

14) *No go* **

Imposible, no hay nada que hacer.

I tried to find a room in a hotel for you, but it's no go - they're all full - Intenté encontrar una habitación para ti en un hotel, pero es imposible - están todos completos.

15) *To go straight* ***

Enmendarse, volver al buen camino, reformarse, dejar de delinquir.

We must help him (to) go straight - Debemos ayudarle a volver al buen camino; *he's been in prison several times, but now he's gone straight* – Ha estado en la cárcel varias veces, pero ahora se ha reformado.

16) *To go to any length(s) to do sth* **

No detenerse ante ningún obstáculo, ser capaz de todo por conseguir algo, no pararse en barras.

He'll go to any lengths to get what he wants - Es capaz de todo por conseguir lo que quiere.

17) *To go off the deep end* **

Enfadarse mucho, ponerse furioso/hecho una fiera/furia, perder los estribos.

There's no reason for you to go off the deep end – No hay motivos para ponerte tan furioso (véase tamb. *go, 10)*.

18) *To go steady* **

Empezar a salir regularmente con alguien (como novios fijos).

Brad and I have been going steady for two years - Brad y yo llevamos saliendo como novios dos años.

19) *To go west* (hum., antic.)

a)   Morir (véase tamb. «pata», 1).

b)   Perderse, estropearse, fracasar, irse al garete (oportunidad, etc.).

20) *To go (off/over) with a bang* **

Ser un gran éxito (una actuación, un espectáculo, una fiesta, etc.), dar el golpe.

The charity festival went with a bang - El festival benéfico fue un gran éxito.

goalposts

To move the goalposts **

Cambiar las reglas del juego en medio del partido.

It's really difficult to follow his instructions - he's always moving the goalposts – Es realmente difícil seguir sus instrucciones - siempre está cambiando las reglas del juego en medio del partido.

goat

To get sb's goat **

Molestar, fastidiar, sacar de quicio, cabrear.

What gets my goat is that he's always joking - Lo que me saca de quicio es que siempre está bromeando.

gold

All that glitters is not gold (ref.) ***

No es oro todo lo que reluce.

golden

1) *The golden mean* **

El término medio (véase tamb. «virtud»).

2) *A golden handshake* **

Cantidad de dinero dada por una empresa a un empleado como compensación por despido o jubilación anticipada (tamb, de menor cuantía, *silver handshake*).

When he leaves his job next month, he'll get a large golden handshake – Cuando deje el trabajo el mes que viene, recibirá una buena cantidad de dinero como compensación.

3) *Golden wedding anniversary* ***

Bodas de oro.

My parents will celebrate their wedding anniversary next month – El mes que viene celebrarán mis padres sus bodas de oro.

4) *Silence is golden* (ref.) *

El silencio es oro.

good

1) *To be as good as one's word* ***

Cumplir la palabra dada.

He was as good as his word - Cumplió su palabra.

2) *For good* ***

Definitivamente, para siempre.

This time I'll stay for good – Esta vez me quedaré para siempre.

goodness

For goodness' sake **

¡Por lo que más quieras!

For goodness' sake, stop talking - ¡Por lo que más queráis, dejad de hablar!

goose/geese

1) *All his geese are swans* *

No tiene abuela.

«Is he as super as all that?» « Well, you know all his geese are swans» - «Es tan fenomenal como dice?» - «Bueno, ya sabes que no tiene abuela.» (véase tamb. «abuela»).

2)   *A wild-goose chase* **

Una búsqueda inútil, una empresa descabellada.

Another wild-goose chase, like looking for the Loch Ness monster - Otra empresa descabellada, como buscar al monstruo del Lago Ness.

3)   *He/she wouldn't say «boo» to a goose* *

Es excesivamente tímido,-a.

The poor man wouldn't say boo to a goose – El pobre hombre era excesivamente tímido.

Cf. *He/she would not hurt a fly* ***- Es incapaz de matar una mosca.

gooseberry

To play gooseberry *

Hacer de carabina (acompañar a dos enamorados), llevar la cesta.

Don't count on me to accompany them. I don't like p!aying gooseberry – No contéis conmigo para acompañarlos. No me gusta hacer de carabina.

gooseflesh

To give/get gooseflesh **

Poner(se) la carne de gallina.

That horror story gave me gooseflesh – Esa historia de terror me puso la carne de gallina (véase tamb. *hair, 4*).

grapevine

To hear sth on/through the grapevine *

Enterarse de algo de oídas/por Radio Macuto.

I've heard on the grapevine that Sharon's got a new boyfriend- He oído por Radio Macuto que Sharon tiene un nuevo novio.

grass

1) *A grass widow* *

Viuda temporal (mujer cuyo marido se ausenta temporalmente).

My husband is in America, so I'll be a grass widow for a few weeks - Mi marido está en América, así que seré una viuda temporal por unas semanas.

2) *The grass is (always) greener on the other side of the fence* (ref.) *

Las manzanas siempre parecen mejores en el huerto del vecino, en cualquier otro sitio de donde estamos ahora se vive/trabaja, etc., mejor.

grave

To dig one's own grave **

Cavarse su propia tumba.

He should give up alcohol. He's digging his own grave – Debería dejar el alcohol. Se está cavando su propia tumba.

grease

To grease sb's palm/hand **

Sobornar, «untar pasta».

We'll have to grease his palm to keep him quiet - Tendremos que untarle pasta para que se quede callado.

Sin. = *To bribe sb.*

Greek

All Greek to me **

No entiendo ni jota, como si me hablaras en chino.

That's all Greek to me - No entiendo ni jota de todo eso (véase tamb. *Dutch, 3*).

green

1) *To be (still) green* ***

Estar (todavía) verde.

I'm sure he'll be a good detective, but he's still green – Estoy seguro de que será un buen detective, pero está todavía verde (véase tamb. *ear, 7*).

2) *Green with envy* ***

Muerto de envidia.

The neighbours were green with envy when they saw our new Mercedes - Los vecinos estaban muertos de envidia cuando vieron nuestro nuevo Mercedes.

3) *To get / give the green light* ***

Obtener / dar luz verde (permiso para hacer algo, llevar a cabo un proyecto, etc.).

They've given the green light to the new bridge - Han dado luz verde al nuevo puente.

grief

Good grief! *

Exclamación que expresa contrariedad: ¡Santo cielo! ¡Caramba!

Good grief! The horse is gone - ¡Santo cielo! El caballo ha desaparecido.

grindstone

To keep one's nose to the grindstone **

Sudar tinta, trabajar duro, sin descanso.

In her class, we must keep our nose to the grindstone – En su clase, sudamos tinta.

grist

To be (all) grist to sb's mill *

Sacarle a todo provecho, arrimar el ascua a su sardina.

Sin.= *All is fish that comes to his net* *

grudge

To bear sb a grudge ***

Tenérsela guardada a alguien, guardarle rencor, tenerle tirria.

He seems to bear me a grudge - Parece que me la tiene guardada/ me tiene tirria.

guess

1) *To be anybody's/ anyone's guess* ***

Ser algo que nadie sabe (a ciencia cierta).

Who will win the cup final is anybody's guess – Quién ganará la final de copa es algo que nadie sabe.

2) *Your guess is as good as mine* ***

Sé tanto como tú (no sé nada).

guest

Be my guest ***

Sí, cómo no, por supuesto que sí, estás invitado.

«Can I drive your new sports car?» *«Be my guest»* – «¿Puedo conducir tu nuevo coche deportivo?» «Cómo no, por supuesto que sí».

gun

To stick to one's guns **

No dar el brazo a torcer, mantenerse en sus trece.

I did my best to bring him around, but he stuck to his guns – Hice lo que pude para hacerle cambiar de opinión, pero se mantuvo en sus trece.

guts

1) *To have the guts to do sth* ***

Tener agallas para hacer algo.

He hasn't got the guts to do it - No tiene agallas para hacerlo.

2) *To hate sh's guts* ***

Odiar a alguien a muerte.

He won't invite you to the party –everybody knows that he hates your guts – No te va a invitar a la fiesta – todo el mundo sabe que te odia a muerte.

H

had

To be had **

Ser engañado, quedarse con uno.

It's only a copy. You've been had – Es sólo una copia. Te han engañado/se han quedado contigo (véase tamb. «queso», 1).

hair

1) *Keep your hair/shirt on* **/*

No te sofoques/sulfures.

Keep your hair on! He didn't mean to insult you - ¡No te sulfures! No quería ofenderte.

Sins. = *Don't get angry* ***, *don't lose your temper* ***

2) *To get in sb's hair* *

Poner nervioso, atacar/crispar los nervios.

He's always biting his fingernails – it gets in my hair – Siempre se está comiendo las uñas – me crispa los nervios (véase tamb. *back*, 9).

3) *Not harm a hair of sb's head* ***

No tocar ni un pelo de la cabeza a alguien, no hacerle el más mínimo daño.

If you harm a hair of her head, I swear I'll kill you - Si le tocas un pelo de la cabeza, te juro que te mato.

4) *To make sb's hair stand on end* ***

Poner los pelos de punta.

That horror film made my hair stand on end - Esa película de terror me puso los pelos de punta.

To make sb's hair stand on end

5)   *To tear one's hair out* **

Estar frenético / furioso, subirse por las paredes, desesperarse, tirarse de los pelos.

The car wouldn't start and dad was tearing his hair out – El coche no quería arrancar y papá estaba que se subía por las paredes (véase tamb. «pelo», 9).

hale

Hale and hearty **

Sano, con buena salud, perfectamente, como las propias rosas (dicho frecuentemente de personas de edad).

He'll be ninety next month, but he's hale and hearty – Cumple 90 el mes que viene, pero está perfectamente / como las propias rosas.

hammer

1)   *To come / go / bring under the hammer* **

Ser subastado, salir / sacar a subasta.

I won't miss the next auction sale – a splendid Sorolla is coming under the hammer – No quiero perderme la próxima subasta – sale a subasta un espléndido Sorollla.

2)   *To go at it hammer and tongs* **

a)   Hacer algo con todas nuestras fuerzas, poner todo nuestro empeño.

He knew there was still a lot to do, so he went at it hammer and tongs – Sabía que todavía quedaba mucho por hacer, así que se puso a trabajar con todas sus fuerzas.

b)   Discutir acaloradamente / a voz en grito.

It was a heated argument -they were going at it hammer and tongs – Era una discusión acalorada - discutían a voz en grito.

hand

1) *To have one's hands full* **

   Estar muy ocupado, tener muchas asuntos/cosas entre manos.

   I'm sorry, right now I have my hands full - Lo siento, estoy muy ocupado en este momento.

2) *On the other hand* ***

   Por otra parte...

   Cf. *On the one hand..* ** - Por una parte...

3) *To try one's hand at sth* ***

   Probar a ver cómo se da algo.

   Why don't you try your hand at cooking? - ¿Por qué no pruebas a ver cómo se te da cocinar?

4) *To bind/tie sb hand and foot* **

   Atar a alguien de pies y manos (lit. y fig.).

   I can't do anything - I'm bound hand and foot - No puedo hacer nada - estoy atado de pies y manos.

5) *To lay one's hands on sb* **

   Atrapar a alguien, echarle el guante.

   I wish I could lay my hands on him - ¡Ojalá pudiera echarle el guante!

6) *To shake hands with sb* ***

   Darle la mano a alguien.

   There! Shake hands with him - ¡Ea!, dale la mano.

7) *Hands up!* ***

   ¡Manos arriba!

   Sin.= *Stick'em up!* ***

8)   *To give / lend sb a hand* ***

Echar una mano a alguien / ayudar / echar un capote.

Can you lend me a hand? - ¿Puedes echarme una mano?

9)   *Hand in hand* ***

Cogidos de la mano, unidos (lit. y fig.).

There were many couples walking hand in hand in the park – Había muchas parejas paseando por el parque cogidos de la mano (cf. *arm in arm* cogidos del brazo); *a man's liberty and freedom of expression go hand in hand* – la libertad del hombre y la libertad de expresión van unidas.

10)   *(Well) in hand* ***

Dominado, bajo control, (bien) controlado.

The situation is well in hand - La situación está bajo control.

11)   *Out of hand* ***

Fuera de control, sin control, incontrolable, incontrolado, etc. (con *get* desmandarse, volverse incontrolable, salirse de madre, irse de las manos).

What began as a joke has got out of hand - Lo que empezó como una broma, se ha desmandado; *the situation is out of hand* - la situación está incontrolada / se ha ido de las manos.

12)   *At hand* ***

a)   A mano, cerca (lugar).

The shop is (near / close) at hand - La tienda está muy a mano.

b)   A mano, cerca (tiempo).

Christmas is (near) at hand - La Navidad está cerca.

c)   A mano (disponible).

You have everything you need at hand – Tienes todo lo que necesitas a mano (tamb. *on hand*).

Cf. *The task at / on hand* – La tarea que se tiene entre manos.

13) *To take the law into one's own hands* ***

Tomarse la justicia por su mano.

He was determined to take the law into his own hands and kill his daughter's murderer - Estaba decidido a tomarse la justicia por su mano y matar al asesino de su hija.

14) *To wash one's hands of sth* ***

Lavarse las manos, negarse a aceptar la responsabilidad de una decisión / acción, etc., con las que no se está de acuerdo.

Go ahead if you like, but I wash my hands of it – Seguid adelante si queréis, pero yo me lavo las manos.

15) *Hand in glove (with sb)* **

En estrecha colaboración (con alguien).

The police are acting hand in glove with the army trying to find the terrorists - La policía está actuando en estrecha colaboración con el ejército tratando de encontrar a los terroristas.

16) *To make / earn money hand over fist* **

Ganar dinero a espuertas / raudales.

They're making money hand over fist with their new LP -Están ganando dinero a espuertas con su nuevo LP.

17) *To have to hand it to sb* ***

Tener que reconocer (mérito, habilidad, etc.).

I have to hand it to him, he's the best lawyer in the country - Tengo que reconocerlo, es el mejor abogado del país.

18) *To play (right) into sb's hands* ***

Hacer el juego, hacer el caldo gordo a alguien.

By bringing the election forward, he'll only play into the opposition's hands - Adelantando las elecciones, sólo conseguirá hacerle el juego a la oposición.

19) *To wait on sb hand and foot* **

Atender al menor deseo de alguien, desvivirse por.

He always waits on his wife hand and foot – Siempre atiende al menor deseo de su esposa.

20) *To vote by a show of hands* **

Votar a mano alzada.

21) *To raise one's hand against sb****

Levantarle la mano a alguien.

He dared raise his hand against his own father - Se atrevió a levantarle la mano a su propio padre.

22) *To give sb/ have a free hand* **

Dar/tener mano libre/carta blanca.

I've given my son a free hand in the business - Le he dado a mi hijo carta blanca en el negocio.

Sin. = *To give sb carte blanche* *

23) *To have clean hands* **

Tener las manos limpias, no ser responsable de algo.

24) *To be an old hand (at sth)* **

Ser veterano/perro viejo (en algo).

He was an old hand at that game - Era perro viejo en ese juego.

handy

To come in handy ***

Ser de utilidad, venir bien/de perillas/de perlas/al pelo.

That money will come in handy - Ese dinero vendrá de perlas.

hanged

I'll be hanged (if) *

Que me ahorquen si...

I'll be hanged (if I know) - ¡Que me ahorquen si lo sé!

happy

1) *Many happy returns (of the day)* *

¡Que cumplas muchos más!

Cf. *Happy birthday* - Feliz cumpleaños.

2) *As happy as a lark* *

Alegre como unas castañuelas, muy feliz, más contento que unas pascuas.

Sin. = *As happy as Larry* (IBr)/ *as a sandboy* *; *as pleased as Punch* *

3) *The happy hour* ***

'La hora feliz', en la que las bebidas son más baratas en algunos bares.

hard

1) *No hard feelings!* **

Todo olvidado, no nos guardemos rencor.

«No hard feelings?» «No hard feelings» - «¿Todo olvidado?» «Todo olvidado».

2) *To be hard on sb's heels* ***

Ir pisando los talones a alguien.

The thief ran off with the police hard on his heels - El ladrón salió corriendo, con la policía pisándole los talones.

3) *Hard and fast* **

(De una regla/norma) inflexible/rigurosa/rígida/estricta.

We have no hard and fast rules in our club – No tenemos normas rígidas en nuestro club.

hard up

To be hard up for sth **

Estar falto/andar escaso de algo, esp. de dinero.

We were so hard up then that we had to do with one meal a day – Andábamos tan escasos de dinero entonces que teníamos que conformarnos con una comida al día.

hare

To run with the hare and hunt with the hounds **

Poner una vela a Dios y otra al diablo, nadar entre dos aguas.

He tells them one thing and us another. I think he's running with the hare and... you know - A ellos les dice una cosa, y a nosotros, otra. Creo que está poniendo una vela a Dios y otra al diablo. ¿Comprendes?

hat

1) *To take off/raise one's hat to sb* **

Quitarse el sombrero (fig.), descubrirse ante alguien.

He did it very well - I take off my hat to him - Me descubro ante él - lo hizo muy bien.

2) *To pass the hat round* **

Pasar el platillo, el sombrero (después de una actuación, etc.).

After his performance, the street clown passed the hat round – Después de su actuación el payaso callejero pasó el platillo.

3) *At the drop of a hat* **

(Acudir) inmediatamente (gen. de buen grado, sin hacerse rogar, de mil amores, etc.).

When she needed him, he came at the drop of a hat - Cuando ella lo necesitaba, él venía inmediatamente.

4) *To keep sth under one's hat* **

Mantener algo en secreto.

If he knows something,, he's keeping it under his hat - Si sabe algo, lo mantiene en secreto.

5) *I'll eat my hat* *

Que me ahorquen si (lo que yo digo no es así, etc.).

If he's not a spy, I'll eat my hat - Que me ahorquen si no es un espía (véase tamb. *hanged*).

6) *To be old hat* *

Estar pasado/muy visto, estar más visto que el tebeo.

That gag is old hat – Ese gag está más visto que el tebeo.

7) *To pick/draw a name out of the/a hat* **

Sacar un nombre al azar.

The first name drawn out of the hat was his - El primer nombre sacado al azar fue el suyo.

have

1) *To have a good time* ***

Divertirse, pasarlo/pasárselo bien.

We had a very good time at the party - Lo pasamos muy bien en la fiesta.

2) *To have the time of one's life* **

Divertirse de lo lindo, pasárselo en grande/por todo lo alto/bomba/pipa.

We had the time of our lives yesterday - Lo pasamos en grande ayer.

Sins.= *To have the whale of a time **, to have a ball ****

3)   *To have fun ****

Divertirse, pasarlo/pasárselo bien.

We can have fun at the circus - Podemos divertirnos en el circo.

4)   *To have it out with sb ****

Discutir un asunto con alguien, solventar un asunto.

I'll have it out with her - Discutiré el asunto con ella

5)   *To have to do with sth/sb ****

Tener que ver con algo/alguien.

That has nothing to do with me – Eso no tiene nada que ver conmigo.

6)   *To be/have done with sth ****

Acabar (de una vez) con algo.

Have you done with the vacuum cleaner? - ¿Has acabado con la aspiradora?

7)   *To have a crush on sb ***

Estar colado,-a por, enamorado,-a de (gen. un,-a adolescente y de forma pasajera).

She had a crush on her English teacher – Estaba colada por su profesor de inglés.

8)   *To have a go at (doing) sth ****

Intentar (hacer) algo.

Have a go at it yourself - Inténtalo tú mismo.

9)   *To have a sweet tooth ***

Ser goloso, gustarle a alguien mucho las cosas dulces.

He has a sweet tooth - Es muy goloso.

10) *To have a lot / enough on one's plate* **

Estar muy ocupado/atareado, tener ya bastantes preocupaciones/problemas, tener muchas cosas/asuntos entre manos.

Don't tell me about your problems, I have enough on my plate as it is - No me cuentes tus problemas, ya de por sí tengo bastantes preocupaciones; *I can't take that case. I have enough on my plate right now* – No puedo ocuparme de ese caso. Ya tengo demasiadas cosas entre manos en este momento.

11) *To have it in for sb* ***

Tenerle ganas/manía a alguien, tenérsela jurada.

The boss had it in for me from the first day - El jefe me tuvo manía desde el primer día.

12) *To have the jitters* *

Estar muy nervioso (por miedo, etc.).

Cf. *Give sb the willies* * - Dar horror/repelús/escalofríos; *give sb the heebie-jeebies* * - (*sl*) poner malo, dar ansiedad, poner nervioso, deprimir: *Hospitals give me the heebie-jeebies* - Los hospitales me deprimen.

head

1) *To keep one's head / keep a clear / cool / level head* ***

Mantener la serenidad, la calma, no perder la cabeza, mantener la cabeza fría.

Keep your head, whatever happens - No pierdas la cabeza, pase lo que pase.

2) *To be head over heels in love with sb* **

Estar perdidamente enamorado de alguien, estar colado por alguien.

He's head over heels in love with her – Está perdidamente enamorado de ella.

3) *To be / stand head and shoulders above sb / sth* **

Estar muy por encima de, ser muy superior a alguien/algo.

He stands head and shoulders above his brothers - Está muy por encima de sus hermanos.

4)   *To put sth into a person's head* ***

Meter algo (ideas, etc) en la cabeza a alguien.

Whoever put that idea into your head? - ¿Quién te metió esa idea en la cabeza?

5)   *To snap / bite sb's head off* **

Contestar mal (ásperamente), soltar una fresca.

Don't ask her again - you'll only get your head snapped off- No le preguntes otra vez - sólo conseguirás que te suelte una fresca.

6)   *Two heads are better ihan one* ***

Cuatro ojos ven más que dos.

Let me have a look at it – two heads are better than one – Deja que le eche un vistazo- cuatro ojos ven más que dos.

7)   *To bang / beat / knock one's head against a brick wall* **

Darse con la cabeza en la pared/darse en la cabeza contra un muro, intentar algo imposible.

Don't insist – you're wasting energy banging your head against a brick wall – No insistas – estás malgastando energía dándote con la cabeza en la pared (véase tamb. *wall, 2*).

8)   *To do sth standing on one's head* **

Hacer algo con suma facilidad, con los ojos cerrados.

(Gen. con *can / could*): *I could do that standing on my head* - Podría hacerlo con los ojos cerrados (véase tamb. *easy, 1*).

9)   *To have one's head in the clouds* **

Tener la cabeza en las nubes, estar pensando en otra cosa, estar en babia.

He's not listening to you —he has his head in the clouds – No te está escuchando—está en babia.

10) *To hold a pistol/gun to sb's head* **

Poner una pistola en el pecho a alguien, obligarlo a hacer algo contra su voluntad.

I'd never marry her, even if they held a pistol to my head - Nunca me casaría con ella, aunque me pusieran una pistola en el pecho.

11) *To keep one's head above water* ***

Mantenerse a flote (no endeudarse en exceso, etc.).

He's got some debts, but he manages to keep his head above water - Tiene algunas deudas, pero se las arregla para mantenerse a flote.

12) *To cry/laugh/shout, etc. one's head off* ***

Hartarse de llorar/reír/gritar, etc.

Don't tell him about your misfortunes - he'll only laugh his head off - No le hables de tu mala suerte - se hartará de reír.

headlines

To hit/make the headlines ***

(De una noticia) salir en portada/titulares.

Yes, I remember. His murder made the headlines three years ago – Sí, lo recuerdo. Su asesinato salió en titulares hace tres años.

Sin.= *To make the front page* ***

heart

1) *To break sb's heart* ***

Partir el corazón a alguien, matar a disgustos.

If she runs away with that man, she'll break her father's heart – Si se escapa con ese hombre, le partirá el corazón a su padre.

2) *To wear one's heart on one's sleeve* **

Ser transparente, llevar las emociones escritas en la cara.

184

Mark can't feign - he wears his heart on his sleeve – Mark no sabe fingir - lleva escritas las emociones en la cara.

3)   *By heart* ***

De memoria.

He learnt his lesson by heart - Se aprendió la lección de memoria.

4)   *To have one's heart in one's boots* *

Estar con el ánimo por los suelos.

He has his heart in his boots since his wife left him – Está con el ánimo por los suelos desde que lo dejó su mujer.

5)   *To set one's heart on sth* ***

Tener puesta las ilusiones / toda su ilusión en (hacer) algo.

The boy has set his heart on becoming a doctor - El muchacho tiene puesta toda su ilusión en hacerse médico.

6)   *After one's own heart* ***

Enteramente a gusto de uno.

She's a girl after my own heart - Es una chica enteramente a mi gusto.

7)   *To cry one's heart out* ***

Llorar a lágrima viva, llorar a raudales.

She cried her heart out when her father died - Lloró a lágrima viva cuando murió su padre.

8)   *To eat one's heart out (for sth / sb)* **

Consumirse de pena (por algo / alguien), sufrir en silencio.

She's been eating her heart out ever since her husband left her - Lleva consumiéndose en silencio desde que su marido la dejó.

9)   *To take sth to heart* ***

Tomarse algo a pecho.

I can see you've taken her criticism to heart - Veo que te has tomado sus críticas a pecho.

10) *To have a heart of gold* **

Tener un corazón de oro.

He's always helping people in need – he has a heart of gold – Siempre está ayudando a los necesitados – tiene un corazón de oro.

11) *At heart* ***

En el fondo.

He will lose his temper at times, but he's very kind at heart - A veces pierde los estribos, pero es muy amable en el fondo.

12) *From the bottom of one's heart* **

Desde el fondo del corazón, de todo corazón.

I thank you from the bottom of my heart - Te doy las gracias de todo corazón.

13) *Have a heart!* **

¡Ten compasión!

Don't punish him too severely, have a heart - No lo castigues demasiado severamente, ¡ten compasión!

14) *Not have the heart to do sth* **

No tener estómago o valor para hacer algo (gen. desagradable o perverso).

I haven't the heart to break the bad news to him - No tengo estómago para darle las malas noticias.

15) *Cross my heart and hope to die* **

Palabrita (del Niño Jesús).

«Promise me you didn't do it» «Cross my heart and hope to die» - «Prométeme que tú no has sido» «Palabrita».

16) *My heart bleeds for you!* (gen. hum. o iron.) **

Se me parte el corazón (dicho de broma cuando un amigo, familia, etc., nos habla de un pequeño contratiempo, etc.).

«My sweetheart has jilted me» «My heart bleeds for you» - «Mi novia me ha dejado» «¡Se me parte el corazón!».

17) *My heart goes out to sb* **

Tiene toda mi simpatía, comprensión, amor, etc.

My heart goes out to the poor children of Ethiopia - Los niños pobres de Etiopía tienen toda mi simpatía.

18) *To lose heart* ***

Desanimarse, perder el valor, la esperanza, etc.

Don't lose heart, it's only a match we've lost, not the league - No te desanimes, sólo hemos perdido un partido, no la liga.

Cf. *To take heart* ** - Animarse, no desanimarse, etc.

19) *The way to a man's heart is through his stomach* (ref.) *

El camino hacia el corazón de un hombre pasa por su estómago (es fácil conquistar a un hombre cocinándole los platos que más le gustan).

20) *To put heart and soul into sth* ***

Entregarse en cuerpo y alma a algo.

He has put his heart and soul into this project – Se ha entregado en cuerpo y alma a este proyecto.

heartstrings

To pull/ tug at sb's hearstrings **

Tocar la fibra sensible a alguien.

The poor child's crying tugged at his heartstrings – El llanto del pobre niño le tocó la fibra sensible.

heaven

1) *(Good) heavens!* ***

¡Santo cielo! ¡Cielos!

Cf. *Oh, my God!* - ¡Oh, Dios mío!

2)   *To be in seventh heaven* *

Estar en el séptimo cielo (véase tamb. *cloud*, 2).

3)   *Heaven/ God forbid*! **

¡Dios no lo quiera! ¡Dios me/nos, etc., libre!

«*I'm afraid the car is about to break down.*» «*Heaven forbid*!» - «Me temo que el coche está a punto de averiarse » «¡Dios no lo quiera!».

4)   *To smell/ stink to high heaven* *

Oler a perro muerto, oler a distancia (lit. y fig.).

heel

1)   *To come to heel* **

Obedecer, entrar por el aro.

He's come to heel at last - Por fin, ha entrado por el aro.

2)   *To take to one's heels* **

Largarse, salir pitando, pirarse, tomar las de Villadiego, poner pies en polvorosa.

When he saw them coming, he took to his heels - Cuando los vio venir, se las piró (véase tamb. «pirárselas»).

3)   *To dig one's heels in* **

No ceder, mantenerse firme, en sus trece, no dar su brazo a torcer.

He dug his heels in and refused to tell them where he had thrown the gun - Se mantuvo en sus trece y se negó a decirles dónde había tirado la pistola.

4)   *Down- at- heel* *

De aspecto desordenado/pobre/desaliñado/desharrapado.

I don't like him, he looks down-at-heel to me - No me gusta, me parece un desharrapado.

5) *To cool one's heels* **

Tener de plantón (esperando).

We were left to cool our heels for almost one hour before the bus arrived – Nos tuvieron de plantón casi una hora hasta que llegó el autobús.

6) *To kick up one's heels* **

Pasarlo / pasárselo en grande / por todo lo alto / pipa.

They're on holidays, kicking up their heels in Marbella - Están de vacaciones, pasándolo en grande en Marbella.

7) *To turn on one's heels* **

Dar media vuelta e irse (gen. enfadado, ofendido, etc.).

Suddenly, he turned on his heels and walked out of the room – De pronto, se dio media vuelta y salió de la habitación.

hell

1) *Go to hell* **

¡Vete al cuerno! ¡Vete a la porra! (véase tamb. «cuerno», 2 y «porra», 1).

2) *The road to hell is paved with good intentions* (ref.) *

De buenas intenciones está empedrado el infierno.

3) *There will be hell to pay* ***

Se va a armar una buena / la marimorena / la de Dios es Cristo / un buen cirio.

When she learns that her husband has run away with his secretary there will be hell to pay - Cuando se entere de que su marido se ha ido con su secretaria, se va a armar una buena.

4) *As sure as hell* **

Cierto, seguro, sin la menor duda.

It's going to snow, as sure as hell- Va a nevar, seguro.

5) *All hell broke loose* **

Se armó la de Dios es Cristo.

When they heard that their pensions would be cut, all hell broke loose – Cuando oyeron que sus pensiones serían recortadas, se armó la de Dios es Cristo.

6) *When hell freezes over* *

Cuando las ranas críen pelo, nunca.

«*I hope we'll soon get a pay rise*» «*Sure, when hell freezes over*» –«Espero que nos suban pronto el sueldo» «Seguro, cuando las ranas críen pelo».

help
Can/could not help (doing) sth ***

No poder evitar (hacer) algo.

I couldn't help falling in love with him - No pude evitar enamorarme de él; *I can't help it* - no lo puedo evitar.

hen
A hen party/night **

Una despedida de soltera.

Cf. *A stag night* (IBr)/ *a bachelor party* (IAm)** - una despedida de soltero.

hen-pecked
Hen~pecked **

Dominado por la mujer, «calzonazos».

He was completely hen-pecked - Estaba completamente dominado por su mujer/era un calzonazos.

here

Here and now ***

Ahora mismo, aquí y ahora.

Sin. *Right away* ***

high

1) *To be high* (sl. droga) ***

Estar drogado, «colocao».

2) *To leave sb high and dry* ***

Dejar a alguien tirado / en la estacada.

His partner took all the money and left him high and dry - Su socio cogió todo el dinero y lo dejó tirado.

3) *To hunt / search / look for sth high and low* **

Buscar algo por todas partes.

I looked for it high and low, but couldn't find it - Lo busqué por todas partes, pero no lo encontré.

hill

Not be over the hill yet **

No estar acabado todavía, tener cuerda para rato.

Don't worry, dad is not over the hill yet – No te preocupes, papá tiene cuerda para rato.

Sin. = *Not be finished yet* *** (véase tamb. *dog*, 12).

hit

1) *To hit it off (with sb)* ***

Llevarse bien (con alguien), caerse bien

John and James hit it off right away - John y James se cayeron bien enseguida (véase tamb. *get on,* 1).

2) *To hit the bottle* **

Empinar el codo, beber (más de la cuenta).

I think he hits the bottle - Creo que bebe.

3) *To hit the road* **

Empezar un viaje, ponerse en camino.

They hit the road at dawn - Se pusieron en camino al amanecer.

4) *To hit the roof/ceiling* **

Subirse por las paredes, perder los estribos, ponerse furioso/hecho una fiera/furia.

He hit the roof when he saw his wife kissing another man – Se subió por las paredes cuando vio a su mujer besando a otro hombre.

hitched

To get hitched **

Casarse.

They got hitched in Australia - Se casaron en Australia.

Hobson

Hobson's choice *

No tener dónde elegir, no tener opción.

I'm afraid it will be Hobson's choice for us - Me temo que no tengamos opción.

Sins. = *There's no choice/to have no choice.*

hog

To be a road hog **

Conducir por medio de la carretera, sin dejar adelantar.

That guy can't drive - he's a road hog – Ese tipo no sabe conducir – conduce por medio de la carretera, sin dejar adelantar.

hold

1) *To hold one's own* ***

Defenderse, aguantar.

The fort held its own against several assaults- El fuerte se defendió bien contra varios asaltos. *«How's he?, doctor»* «He's holding his own». «¿Cómo está, doctor?» «Está aguantando bien».

2) *To hold water* **

Estar bien fundado (razonamiento, teoría, argumento), ser impecable.

His reasoning holds water - Su razonamiento es impecable.

3) *To hold good* ***

Continuar siendo cierto, válido.

What I told you ten years ago, still holds good - Lo que te dije hace diez años, sigue siendo cierto.

4) *To hold the purse strings* **

Controlar los cordones de la bolsa, tener la llave de la caja.

The old man still holds the purse strings - El viejo todavía controla los cordones de la bolsa.

5) *To hold sth cheap* **

Tener/valorar en poco, hacer de menos, despreciar, no apreciar en lo que vale, menospreciar.

In countries ruled by tyrannical dictators, the lives of the poor are held cheap - En países gobernados por dictadores tiránicos, las vidas de los pobres se valoran en poco.

6) *To hold the fort* *

Quedarse al cargo (en ausencia de alguien).

Do you mind holding the fort for a couple of hours, while I go to the doctor's? - ¿Te importa quedarte al cargo un par de horas, mientras voy al médico?

7) *To hold sth against sb* ***

a) Tener/tomar algo en cuenta a alguien.

I know it was wrong of him to do that, but I won't hold it against him – Sé que estuvo mal lo que hizo, pero no se lo voy a tener en cuenta.

b) Guardar rencor a alguien por algo ocurrido en el pasado, tenérsela guardada.

He held it against me for years – Me guardó rencor/me la guardó durante años.

homework

To do one's homework ***

a) Hacer los deberes (escolares).

You can't go to play football with your friends till you finish your homework – No puedes ir a jugar al fútbol con tus amigos hasta que termines tus deberes.

b) (fig) Traer algo preparado/estudiado, hacer los deberes.

I can see you've done your homework – Veo que has hecho los deberes/vienes preparado.

homesick

To be/feel homesick ***

Echar de menos la casa, la familia, el país de uno, etc., tener «morriña».

He was beginning to be homesick - Estaba empezando a sentir «morriña».

Cf. Echar de menos algo/a alguien – *To miss sth/sb.*

hooked

To be/get hooked on sth ***

Estar enganchado/engancharse a la droga/al juego/a la TV, etc., ser adicto a algo.

He's hooked on cocaine –Está enganchado a la cocaína; *he got hooked on that TV soap opera* – se enganchó a ese culebrón televisivo.

horny

To be/get horny (vulg.) ***

Estar/ponerse caliente/excitado sexualmente.

I'm getting horny - Me estoy poniendo caliente.

Sin= To be/get randy ***

horse

1) *Don't look a gift horse in the mouth* (ref.) **

A caballo regalado... (no le mires el diente).

2) *(Straight) from the horse's mouth* **

De buena tinta.

I've had it straight from the horse's mouth - Lo sé de muy buena tinta.

Sin.= *To have sth on good authority* ***

3) *As strong as a horse* **

Fuerte como un roble / un toro.

4) *To change horses in midstream* *

Cambiar de opinión a mitad de camino (esp. decidiendo apoyar la opinión opuesta).

He changed horses in midstream and two weeks before the elections decided to support the Labour Party - Cambió de opinión a mitad de camino y dos semanas antes de las elecciones decidió apoyar al partido Laborista.

5) *To have to (go and) see sb about a horse / dog* (hum.)*

Tener que ausentarse un momento (gen. para ir al baño).

6) *Hold your horses!* **

¡No tan aprisa!, ¡para el carro!

7) *Horse sense* *

Sentido común, inteligencia natural.

He never went to school, but he's got a lot of horse sense – Nunca fue a la escuela, pero tiene mucho sentido común.

8) *A Trojan horse (liter.)* / The Wooden Horse of Troy* *

El caballo de Troya (método empleado para infiltrarse en las filas enemigas) (tamb. fig.).

Fear of the communist "Trojan horse" is still present in the minds of many Americans – El miedo al "caballo de Troya" comunista sigue aun presente en la mente de muchos americanos.

9) *You can take a horse to water, but you can't make it / him drink* (ref.) *

Se puede llevar el caballo al agua, pero no se puede hacer que beba (trad.), se puede influir en una persona para que haga algo sólo hasta cierto punto, más allá del cual depende sólo de ella.

10) *To back the wrong horse* **

Apostar al perdedor.

It was a mistake to invest so much money in that business - I think you backed the wrong horse - Fue un error invertir tanto dinero en ese negocio - creo que apostaste al perdedor.

11) *Horses for courses* (IBr) *

Hay que encargar a cada cual el trabajo que mejor sabe hacer.

It isn't such a difficult task, it's just a question of "horses for courses" – La tarea no es tan difícil, sólo es cuestión de encargar a cada cual el trabajo que mejor sabe hacer.

hot

1) *To get hot under the collar* ***

Enfadarse, mosquearse, ponerse mosca, estar con la mosca detrás de la oreja.

Be careful - he's getting hot under the collar - Ten cuidado - está con la mosca detrás de la oreja/se está mosqueando.

2) *A hot potato* ***

Una patata caliente, situación difícil de lidiar/delicada (que va pasando de mano en mano sin que nadie la pueda resolver, etc.)

The question of pensions is a hot potato for both the unions and the government - La cuestión de las pensiones es una patata caliente tanto para los sindicatos como para el gobierno.

3) *In hot water* **

En apuros, con problemas por haberse metido en líos.

He's in hot water now- the police have found the stuff in his house - Está en apuros ahora - la policía ha encontrado la mercancía en su casa (véase tamb. «apuro», 1).

4) *Piping hot* ***

Muy caliente, hirviendo, que pela.

Careful! The chocolate is piping hot - ¡Cuidado! El chocolate está hirviendo.

5)   *To be hot stuff* ***

a)   Ser algo muy bueno/fantástico.

His new film is hot stuff – Su nueva película es algo fantástico.

b)   Estar buenísimo,-a, como un queso/mejor que un queso/como un tren (persona).

His new girlfriend is hot stuff – Su nueva novia está buenísima/mejor que un queso *(véase tamb. «queso», 2).*

house

1)   *To put/set your (own) house in order* **

Poner uno sus cosas/asuntos en orden.

Before you think of lending him a hand with his finances, you must put your own house in order – Antes de pensar en echarle una mano con sus finanzas, debes poner tus propios asuntos en orden.

2)   *To keep open house* **

Tener la casa abierta a todo el mundo.

He always has people for dinner – he keeps an open house – Siempre tiene invitados a cenar – tiene la casa abierta a todo el mundo.

7)   *A house of cards* **

Un castillo de naipes.

The family business was OK for a couple of years, but then it collapsed like a house of cards – El negocio familiar fue bien durante un par de años, pero luego se vino abajo como un castillo de naipes.

Hoyle

According to Hoyle *

Como mandan los cánones, de acuerdo con las reglas/normas.

Everything was legal and according to Hoyle - Todo fue legal y como mandan los cánones.

hungry

To be hungry

a)   *** Tener hambre, estar hambriento

Are you hungry again? - ¿Otra vez tienes hambre?

b)   ** "Tener hambre", ser muy ambicioso, estar deseando triunfar.

That young man is hungry for success- Ese joven tiene hambre de éxito.

hunk

To be a hunk/ to be hunky ***

Ser un cachas/ un tío bueno, estar macizo/ como un queso/ mejor que un queso.

I wouldn't mind him kissing me – he's a hunk – No me importaría que me diera un beso – está macizo/ mejor que un queso.

hurry

To be in a hurry ***

Tener prisa.

Are you in a hurry? - ¿Tienes prisa?

I

ice

To put sth on ice **

Aparcar (un asunto).

We'll put our plan on ice for the moment - Aparcaremos nuestro plan por el momento.

idea

The idea of... ***

¡A quién se le ocurre!

The idea of coming to the party in a bathing suit - A quién se le ocurre venir a la fiesta en bañador.

ignorance

Ignorance is bliss **

¡Bendita ignorancia! Ojos que no ven... (corazón que no siente)

ill

1) *Ill at ease* ***

A disgusto, incómodo, violento.

He was feeling a little ill at ease - Se sentía un poco violento.

2) *To be taken ill* ***

Ponerse enfermo.

He was taken ill the day before the wedding - Se puso enfermo la víspera de la boda.

in

1) *To be in* ***

    a)   Estar en casa.

        Is Mr. Brown in, please? - ¿Por favor, está el Sr. Brown en casa?

    b)   Estar de moda.

        The long skirt is in - La falda larga está de moda.

        Cf. *To be out* *** - Estar pasado de moda.

2) *In the pink* **

Bien de salud, estupendamente, como las propias rosas (véase tamb. *fit*, 1).

My father was operated on last month, but now he's in the pink again – A mi padre lo operaron el mes pasado, pero ahora está otra vez como las ropias rosas.

3) *In the soup* **

En dificultades, en apuros (véanse tamb. *hot*, 3 y «apuro», 1).

That sly plan of yours could backfire on you and land you in the soup – Ese ladino plan tuyo podría volverse contra ti y ponerte en apuros.

4) *In the thick of sth* **

En mitad/medio de, en lo más intenso/reñido

In the thick of the fight - En lo más reñido del combate; *in the thick of the traffic* - en medio del tráfico/en pleno tráfico.

5) *The ins and outs of sth* **

Los pequeños detalles, los pormenores, los entresijos, las interioridades (de un sistema/un suceso/una operación).

Sorry, but I don't know the ins and outs of the operation – Lo siento, pero no conozco los pormenores de la operación.

6) *To be in apple-pie order* *

Estar en perfecto orden.

As you can see, everything is in apple-pie order – Como puedes ver, todo está en perfecto orden.

7) *To be in the limelight* **

Estar en (el) candelero, ser el centro de atención.

If you're married to the heir to the crown, you're always in the limelight – Si estás casada con el heredero de la corona, estás siempre en candelero.

8) *In the offing* **

En perspectiva, a la vista.

There are more problems in the offing – Hay más problemas a la vista.

9) *In the swim (of things)* *

Al corriente (de todo lo que ocurre), al día (en el mundo de los negocios, etc.)

He likes to be in the swim of things – Le gusta estar al corriente de todo lo que ocurre / de las cosas.

10) *To be in good/ bad odour (with sb)* *

Gozar o no del favor de alguien.

I'm afraid I'm in bad odour with the boss at the moment - Me temo que en este momento no gozo del favor del jefe.

Indian

1) *Indian summer*

a)   ** El veranillo del membrillo/ de San Martín (calor otoñal)

b)   * Periodo de éxito tardío (en la vida de una persona)

2) *Too many chiefs and not enough Indians* *

Muchos jefes y pocos indios (situación en la que todos quieren mandar).

inside

Inside out ***

a)   Al/del revés (lo de dentro hacia afuera) (prendas de vestir, ropa)

You've got that shirt inside out -Llevas la camisa al revés; *turn the pillow covers inside out to wash them* -vuelve del revés las fundas de las almohadas para lavarlas.

b)   De arriba abajo

The police turned the room inside out looking for the drug - la policía revolvió la habitación de arriba abajo buscando la droga; *I know this town inside out* - conozco esta ciudad de arriba abajo.

into

To be into sth ***

Estar muy interesado/apasionado por/chiflarle a uno algo.

He's into pop music – Le chifla la música pop.

iron

1)   *To strike while the iron is hot* *

Coger las cosas en caliente, no dejar que la cosa se enfríe.

Better ask her for the money today - strike while the iron is hot – Mejor pídele el dinero hoy - hay que coger las cosas en caliente.

2)   *To have a lot of/ too many irons in the fire* **

Tener muchos/demasiados asuntos entre manos.

You have too many irons in the fire: your university chair, your work at the hospital and the management of the nursing home. Don't you feel the stress? – Tienes demasiados asuntos entre manos: tu cátedra de universidad, tu trabajo en el hospital y la dirección de la residencia para la tercera edad - ¿no estás estresado?

J

Jack

1) *I'm all right, Jack* **

    A mí qué me cuentas, a mi, «plin».

2) *Jack of all trades (and master of none)* (ref.) *

    Aprendiz de todo, maestro de nada.

3) *All work and no play (makes Jack a dull boy)* (ref.) *

    Todo no puede ser trabajar, es bueno divertirse / distraerse de vez en cuando.

jackpot

To hit the jackpot ***

    Tocarle a uno el (premio) gordo; (fig.) tocarle la lotería, tener un gran éxito, una gran suerte, etc.

    You've hit the jackpot - Te ha tocado el gordo, menudo «chollo» (véase tamb. *strike,* 2).

jam

1) *To get into a jam* ***

    Meterse en un lío.

    What a jam you've got into! - ¡En menudo lío te has metido!

2) *A traffic jam* ***

    Un embotellamiento de tráfico, un atasco.

    Sorry I'm late - I got caught up in a traffic jam- Lamento llegar tarde - quedé atrapado en un embotellamiento de tráfico.

job

1) *To make the best of a bad job* ***

Tomar las contrariedades con calma, sacar el mejor partido posible a algo.

In the circumstances, we must try to make the best of a bad job - Dadas las circunstancias, debemos sacarle a esto el mejor partido posible (véase tamb. «tiempo»).

2) *To do the job / trick* ***

Servir, funcionar, valer.

This will do the job - Esto servirá / valdrá.

3) *To give sth up as a bad job* **

Dejar por imposible.

I've been trying to repair my TV set for the last two hours, but I think I'm going to give it up as a bad job –Llevo reparando la televisión dos horas, pero creo que la voy a dejar por imposible.

4) *Jobs for the boys* **

Amiguismo, enchufismo

He's given the best posts to his old cronies. It's a clear case of jobs for the boys – Le ha dado los mejores puestos a sus antiguos amigotes. Es un caso claro de amiguismo.

Job

1) *To be as patient as Job* *

Tener más paciencia que un santo, que (el santo) Job.

2) *A Job's comforter* *

Persona bien intencionada que intenta consolar a otra y sólo consigue empeorar las cosas.

join

If you can 't beat them, join them (ref.) **

Si no puedes vencerlos, únete a ellos.

Joneses

To keep up with the Joneses **

No querer ser menos, tratar de seguir el mismo tren de vida o de alcanzar la misma posición social de los vecinos o amistades, aun sin poder permitírselo.

Keeping up with the Joneses, that's all my wife cares about - No ser menos que los vecinos, eso es todo lo que a mi mujer le importa.

jump

1) *To jump down sb's throat* **

Ponerse hecho una fiera/furia con alguien, querer comérselo.

He jumped down my throat when I told him he was behind with his rent - Se puso hecho una fiera conmigo cuando le dije que estaba retrasado en el pago del alquiler.

2) *To jump on the bandwagon* **

Subirse al carro/tren de los triunfadores.

I'll give him credit for that: he was clever enough to jump on the bandwagon - Tengo que reconocer que fue lo bastante listo para subirse al tren de los triunfadores.

3) *To jump to conclusions* ***

Sacar una conclusión precipitada, juzgar a la ligera, precipitarse.

Don't jump to conclusions, please - we can't be sure that he's the guilty one - No juzgues a la ligera, por favor - no podemos estar seguros de que sea él el culpable.

4) *To jump the gun* ***

   a) (dep) Hacer una salida en falso (en una carrera).

   The American athlete has jumped the gun – El atleta americano ha hecho una salida en falso.

   b) Precipitarse, adelantarse, irse de ligero.

   We jumped the gun. We should have waited until Monday – Nos precipitamos. Debíamos haber esperado hasta el lunes.

K

keep

1)   *To keep sb at bay* ***

Mantener a alguien a raya.

Don't let him get too familiar with you - you'd better keep him at bay – No dejes que se tome tantas confianzas contigo - mejor será que lo mantengas a raya.

2)   *To keep an eye on sb/sth* ***

Tener cuidado con, echar un ojo a algo/alguien.

Keep an eye on the baby while I go in to get some stamps - Échale un ojo al bebé mientras entro a comprar sellos.

3)   *To keep a stiff upper lip* *

Aguantar impávido las contrariedades, sin inmutarse lo más mínimo, con la sonrisa en los labios.

In our family, we know how to keep a stiff upper lip when bad times come - En nuestra familia, sabemos aguantar impávidos las contrariedades cuando llegan los malos tiempos.

4)   *To keep one's chin up* **

¡Animo!, no desanimarse, aguantar el tipo.

Sin. = *Keep your pecker up* (IBr) *

5)   *To keep one's distance* **

a)   No acercarse demasiado.

b)   (fig) Guardar/mantener las distancias (no dar demasiadas confianzas).

The old lady believed in keeping her distance - La anciana dama creía en guardar las distancias.

Cf. *To keep sb at arm's length* *** – Mantener a alguien a distancia, no dejar acercarse.

6)   *For keeps* **

Para siempre.

«What a beautiful ring!» *«It's yours. For keeps».* – «¿Qué anillo tan bonito!». «Es tuyo. Para siempre».

kick

1)   *To do sth for kicks* ***

Hacer algo por diversión/por gusto.

We did it for kicks - Lo hicimos por gusto.

2)   *To get a kick/one's kicks out of (doing) sth* ***

Disfrutar/divertirse con algo/haciendo algo, pasarlo/pasárselo en grande/ «bomba».

He gets a kick out of driving a fast car - Lo pasa en grande conduciendo un coche rápido.

3)   *To kick against the pricks* **

Dar coces contra el aguijón (quejarse de algo que es imposible cambiar).

To fight the Establishment is like kicking against the pricks - Luchar contra el Poder Establecido es como dar coces contra el aguijón.

4)   *To kick over the traces* **

Rebelarse, sacar los pies del plato, soltarse el pelo (véase tamb.«pelo», 2).

5)   *I could kick myself* ***

Me tiraría de los pelos, me daría de bofetadas.

To think that I let myself be deceived like that —I could kick myself - Pensar que me dejé engañar de esa manera —me daría de bofetadas.

kidding

No kidding **

a)   En serio, no te miento.

   My parents are getting divorced. No kidding – Mis padres se van a divorciar. En serio.

b)   (esp. IAm) ¿En serio?, ¡no me digas! (indicando sorpresa o incredulidad) (frec. irónico).

   «*A guy has been jailed for adultery in Idaho*». «*No kidding!*» - «A un tipo lo han metido en la cárcel por adulterio en Idaho». «¡No me digas!»

kittens

To have kittens *

   Dar un ataque (de nervios), ponerse furioso/ hecho una fiera/ furia, histérico.

   She nearly had kittens when she saw her boyfriend dancing with another girl - Casi le da un ataque cuando vio a su novio bailando con otra.

knack

1)   *To get the knack of sth* ***

   Cogerle el tranquillo a algo.

   It's very easy once you get the knack of it - Es muy fácil cuando le coges el tranquillo.

2)   *To have the knack of (doing) sth* **

   Tener un don especial para (hacer) algo.

   It's easy for sb like him, who has got the knack of it – Es fácil para alguien como él, que tiene un don especial para ello.

knickers

To get one's knickers in a twist *

a)   Ponerse hecho una fiera / furia.

   It's only a minor incident – no need to get your knickers in a twist – Es sólo un incidente sin importancia – no hay nececidad de ponerse hecho una fiera.

b)   Hacerse un lío.

   You got your knickers in a twist about the sale figures – Te has hecho un lío con las cifras de venta.

knit

To knit one's brow ***

   Fruncir el ceño.

   He knitted his brow when his son asked him for more money - Frunció el entrecejo cuando su hijo le pidió más dinero.

knock

1)   *To knock sb's block / head off* **

   Dar para el pelo, partir la cara

   If I see you again in my garden, I'll knock your block off - Si te veo otra vez por mi jardín, te voy a dar para el pelo.

   Sins.= *To give sb a beating / hiding / thrashing* ***

2)   *To knock off*

   a)   *** Dar de mano.

      What time do you knock off? - ¿A qué hora das de mano?

      Sin. = *To stop work.*

212

b)   ** Matar, liquidar, quitar a alguien de en medio

They knocked him off in the night club - Lo liquidaron en el club nocturno.

3)   *Fortune knocks once at every man's door* (ref.) *

La fortuna llama una vez a la puerta de todos, todo el mundo tiene su gran oportunidad en la vida.

4)   *To knock sb off their perch* **

Bajarle los humos a alguien (véase tamb. *peg*).

5)   *To knock sb up* (vulg) ***

Dejar preñada.

The bastard knocked me up – El cabrón me dejó preñada.

6)   *To knock spots off sb/sth* **

Dar quince y raya, ser muy superior/dar cuarenta/cien/mil vueltas a alguien/algo.

The new model knocks spots off the old one – El nuevo modelo le da cien vueltas al antiguo.

know

1)   *To know better than...* ***

Tener el juicio suficiente para no hacer algo.

You ought to know better than to go swimming on such a cold day - Deberías tener el juicio suficiente para no ir a nadar en un día tan frío.

2)   *To know the ropes* *

Saber alguien lo que se hace/trae entre manos.

He certainly knows the ropes - Ciertamente sabe lo que se hace.

3) *Not know one's arse from one's elbow* (vulg.) **

No saber dónde se tiene la mano derecha, confundir el culo con las témporas, no tener ni puñetera/puta idea de nada.

Why did you ask him for advice? He doesn't know his arse from his elbow - ¿Por qué le pediste consejo? No sabe dónde tiene la mano derecha.

4) *To know one's onions* *

Conocer su oficio.

The young man certainly knows his onions - El joven ciertamente conoce su oficio.

5) *You never know* ***

Nunca se sabe.

Take your umbrella   you never know – Lleva el paraguas – nunca se sabe.

L

lark

1) *To do sth for a lark* ***

Hacer algo de broma/por diversión.

The boys didn't mean any harm - they did it for a lark- Los muchachos no querían hacer ningún daño - lo hicieron por divertirse un poco.

2) *To be up with the lark* *

Levantarse con las claras del día.

He's an early riser – he's always up with the lark – Es muy madrugador – siempre se levanta con las claras del día.

last

1) *The last but one* ***

El penúltimo.

2) *Last but not least* ***

Por último, pero no por eso menos importante.

laugh

1) *To laugh up one's sleeve* ***

Reírse uno para sus adentros.

He maintained his composure, but kept laughing up his sleeve throughout the ceremony – Mantuvo la compostura, pero no paró de reírse para sus adentros durante toda la ceremonia.

2) *He laughs best who laughs last* (ref.) **

Ríe mejor quien ríe el último.

Sins.= *To have the last laugh/ he who laughs last, laughs longest* **

3)   *To laugh on the other side of one's face* **

Llevarse un chasco, al freír será el reír, no reírse tanto cuando...

He'll laugh on the other side of his face when he knows he's to be sacked too - A lo mejor no se ríe tanto cuando sepa que a él también lo van a despedir.

4)   *Laugh and the world will laugh/ laughs with you, weep and you weep alone* (ref.) *

Ríe y todos reirán contigo, llora y llorarás solo.

laughing

It's no laughing matter **

No es cosa de broma.

law

1)   *To lay down the law* **

Imponer su criterio, dictar la ley.

He's always laying down the law in the office. Who does he think he is? – Siempre está dictando la ley en la oficina. ¿Quién se cree que es?

2)   *The long arm of the law* **

El largo brazo de la ley (trad.), el peso de la ley.

The long arm of the law will reach him wherever he is - El peso de la ley caerá sobre él donde quiera que esté.

lazybones

To be a lazybones **

Ser un vago de siete suelas, sar más vago que la chaqueta de un guardia (reg.).

leaf

To leaf through sth ***

Hojear.

«Have you read his new book?» «I've only leafed through it» - «¿Has leído su nuevo libro?» «Sólo lo he hojeado».

least

Least said, soonest mended (ref.) *

Déjalo estar, mejor no meneallo.

She's still angry with you, but don't say anything -least said, soonest mended – Sigue enfadada contigo, pero no digas nada – mejor no meneallo.

leave

1) *To leave no stone unturned* **

   Remover cielos y tierra.

   Don't worry, we'll leave no stone unturned to find your car - No se preocupe, removeremos cielos y tierra hasta encontrar su coche (véase tamb. *earth*, 2).

2) *On leave* ***

   De permiso.

   That soldier is home on leave - Ese soldado está en su casa de permiso.

3) *On sick leave* ***

   De baja (por enfermedad).

   He's got the flu and is on sick leave – Tiene la gripe y está de baja.

   Sin.= *On the sick list* ***

4) *To take French leave* *

Despedirse a la francesa o ausentarse sin permiso.

Nobody knows where he is – I believe he's taken French leave – Nadie sabe dónde está – creo que se ha despedido a la francesa.

5) *To leave sb alone* ***

Dejar en paz.

Leave me alone - Déjame en paz.

Sin.= *To let sb alone* ***

6) *To leave word* ***

Dejar dicho, dejar recado.

He left word for you to meet him at the station - Dejó dicho que lo recojas en la estación.

7) *To take one's leave* (fml.) **

Despedirse (una visita).

He didn't want to be the first to take leave – No quería ser el primero en despedirse.

leech

To stick/ cling to sb like a leech *

Pegarse a alguien como una lapa.

left

To be left/ to have sth left ***

Quedar.

There are five left - Quedan cinco.

leg

1) *Not have a leg to stand on* ***

No tener en qué basarse, no tenerse en pie (opinión, actitud, etc.).

That's what he says, but he hasn't got a leg to stand on - Eso es lo que él dice, pero su opinión no se tiene en pie.

2) *To be on one's last legs* **

Estar dando las «boqueadas», estar en las últimas.

The old man is on his last legs - El viejo está en las últimas.

3) *To shake a leg* *

Mover el culo, darse prisa.

Shake a leg! You're going to miss your train - ¡Date prisa! Vas a perder el tren (véase tamb. *step*).

4) *To stretch one's legs* ***

Estirar las piernas (después de estar sentado mucho tiempo, etc.).

I'm going for a walk, just to stretch my legs - Voy a dar un paseo, para estirar las piernas.

5) *To leg it* **

a)   Echar a correr, poner pies en polvorosa.

He snatched the girl's handbag and legged it - Le quitó el bolso a la chica de un tirón y se largó corriendo.

b)   Ir a pata / andando.

The last bus is gone, we'll have to leg it - El último autobús se ha ido, tendremos que ir a pata.

6) *Break a leg!* **

¡Suerte! (esp. en un estreno teatral), ¡mucha mierda!

let

1) *Let alone...* ***

Y no digamos nada de..., mucho menos...

He can't ride a bicycle, let alone a motorbike - No sabe montar en bicicleta, mucho menos en moto.

2) *To blow / let off steam* ***

Desahogarse.

Going to the gym every day to work out is a good way of letting off team – Ir al gimnasio todos los días para hacer ejercicio es una buena manera de desahogarse.

let down

To let sb down ***

Dejar a alguien en la estacada, fallarle.

Never let a pal down - Nunca dejes a un amigo en la estacada (véase tamb. «estacada»).

lie

1) *To give the lie to sth* ***

Desmentir algo.

These figures give the lie to the notion that unemployment is on the increase – Estas cifras desmienten la creencia de que el paro está subiendo.

2) *To lie through one's teeth* **

Mentir descaradamente / como un bellaco.

That witness is lying through his teeth – Ese testigo miente descaradamente.

3) *To lie in state* ***

Estar de cuerpo presente, yacer en capilla ardiente.

After his death in 1965, Churchill's body lay in state for three days at Westminster Abbey – Tras su muerte en 1965, el cuerpo de Churchill yació en capilla ardiente durante 3 días en la Abadía de Westminster.

4) *To lie low* **

Permanecer escondido.

The police are after you – you'll have to lie low for a time – La policía va detrás tuya – tendrás que permanecer escondido por un tiempo.

lick

A lick and a promise **

Un lavado de cara (arreglo o limpieza rápidos, con la promesa o intención de hacerlo más a fondo posteriormente), limpiar sólo lo que ve la suegra.

She gave the room a lick and a promise and left in a hurry – Le dio a la habitación un 'lavado de cara' y se fue corriendo.

lid

To lift / take the lid off sth *

Tirar de la manta (llamando la atención del público sobre un escándalo, dejando al descubierto / destapando / sacando a relucir los trapos sucios de una organización criminal, etc.).

He's threatening to take the lid off organized crime in Mexico – Amenaza con tirar de la manta, dejando al descubierto el crimen organizado en Méjico (véase tamb. *blow,* 6).

life

1) *As large as life* **

En persona, en carne y hueso.

«It can't be him!» «Yes, there he is as large as life» - «¡No puede ser él!» «Sí, ahí está, en carne y hueso».

2) *Get a life!* **

¡Vive la vida/diviértete/no seas tan aburrido!

3) *Run for your lives!* ***

¡Sálvese quien pueda!

4) *Not on your life!* **

¡Ni hablar(del peluquín)!

5) *This is the life!* ***

¡Esto sí que es vida!

lift

To give sb a lift ***

Llevar a alguien en coche a algún sitio (como favor, sin cobrar).

Can you give me a lift to the station? - ¿Me puedes llevar en tu coche a la estación?

like

Comparaciones muy frecuentes con *like*:

To bleed/ howl/ scream like a stuck pig - Sangrar/ gritar como un cerdo degollado (véase *pig*, 4).

To drink like a fish - Beber como una cuba (véase *fish*, 8).

To eat like a horse - Comer como una lima (véase «comer»).

To fight like cat and dog - Llevarse como el perro y el gato (véase «perro», 1).

To follow like a shadow ** - Seguir como una sombra.

To get on like a house on fire - Llevarse múy bien (véase *get on*, 3).

To go like clockwork - Marchar como un reloj, ir sobre ruedas (véase «ruedas»)

To grunt like a bear *** - Gruñir como un oso.

To roar like a lion *** - Rugir como un león.

To shake like a leaf - Temblar como un azogado/un flan (véase «azogado»).

To sleep like a log/top - Dormir como un tronco (véase *sleep*, 1).

To smoke like a chimney **- Fumar como un carretero.

To spend money like water - Gastar dinero a manos llenas (véase «dinero», 4).

To spread like wildfire - Correrse como la pólvora (véase *spread*).

To swear like a trooper *- Blasfemar como un cochero/soldado de caballería, etc.

To work like a Trojan – Trabajar como una mula (véase *work*, 3).

limb

Out on a limb **

Aislado, sin apoyos, más solo que la una.

If the President continues to oppose the Congress' policy, he'll be left out on a limb.- Como el Presidente siga oponiéndose a la política del Congreso, se va a quedar más solo que la una.

lion

1)   *The lion's share* ***

La mejor tajada en un reparto, la parte del león. [El que parte y reparte (se lleva la mejor parte)]

He always has the lion's share - Siempre se lleva la mejor tajada.

2)   *To beard the lion in his den* *

Abordar al león en su madriguera (trad.), echarle valor al asunto, hablar de o discutir un asunto con alguien en su propio terreno.

3)   *To throw to the lions/wolves* *

Arrojar a alguien a los leones (trad.) (permitir que alguien que ya no nos interesa/no necesitamos, etc., cargue con la culpa de algo).

lip

1) *To bite one's lip* *

Morderse los labios (conteniendo el dolor, la ira, la risa, etc. o para no decir algo) (véase tamb. *tongue,* 3).

He nearly insulted him, but bit his lip – Faltó poco para insultarlo, pero se mordió los labios.

2) *To curl one's lip* **

Hacer una mueca de desprecio.

He sat there in silence, his lip curled in contempt – Allí estaba sentado en silencio, con una mueca de desprecio en los labios.

3) *To smack/lick one's lips* ***

Relamerse de gusto.

He smacked his lips as he thought of the play he would watch that evening - Se relamía de gusto pensando en la obra de teatro que vería esa noche.

4) *To pay lip service to sth/sb* **

Decir/defender algo sólo de labios afuera, de boquilla.

He pays lip service to you only because he knows you are rich – Te lo dice/te defiende sólo de labios afuera, porque sabe que eres rico.

5) *My lips are sealed* (antic. o hum.) *

Mis labios están sellados, no puedo hablar.

live

1) *To live sth down* **

Conseguir olvidar/que se olvide algo (con el tiempo).

She'll never be able to live down that tragic accident - Nunca conseguirá olvidar ese trágico accidente.

2)   *To live up to sth* ***

Hacer honor a la fama, estar a la altura.

He couldn't live up to his reputation - No pudo hacer honor a su fama.

3)   *Live and let live* ***

Vive y deja vivir.

'Live and let live '- that has always been my motto – 'Vive y deja vivir' – ése ha sido siempre mi lema.

4)   *To live on borrowed time* **

Vivir de prestado (persona enferma, deshauciada por los médicos).

He has a terminal cancer – he's living on borrowed time – Tiene un cáncer terminal – está viviendo de prestado.

live wire

A live wire **

Persona muy activa, enérgica, eficiente, llena de ideas, etc.

We need a live wire like him in our firm - Necesitamos una persona tan eficiente como él en nuestra empresa.

load

A load of rubbish **

Una porquería, un montón de basura, algo que no vale nada.

That TV programme is the biggest load of rubbish I've ever seen – Ese programa de TV es el mayor montón de basura que he visto en mi vida.

loaded

Loaded ***

a)   Bebido, tajado (véase tamb. «tajado»).

b)   Forrado (muy rico).

Sins. = *stinking/filthy rich* **, *rolling in money* ***, *well-heeled* *

lock

To lock the stable door after the horse has bolted **

Poner remedio a algo cuando ya es demasiado tarde, a buenas horas (mangas verdes).

longing

To be longing for sth/to do sth ***

Estar deseando algo/hacer algo.

I'm longing to see you - Estoy deseando verte.

Sins.= *To be aching/itching/dying for sth/to do sth* ***

look

1)   *To look as if butter would not melt in sb's mouth* **

Parecer que no se ha roto un plato, ser un mosquita muerta.

She looked as if butter wouldn't melt in her mouth - Parecía que no había roto un plato.

2)   *Look before you leap* *

(ref.) Antes que te cases mira lo que haces (piensa dos veces antes de hacer algo).

3)   *To look on the bright side* ***

Mirar el lado bueno de las cosas.

Don't be so pessimistic – always look on the bright side – No seas tan pesimista – mira siempre el lado bueno de las cosas.

4) *To look out of the corner of one's eye* ***

Mirar de reojo / por el rabillo del ojo.

She kept looking at him out of the corner of her eye - No paraba de mirarlo por el rabillo del ojo.

5) *To (be unable) to look sb in the eye / face* ***

(No poder) mirar a alguien a los ojos / la cara.

After what happened yesterday, I won't be able to look him in the face again – Después de lo que pasó ayer, no podré volver a mirarlo a la cara.

6) *To look the other way* ***

Mirar para otro lado, hacer la vista gorda (véase tamb. «vista», 1).

This has been going on for years, with the authorities looking the other way – Esto viene ocurriendo desde hace años, con las autoridades mirando para otro lado.

7) *To look sb up and down* ***

Mirar a alguien de arriba abajo.

8) *To feel / look like a million dollars* **

Sentirse a las mil maravillas / estar estupendo.

In her new dress, she looks like a million dollars – Con su vestido nuevo está estupenda.

look forward

To look forward to (doing) sth ***

Estar deseando que llegue algo, contar los días para....

I'm looking forward to meeting her - Estoy deseando conocerla (véase tamb. *wait, 1*).

loop

To loop the loop **

Rizar el rizo (en acrobacias aéreas).

Cf. Rizar el rizo (fig.) – *to complicate things unnecessarily* (trad.), *to split hairs* (véase «gato», 2).

loss

1) *A dead loss* ***

(Algo/alguien) completamente inútil/que no sirve, un trasto.

With his injured knee, he's a dead loss to our team – Con la rodilla lesionada, no le sirve para nada a nuestro equipo.

2) *To be at a loss* ***

No saber qué hacer, estar perplejo.

3) *To be at a loss for words* ***

No saber qué decir.

4) *To cut one's losses* **

Cortar por lo sano.

When the economic crisis set in, he decided to cut his losses and shut the shop – Cuando llegó la crisis, decidió cortar por lo sano y cerrar la tienda.

5) *It's your loss* **

Tú te lo pierdes.

If you don't want to come to the party with us, it's your loss – Si no quieres venir a la fiesta con nosotros, tú te lo pierdes.

lot

To be a bad lot *

Ser una mala persona, un bicho malo, un pájaro de cuenta.

I don't trust him an inch – he's a bad lot – No me fío de él ni un pelo – es una mala persona.

love

1) *Calf love* *

   Amor juvenil / adolescente, el primer amor.

2) *All's fair in love and war* **

   Todo está permitido / vale en la guerra y en el amor.

3) *Love at first sight* ***

   Amor a primera vista, flechazo.

   We fell in love with each other the moment we met – it was love at first sight – Nos enamoramos el uno del otro en el momento en que nos conocimos – fue un flechazo.

4) *There's no love lost between them* **

   No se quieren mucho que digamos.

   There's no love lost between those two. I think they hate each other – Esos dos no se quieren mucho que digamos. Creo que se odian.

5) *Love me, love my dog* (ref.) *

   Quien quiere a Beltrán, quiere a su can.

6) *A labour of love* **

   Trabajo sin cobrar / hecho con amor, gratuitamente, sin obtener recompensa, por amor al arte.

   Those dear nuns don't labour so hard for the money or to obtain a reward – theirs is a labour of love – Esas monjitas no trabajan tan duro por el dinero o por obtener una recompensa – el suyo es un trabajo hecho con amor / por amor al arte.

luck

1) *Just my luck!* ***

   ¡Qué mala suerte tengo!

2) *To push one's luck* **

   Tentar a la suerte.

   You got away with it that time in Berlin, but don't push your luck – Te escapaste aquella vez en Berlín, pero no tientes a la suerte.

lucky

Lucky you/ him, etc ***

   ¡Qué suerte tienes/tiene, etc.!

lump

To have a lump in one's throat ***

   Tener un nudo en la garganta.

   At the burial, I had a lump in my throat all the time - En el entierro, tuve un nudo en la garganta todo el tiempo.

M

mad

To be as mad as a hatter ***

Estar más loco que una cabra, estar como una cabra/chiva/un cencerro/una regadera.

He's as mad as a hatter - Está como una cabra.

Sin.= *To be as mad as a March hare* *

Cf. *Raving mad* *** - Loco de atar

make

1) *To make a point of doing sth* ***

   a) Asegurarse/no dejar de hacer algo.

      I'll make a point of looking you up when I go to London - No dejaré de visitarte cuando vaya a Londres.

   b) Tener por norma.

      I make a point of telling the truth - Tengo por norma decir la verdad.

2) *To make (both) ends meet* ***

   Llegar a final de mes/conseguir que alcance el dinero.

   She usually has a difficult time trying to make (both) ends meet - Le suele costar trabajo que el dinero le llegue a final de mes.

3) *Make it snappy* **

   ¡Que sea rápido!, ¡date prisa!

   Type me those letters and make it snappy - Escríbeme estas cartas a máquina, y que sea rápido.

Sin.= *Hurry up* ***

4)   *To make (it) up* ***

Hacer las paces.

They were separated, but now they've made it up – Estaban separados, pero ahora han hecho las paces.

5)   *To make / lose on the swings what you lose / make on the roundabouts* *

Lo que no va en lágrimas va en suspiros, lo que se gana por un lado se pierde por otro (o viceversa).

6)   *To make oneself at home* ***

Ponerse cómodo (como si se estuviera en la casa de uno).

Take off your shoes and make yourself at home – Quítate los zapatos y ponte cómoda.

7)   *To make up for sth* ***

Compensar, recuperar.

We have to make up for the time lost - Tenemos que recuperar el tiempo perdido.

8)   *To make up one's mind* ***

Decidirse.

Have you made up your mind yet? - ¿Te has decidido ya?

9)   *To make it* ***

a)   Triunfar en la vida, (llegar a) hacer algo en la vida.

If he goes on like that he'll never make it - Si sigue así nunca hará nada en la vida.

b)   Llegar a tiempo.

«Can you be there in ten minutes?» «I don't know whether I'll be able to make it.» «Puedes estar allí dentro de diez minutos?» «No sé si podré llegar a tiempo.»

10) *To make sb sick* ***

Poner malo, poner enfermo, asquear.

That man makes me sick - Ese hombre me pone enfermo.

11) *To make the most of sth* ***

Sacar todo el partido posible a algo.

She knows how to make the most of her good looks – Sabe sacar todo el partido posible a sus encantos.

12) *To make friends with sb* ***

Hacerse amigo de, hacer / trabar amistad con alguien.

I've made friends with him already - Ya me he hecho amigo de él.

13) *To make a fuss* ***

  a)   Insistir demasiado, hacer objeto de empalagosas atenciones, ser demasiado pegajoso, estar encima de alguien (= *to fuss over sb*).

  Don't make such a fuss of the children (=*don't fuss over the children so much*) - No estés tan encima de los niños.

  b)   Hacer aspavientos, ponerse hecho una fiera / furia, poner el grito en el cielo.

  Why are you making such a fuss about a trifle like that? - ¿Por qué te pones así por tan poca cosa?

  c)   *To make a fuss about nothing* **

  Sacar las cosas de quicio.

  Nobody meant to insult you – you're making a fuss about nothing – Nadie quiso insultarte – estás sacando las cosas de quicio.

14) *To make a living* ***

Ganarse la vida.

He makes a living as a car salesman - Se gana la vida como vendedor de coches.

15) *To make free with sth* ***

Despacharse a su gusto (con lo que no es de uno), utilizar algo a su antojo (como si fuera suyo).

He made free with my whisky - Se despachó a gusto con mi güisqui.

16) *To make it big* **

Tener éxito en la profesión de uno / triunfar en la vida (véase tamb. 9a).

He's made it big in the show business – Ha triunfado en el mundo del espectáculo.

17) *To make light of sth* **

Dar poca importancia a algo, restarle / quitarle importancia.

She made light of her cough - Le quitó importancia a la tos.

18) *To be on the make* **

a) Querer sólo ganar dinero / sacar partido / aprovecharse.

   That young man is on the make – for him it's success at any price – Ese joven sólo quiere ganar dinero – para él es triunfar a cualquier precio / como sea.

b) Estar de ligue.

   That guy's on the make – you're the third one he's trying it on with tonight – Ese tipo está de ligue – tú eres la tercera con la que lo intenta esta noche.

19) *Make hay (while the sun shines)* (ref.) *

A la ocasión la pintan calva.

manage

To manage to do sth ***

Arreglárselas para hacer algo.

He managed to get there in time - Se las arregló para llegar allí a tiempo.

mare

A mare's nest *

a) El parto de los montes (descubrimiento que parece muy importante y que luego no sirve para nada).

Unfortunately, his invention proved to be a mare's nest – Desgraciadamente, su invento resultó ser el parto de los montes.

Sin.= *A damp squib* (IBr) *

b) Una situación confusa/complicada/desordenada.

He regretted taking on the case – it was a real mare's nest – Lamentó haber aceptado el caso – la situación era realmente confusa.

marines

Tell it to the marines **

A otro perro con ese hueso, vete a otro con ese cuento (véase tamb. *pull*, 8).

mark

1) *You mark my words* **

Acuérdate de lo que te digo, fíjate en lo que te digo.

He'll never do it, you mark my words - Nunca lo conseguirá, acuérdate de lo que te digo.

2) *To be up to the mark* **

Estar a la altura, dar la talla.

I'm afraid your mathematics are not up to the mark – Me temo que tus matemáticas no están a la altura.

match

To find/meet one's match ***

Encontrar la horma de su zapato.

She's a wonderful girl. I think you've found your match at last – Es una chica maravillosa. Creo que por fin has encontrado la horma de tu zapato.

matter

1) *As a matter of fact* ***

En realidad.

As a matter of fact, nothing has been decided yet - En realidad, nada se ha decidido aún.

2) *What's the matter (with you/him/her, etc.)?* ***

What's the matter? - ¿qué pasa?; *what's the matter with you/him, her, etc.?* - ¿qué te/le, etc. pasa?

McCoy

The real McCoy **

El producto auténtico/original/verdadero/genuino, no una copia.

Here, have some Scotch —the real McCoy – Ten, toma un poco de güisqui escocés —el auténtico.

mean

1) *To mean business* ***

Ir en serio.

Be careful, he means business - Ten cuidado, ése va en serio.

2)   *To mean well* ***

Ir con buena intención.

I meant well - Mi intención era buena.

measure

For good measure **

a)   Por si acaso, para que no falte

I bought three bottles for good measure - Compré tres botellas por si acaso.

b)   Por añadidura, además, encima.

He stole my watch and he beat me for good measure – Me robó el reloj y encima me pegó.

meat

One man's meat is another man's poison (ref.) *

Lo que a uno cura, a otro mata. Lo que es bueno para unos es malo para otros.

meet

To meet sb halfway ***

Partir la diferencia.

I'll meet you halfway - Partiremos la diferencia (véase tamb. «diferencia»).

memory

1)   *To have a memory like a sieve* *

Tener mala memoria.

He never remembers his wife's birthday – *he has a memory like a sieve* – Nunca se acuerda del cumpleaños de su mujer – tiene muy mala memoria.

Cf. *To have a memory like an elephant* (véase *elephant*, 1).

2)   *If my memory serves me right / correctly* **

Si mi / la memoria no me falla.

He's her fifth husband, if my memory serves me right – Es su quinto marido, si la memoria no me falla.

mile

To see / tell sth a mile off ***

Ver / notar algo a la legua.

He's lying – you can tell it a mile off – Está mintiendo – se nota a la legua.

mind

1)   *Mind your own business* ***

No te metas donde no te llaman, ocúpate de tus propios asuntos.

When I asked her how much she was paid, she told me to mind my own business – Cuando le pregunté cuánto le pagaban, me dijo que me ocupara de mis propios asuntos.

2)   *To have half a mind / a good mind to do sth* **

Entrar ganas de, estar por...

I have half a mind to sue them - Me entran ganas de denunciarlos.

3)   *To be in two minds about (doing) sth* **

Estar indeciso, dudar sobre (hacer / no hacer) algo.

He's been offered a lot of money for his Matisse, but he's in two minds about selling it - Le han ofrecido mucho dinero por su Matisse, pero está indeciso sobre venderlo o no.

4)   *To be of one mind* **

(De dos o más personas) estar de completo acuerdo, ser unánimes.

So we are all of one mind, aren't we? – Así que estamos todos de acuerdo, ¿vale?

5) *To cross one's mind* ***

Pasársele a uno algo por la cabeza.

It never crossed my mind that he'd leave her – Nunca se me pasó por la cabeza que la dejara.

6) *To put/set sb's mind at rest* ***

Tranquilizar a alguien.

His words put her mind at rest – Sus palabras la tranquilizaron.

7) *To speak one's mind* ***

Hablar claro, sin rodeos.

Don't be afraid to speak your mind – you're among friends – No temas hablar claro – estás entre amigos.

8) *To blow sb's mind* ***

Dejar alucinado.

Rap music blows their minds- La música rap los deja alucinados.

9) *To put one in mind of sth/sb* ***

Recordarle a uno algo/a alguien, traer a la mente.

His speech put me in mind of his father - Su discurso me recordó a su padre

10) *To be out of one's mind* ***

Estar loco.

You must be out of your mind if you think you can win this case – Debes estar loco, si crees que puedes ganar este caso (véase tamb. «loco»).

miss

A miss is as good as a mile **

Lo mismo da librarse/fallar, etc., por poco, el caso es que así ha sido, lo que importa es el hecho en sí.

We lost by just one vote, but a miss is as good as a mile - Perdimos por un solo voto, pero el caso es que perdimos.

missing

To be... missing ***

Faltar.

There are three missing - Faltan tres.

Cf. *Somebody's missing* *** – alguien está desaparecido.

mixed

To get mixed up ***

Liarse, hacerse un lío, confundirse.

That isn't your suitcase - you've got mixed up - Ésa no es tu maleta - te has confundido.

Monday

1) *Monday/Tuesday, etc. week* ***

El lunes/martes próximo no, el otro, en quince días.

See you Monday week – Hasta el lunes, en quince días.

2) *The Monday morning feeling* ***

Humor de los lunes por la mañana/después del domingo/de un día de fiesta (con pocas ganas de trabajar).

money

1) *Money doesn't grow on trees* **

El dinero no crece en los árboles (trad.)/no lo regalan, no cae del cielo, cuesta mucho trabajo ganarlo.

2) *Money is no object* ***

El dinero/lo que cuesta es lo de menos, no es problema.

Buy the best you can find — money is no object - Compra el mejor que encuentres — el dinero es lo de menos.

3) *Money is the root of all evil* (ref.) **

El dinero es la raíz de todos los males.

4) *Money makes the world go round* ***

El dinero mueve el mundo, todo se mueve por dinero.

5) *To have money to burn* **

Tener dinero de sobra, estar podrido de dinero (véase tamb. «dinero», 2).

6) *Money for jam* (IBr) **

Dinero fácil (ganado muy fácilmente).

The pay is good and what you have to do couldn't be simpler - it's money for jam – El sueldo es bueno y lo que tienes que hacer no podría ser más sencillo - es dinero fácil.

Sins.= *Money for old rope* *

7) *To see the colour of sb's money* **

Ver primero el dinero de alguien (antes de servirle o venderle algo).

We bring the stuff, but let's see the colour of your money first - Traemos la mercancía, pero veamos primero tu dinero.

8) *To throw good money after bad* **

Seguir tirando el dinero (a la basura) (cuando algo no funciona).

The way things are, trying to keep the shop open is throwing good money after bad – Tal como están las cosas, intentar mantener la tienda abierta es seguir tirando el dinero a la basura.

monkey

1) *To make a monkey out of sb* *

Poner/dejar a alguien en ridículo.

I won't let him make a monkey out of me in front of my wife – No permitiré que me deje en ridículo delante de mi mujer.

2) *To monkey with sth* *

Jugar/perder el tiempo con algo, trastear, toquetear.

Stop monkeying with the car and come to dinner – Deja de trastear con el coche y ven a cenar.

3) *Monkey business* **

Tejemanejes, trampas, trucos.

Bring the money at seven and no monkey business! - ¡Trae el dinero a las siete y nada de trucos!

4) *It's brass monkey weather* *

Hace un frío que pela.

Sin.= *It's cold enough to freeze the balls off a brass monkey* *

5) *Not give a monkey's* (vulg.) **

Importar un bledo/un pito/tres pitos/una mierda, etc.

Frankly, I don't give a monkey's what he thinks about me – Francamente, me importa una mierda lo que piense de mí (véase tamb. «pito»).

mood

1) *To be in the mood (for sth/ to do sth)* ***

Estar de humor (para algo/para hacer algo).

I'm not in the mood for that now - No estoy de humor para eso ahora.

2) *To be in a good/ bad mood* ***

Estar de buen/mal humor.

He's in a good/ bad mood today – Está de buen/mal humor hoy.

242

more

1) *More fool you/ him/ her/ them* **

¡Vaya tonto!, ¡qué tonto fuiste/ fue, etc.!, ¡menudo tonto!

She's determined to marry him, though we've all warned her that he's after her money - more fool her! - Está decidida a casarse con él, aunque todos le hemos advertidos que va tras su dinero – ¡menuda tonta!

2) *More's the pity* ***

Es una lástima.

His second wife has also left him – more's the pity – Su segunda mujer también lo ha dejado – es una lástima.

3) *That's more like it!* ***

¡Eso está mejor!

«OK, I'll play some rock». «That's more like it» – «OK, pondré algo de rock». «¡Eso está mejor! »

mouse

As quiet as a mouse **

Más callado que en misa, sin decir ni mu.

He was as quiet as a mouse throughout the meeting – Estuvo más callado que en misa durante toda la reunión.

mouth

1) *To be a bigmouth/ have a big mouth* ***

Ser un bocazas, hablar más de la cuenta.

I wouldn't tell him – he's a bigmouth – Yo no se lo diría – es un bocazas.

2) *To foam at the mouth* **

Estar furioso.

He was foaming at the mouth because they had robbed him of his wallet - Estaba furioso porque le habían robado la cartera.

much

1) *Not be much of a* ***

No ser muy bueno / no ser gran cosa como...

She's not much of a singer - No es gran cosa como cantante.

2) *Not be up to much* ***

No valer gran cosa, no ser ninguna maravilla.

The restaurant is quite luxurious, but the food isn't up to much – El restaurante es bastante lujoso, pero la comida no es ninguna maravilla.

3) *So much for ...!* ***

a) Adiós a...

So much for our holiday in Greece! - ¡Adiós a nuestras vacaciones en Grecia!

b) Ya está bien de... (hablemos de otra cosa)

So much for the cup final - Ya está bien de la final de copa.

4) *So much the better / worse* ***

Tanto mejor / peor.

«*The accounts balance*». «*So much the better*». – «Las cuentas cuadran». «Tanto mejor».

muddle

To muddle along through **

Ir tirando, salir adelante como buenamente se pueda, arreglárselas.

We'll muddle through somehow - Ya nos arreglaremos de algún modo.

mule

A mule (sl. droga) ***

> Mula, persona que entra droga en un país, escondida en su cuerpo.
>
> Sin.= *Body packer* (sl.) ***

mum

Mum's the word **

> Ni una palabra a nadie, punto en boca.

murder

To scream blue murder **

> Poner el grito en el cielo, gritar como si lo estuvieran matando a uno.
>
> *Someone was screaming blue murder upstairs* - Alguien estaba gritando como si lo estuvieran matando en el piso de arriba.

music

To be (like) music to one's ears **

> Sonar divinamente.
>
> *Her words were music to my ears*- Sus palabras me sonaron divinamente.
>
> Cf. Música celestial – *a load of rubbish* ***

must

It's a must ***

> Es obligado, no te lo pierdas.
>
> *If you come to London, visit the British Museum - it's a must* - Si vienes a Londres, visita el Museo Británico - no te lo pierdas.

mutton

Mutton dressed (up) as lamb *

Vieja que se arregla en exceso para parecer más joven.

N

nail

1) *To be as hard as nails* *

Ser duro de corazón, no tener sentimientos..

He doesn't care about anybody's suffering – he's as hard as nails – No le importan los sufrimientos de nadie – no tiene sentimientos.

2) *A nail in sb's coffin* **

Algo que conribuye a la desgracia/destrucción/fracaso, etc., de alguien.

If he's sacked from his job again, it will be the final nail in his coffin – Si lo despiden de su trabajo otra vez, será su fracaso definitivo.

naked

The naked truth ***

La pura verdad, la verdad al desnudo/sin tapujos.

name

1) *That's the name of the game* **

De eso se trata, eso es lo importante.

Computer technology —that's the name of the game today – La informática — eso es lo importante hoy día.

2) *No names, no pack drill* *

Se dice el milagro, pero no el santo (dicho cuando se quiere proteger a alguien que nos ha hecho alguna confidencia, etc., ocultando su nombre).

3) *To name the day* **

Fijar la fecha de la boda.

I'm so happy – my boyfriend and I have just named the day – Soy tan feliz – mi novio y yo acabamos de fijar la fecha de la boda.

4)   *You name it* ***

Diga lo que se le ocurra y lo tenemos/sabemos, etc., por raro/difícil que sea.

We sell everything in our shop: food, books, clothes, you name it - Vendemos de todo en nuestra tienda: comida, libros, ropa, lo que quiera -diga algo y verá como lo tenemos.

neck

1)   *Neck and neck* ***

Parejos, igualados (en una carrera, competición, etc.).

Barcelona and Madrid are neck and neck in the title race - Barcelona y Madrid van igualados en la lucha por el título.

2)   *To get it in the neck* **

Cargársela, caérsele a alguien el pelo.

If you fail your exams again, you're going to get it in the neck – Si suspendes tus exámenes otra vez, se te va a caer el pelo.

Sin.= *To be for it* ***

3)   *To breathe down sb's neck* **

a)   Estar encima de alguien (atosigándolo).

I can't concentrate on my work with the boss breathing down my neck all the time – No puedo concentrarme en mi trabajo con el jefe encima mía todo el tiempo.

b)   Pisarle los talones a alguien (en persecución).

The fugitive was running with the dogs breathing down his neck – El fugitivo corría con los perros pisándole los talones.

248

neither

That's neither here nor there ***

Eso no viene a cuento / al caso.

«He's of Irish origin like me». «That's neither here nor there». – «Es de origen irlandés como yo». «Eso no viene a cuento ahora».

new

1) *A new broom (sweeps clean)* **

Una persona recién nombrada para un puesto de responsabilidad (está) deseosa de hacer cambios / introducir mejoras, entra con muchos bríos.

«The new mayor is determined to put an end to corruption». «Well, you know a new broom sweeps clean». – «El nuevo alcalde está decidido a acabar con la corrupción». «Bueno, ya sabes, el recién nombrado entra con muchos bríos».

2) *A new lease of life* ***

Una nueva ilusión / un nuevo interés en la vida, por los que vale la pena empezar de nuevo. *The birth of his grandson gave him a new lease of life* – El nacimiento de su nieto le dio una nueva ilusión en la vida.

news

No news (is) good news ***

Sin noticias, buenas noticias; si no hay noticias es que todo va bien.

«We don't know if Charles is doing well in his new job». «Well, no news, good news». – «No sabemos si a Charles le va bien en su nuevo trabajo». «Bueno, sin noticias, buenas noticias».

next

1) *The next thing you know...* ***

Cuando quieres darte cuenta. / te vas a dar cuenta.

The next thing I knew I had lost all my money- Cuando me quise dar cuenta, había perdido todo mi dinero.

Sin.= *Before you know it* ***: *Before he knew it he had lost all his money* - Cuando se quiso dar cuenta había perdido todo su dinero.

2) *The next best thing* ***

Lo más parecido a lo que se quería.

I couldn't find the blouse you wanted, but this is the next best thing – No pude encontrar la blusa que tú querías, pero ésta es lo más parecido.

3) *As good/ well, etc. as the next man* **

Tan bien como cualquier hijo de vecino.

I can swim as well as the next man – Nado tan bien como cualquier hijo de vecino.

nice

Nice to see you ***

Me alegro de verte.

Sin. = *Pleased to see you* ***

Cf. *Nice/pleased to meet you* *** – Encantado de conocerte.

nick

1) *To be in the nick* (IBr sl.) *

Estar en chirona (la cárcel).

He can't have killed her – he's in the nick – Él no puede haberla matado – está en chirona.

2) *In the nick of time* **

En el último minuto, por los pelos.

He got to the airport in the nick of time – Llegó al aeropuerto en el último minuto.

nip

To nip sth in the bud ***

Cortar algo de raíz.

We must nip it in the bud before it is too late - Debemos cortarlo de raíz, antes de que sea demasiado tarde.

nitty-gritty

The nitty-gritty **

El meollo (de la cuestión).

Lets's get down to the nitty-gritty - Vayamos al grano, al meollo (de la cuestión).

nod

A nod is as good as a wink (to a blind horse) **

A buen entendedor... (con media palabra basta).

Don't explain any further, a nod is as good as a wink – No expliques nada más – a buen entendedor....

Sin. = *A word to the wise (is enough)* *

nook

To look in/ search every nook and cranny **

Buscar por todos los rincones, por todas partes.

I've searched every nook and cranny and I can't find my keys - He buscado por todos los rincones y no encuentro mis llaves.

nose

1) *To pay through the nose for sth* **

Pagar un dineral (por algo), costar (algo) un ojo de la cara/un riñón/pastón.

I can't understand – why pay through the nose for a stamp? – No lo entiendo - ¿por qué pagar un dineral por un sello?

2) *To cut off one's nose to spite one's face* *

Tirar piedras contra nuestro propio tejado, echarse tierra encima (véase tamb. «piedra», 1) .

3) *To lead sb by the nose* **

Tener dominado, metido en un puño, dominar a alguien a nuestro antojo.

They lead him by the nose, poor chap - Lo tienen completamente dominado al pobre (véase tamb. *thumb*, 2).

4) *To poke / stick one's nose into other people's business* ***

Meter la nariz en los asuntos ajenos.

I had to get rid of him - he kept poking his nose into my business - Tuve que deshacerme de él - no hacía más que meter la nariz en mis asuntos.

5) *To keep one's nose clean* **

No meterse en líos.

You'd better keep your nose clean or you'll end up in jail - Más vale que no te metas en líos o acabarás en la cárcel.

6) *To look down one's nose at sb* **

Mirar por encima del hombro, despreciar a alguien.

In that place, they look down their nose at poor people like you and me - En ese lugar miran por encima del hombro a la gente pobre como tú y yo.

Sin.= *To look down on sb* ***

7) *To have a nose for sth* **

Tener olfato para algo.

Miss Marple was an old lady with a nose for crime detection – Miss Marple era una anciana con olfato para descubrir crímenes.

8) *To see no further than the end of one's nose / not see beyond / past the end of one's nose* ***

No ver más allá de sus narices.

9) *On the nose* (esp. IAm) *

Exactamente, en punto.

Be there at six —on the nose - Que estés allí a las seis —en punto.

Sins.= *Sharp/on the dot* ***

10) *To get up sb's nose* *

Sacar de quicio/poner negro a alguien.

Stop interrupting me – it gets up my nose – Deja de interrumpirme – me saca de quicio (véase tamb. «nervios», 1).

11) *With one's nose in the air* *

Dándose importancia, haciéndose el importante.

He walked past them with his nose in the air – Pasó por delante de ellos haciéndose el importante.

12) *To put sb's nose out of joint* **

Molestar, fastidiar, frustrar a alguien (esp. que otra persona tenga más éxito que él/ella), herir a alguien en su orgullo.

What puts Sophie's nose out of joint is that her father's now giving more attention to his new wife than to her - Lo que le fastidia a Sophie es que su padre le presta ahora más atención a su nueva esposa que a ella.

nosey

Nosey/nosy ***

Fisgón, entrometido, curioso.

Why are you so nosey? - ¿Por qué eres tan fisgón?

nothing

1) *Nothing doing* ***

Ni hablar.

«Can I borrow your car for a couple of days? » *«Nothing doing!* » - «¿Puedes prestarme tu coche un par de días? » «¡Ni hablar!» (véanse tamb. *way, 10* y «hablar», 6).

2) *Nothing succeeds like success* *

El éxito llama al éxito, nada ayuda tanto al éxito como el éxito mismo.

notice

To give notice ***

Despedirse del lugar donde se trabaja.

Prissie doesn't like the boss, so she's given notice – A Prissie no le gusta el jefe, de modo que se ha despedido/ ha dicho que se va..

now

1) *(Every) now and then* ***

De vez en cuando.

Sin.= *Now and again* ***

2) *Now or never* ***

Ahora o nunca.

null

Null and void ***

Nulo y sin valor, nulo a todos los efectos.

Their marriage was declared null and void - Su matrimonio fue declarado nulo.

number

1) *We've got your number* ***

Te hemos calado, ya te conocemos, sabemos de qué pie cojeas.

You can't fool us – we've got your number – No puedes engañarnos – ya sabemos de qué pie cojeas.

2)   *Number one*

   a)   *** Uno mismo, yo.

   Cf. *To look after number one* - No preocuparse más que de uno mismo, barrer para dentro / casa: *He's always looking after number one* - No se preocupa más que de él mismo, siempre barre para dentro.

   b)   * En lenguaje infantil: pipí.

   Cf.: *Number two* * - caca.

3)   *Somebody's number's up* **

   Llegarle a alguien su hora.

   I'm afraid there's nothing we can do for him – his number's up – Me temo que no podemos hacer nada por él – le llegó su hora.

4)   *Sb's / sth's days are numbered* ***

   Tener alguien / algo los días contados.

   The dictator's regime's days are numbered – El régimen del dictador tiene los días contados; *our old car's days are numbered* – nuestro viejo coche tiene los días contados.

nuts

1)   *To be nuts* ***

   Estar majareta / chiflado / loco.

   That man must be nuts – Ese hombre debe de estar chiflado.

   Cf. *To drive sb nuts* *** - Volver a alguien loco: *That noise is driving me nuts* – ese ruido me está volviendo loco.

2)   *The nuts and bolts (of sth)* **

Los aspectos prácticos de algo.

He's very clever and I'm sure he'll soon learn the nuts and bolts of the business – Es muy listo y pronto aprenderá los aspectos prácticos del negocio.

object

The object of the exercise **

El objetivo número uno, lo que se persigue al hacer algo.

Let's speak English —that's the object of the exercise - Hablemos inglés —ese es el objetivo número uno.

odd

The odd man out ***

La excepción, persona o cosa sobrante / desparejada, etc.

It's a very simple game —you have to find the odd man out - Es un juego muy simple —tienes que encontrar la carta, etc., que no tiene pareja.

odds

1) *The odds are that...* ***

Lo más probable es que...

The odds are that he'll never come back alive - Lo más probable es que no vuelva vivo.

2) *Not be at odds with sth* ***

No estar reñido con.

Piety is not at odds with gaiety and good humour - La piedad no está reñida con la alegría y el buen humor.

3) *Odds and ends* ***

Cosas sueltas / cosillas (gen. de poco valor o poco importantes).

I've already packed —there are only a few odds and ends left - Ya he hecho las maletas —sólo quedan unas cuantas cosas sueltas.

oddly

Oddly enough ***

Cosa rara, curiosamente, por extraño que parezca.

I went in and oddly enough there was nobody there - Entré y, cosa rara, no había nadie allí.

off

1) *Off~colour* **

    Ligeramente indispuesto, pachucho, no muy católico.

    He looks a little off-colour - Parece que no está muy católico.

    Sins. = *He's not feeling well/ he's (slightly) ill/ he's unwell* (véase tamb. *out, 3a*).

2) *Off the beaten track* ***

    a) Apartado, alejado de la ruta habitual.

        The old Norman abbey is off the beaten track – La antigua abadía románica está alejada de la ruta habitual.

    b) Que se sale de/ fuera de lo corriente.

        It was something new, something off the beaten track - Era algo nuevo, algo fuera de lo corriente.

3) *Off- the- cuff* ***

    Improvisado, espontáneo.

    It was an excellent off- the- cuff speech - Fue un discurso improvisado excelente.

4) *Off- hand/ offhand* ***

    Sin pensarlo, sin preparación previa, improvisado, así como así.

    I can't give you an answer offhand - No puedo darle una respuesta sin pensarlo.

5)   *Off the peg* ***

(De ropa) en confección, *prét-á-porter*, no a (la) medida.

Cf. *Tailor made* *** - a (la) medida.

often

More often than not ***

La mayoría de las veces.

Flights are delayed more often than not – Los vuelos llevan retraso la mayoría de las veces.

old

1)   *As old as the hills* ***

Más viejo que el andar para adelante / que la nana.

Cf. *As old as Methuselah* * - más viejo que Matusalén.

2)   *An old maid* (antic).

(Una) solterona.

Her sister is an old maid - Su hermana es (una) solterona (véase tamb. «santo», 2).

Cf. *A confirmed bachelor* *** – Un solterón.

3)   *An old wives' tale* **

Un cuento de viejas, patrañas.

All that about the ghost in that house is an old wives' tale - Todo eso del fantasma en esa casa es un cuento de viejas.

on

1)   *On no account* ***

Bajo ningún concepto.

On no account must she open that door - Bajo ningún concepto debía abrir esa puerta.

2)   *On second thoughts* ***

Pensándolo bien.

On second thoughts, I'd rather stay at home - Pensándolo bien, prefiero quedarme en casa.

3)   *On tap* ***

A la disposición de alguien.

He's got all the money on tap - Tiene todo el dinero que necesita a su disposición.

4)   *To be on* (IBr)/ *in* (IAm) *the cards* ***

Ser probable (que algo pase).

We're together, but marriage is not on the cards for the moment – Estamos juntos, pero la boda no es probable por ahora.

5)   *On the house* ***

Por cuenta de la casa (una copa, etc.).

This one is on the house - Ésta es por cuenta de la casa (véase tamb. «cuenta», 4).

6)   *On the spur of the moment* ***

Sin pensarlo, impulsivamente.

He liked to decide on the spur of the moment - Le gustaba decidir sin pensarlo.

7)   *On the stroke of five/seven/eight/midnight, etc* ***

Al dar las (hora).

He arrived on the stroke of six - Llegó al dar las seis.

8)   *On and off/ off and on* ***

Irregularmente, con interrupciones, intermitentemente.

She lived with him on and off for more than twenty years - Vivió con él intermitentemente durante más de veinte años.

9) *On the level* **

   a) De fiar, honrado (persona*)*

      He's on the level. We can trust him – Es honrado. Podemos confiar en él.

   b) Limpio (negocio*)*

      Theres's nothing fishy about it – their business is on the level – No hay nada sospechoso – es un negocio limpio.

10) *On and on* **

   Sin parar, sin cesar.

   He talked on and on about his new computer- Hablaba sin parar de su nuevo ordenador.

11) *And so on* ***

   Y así sucesivamente, etcétera.

once

1) *Once in a blue moon* ***

   De Pascuas a Ramos, de higos a brevas.

   We were very good friends when we were at university, but now I see her once in a blue moon - Eramos muy buenas amigas cuando estabamos en la universidad, pero ahora la veo de higos a brevas.

2) *Once upon a time* ***

   Erase una vez (hace mucho tiempo). (fórmula empleada para empezar un cuento para niños.)

   Once upon a time there was a king who had three daughters... – Érase una vez un rey que tenía tres hijas...

3) *Once and for all* ***

   De una vez por todas.

Let me tell you once and for all: stop bothering me - Te lo diré de una vez por todas: deja de molestarme.

4)   *Once a... always a...***

Cuando se ha sido... algo queda, genio y figura...

Once a policeman, always a policeman - Cuando se ha sido policía, algo queda.

Sin.= *A leopard can't change its spots* **

Cf. *Old habits die hard* – Las viejas costumbres no se pierden fácilmente: *I still have my game of poker with the boys on Fridays* – *old habits die hard* – Sigo echando mi partida de póquer con los muchachos los viernes – las viejas costumbres no se pierden fácilmente.

5)   *At once* ***

a)   En seguida, inmediatamente.

She understood me at once - Me comprendió en seguida.

b)   Al mismo tiempo, a la vez

Don't talk all at once – No habléis todos a la vez.

or

Or else ***

O, si no, atente a las consecuencias.

You'd better do as I tell you or else – Más vale que hagas lo que te digo o, si no, atente a las consecuencias.

order

To be a tall order ***

Ser empresa harto difícil, ser mucho pedir.

To reduce unemployment in the short run seems a tall order to me – Reducir el paro a corto plazo se me antoja empresa harto difícil.

out

1) *To be out* ***

    Estar pasado de moda, anticuado.

    Bowler hats are out - Los sombreros hongo están pasados de moda

2) Cf. *To be in* *** - estar de moda.

    Miniskirts are in again – La minifalda está otra vez de moda.

3) *Out of this world* **

    Fantástico, increíble, fuera de serie.

    When you go to Spain, try the «paella» —something out of this world - Cuando vayas a España, prueba la paella —algo fantástico.

4) *To be out of sorts* **

    a) Estar pachucho.

        She has a cold and has been out of sorts for a week – Está resfriada y lleva una semana pachucha (véase tamb. *off, 1*).

    b) Estar de mal humor.

    What's the matter with James? He looks rather out of sorts today - ¿Qué le pasa a James? Parece estar de bastante mal humor hoy.

out-and-out

To be an out-and-out + nombre

a) Ser un redomado, empedernido, perfecto, completo (mentiroso / embustero) / mentir más que se habla.

He's an out-and-out liar - Es un redomado embustero/miente más que habla.

b)   Ser un rotundo/absoluto/auténtico éxito/fracaso, etc.

This book is an out-and-out success – Este libro es un rotundo éxito.

over

Over and over again ***

Una y otra vez.

I've told you over and over again not to be late - Te he dicho una y otra vez que no llegues tarde (véase tamb. *time*, 9).

owl

A night owl *

Ave nocturna, trasnochador.

He's a night owl —he never goes to bed before two - Es un ave nocturna — nunca se acuesta antes de las dos.

oyster

The world is sb's oyster **

El mundo es suyo (por ser joven, rico, etc.).

He's immensely rich —the world's his oyster - Es inmensamente rico —el mundo es suyo.

P

pains

No pains, no gains (ref.) *

Quien algo quiere, algo le cuesta (véase tamb. *omelette)*.

parrot

Parrot-fashion **

Como un loro (repetir algo sin saber lo que se está diciendo, etc.).

He repeats everything his sister says parrot-fashion – Repite todo lo que dice su hermana como un loro.

part

Part and parcel of sth **

Parte integrante de, pieza esencial de algo.

You have to study social history. It 's part and parcel of the syllabus - Tienes que estudiar historia social. Es parte integrante del temario.

party

1) *To throw a party* ***

Dar una fiesta.

He's going to throw a party on his birthday - Va a dar una fiesta el día de su cumpleaños.

2) *A house-warming party* **

Fiesta que se da para celebrar la mudanza a una casa nueva.

I've just moved, and you're invited to the house-warming party – Acabo de mudarme y estás invitado a la fiesta que doy para celebrarlo.

pass

To make a pass at sb***

Insinuarse, tirar los tejos a alguien.

He made a pass at me once – Una vez me tiró los tejos.

pass away

To pass away ***

Morir, irse, pasar a mejor vida.

He passed away peacefully in his sleep – Murió tranquilamente mientras dormía.

Sins.= *To go ***, to give up the ghost **, to meet one's maker ** (véanse tamb. *way,* 11, y «pata», 1).

past

1) *I wouldn't put it past him/her ****

No me extrañaría nada, tratándose de él/ella, lo/la creo capaz de eso.

I wouldn't put it past him to steal from his own father – No me extrañaría nada que le robara a su propio padre.

2) *To be past it ****

No estar ya para. esos trotes.

«Let's paint the town red tonight like in the good old days» «Oh, I'm already past it!» - «Vámonos de juerga esta noche, como en los buenos tiempos» «¡Oh, yo ya no estoy para esos trotes!».

patch

Not be a patch on sb/sth **

No ser ni la mitad de bueno que algo/alguien, no llegar a la suela del zapato.

His paintings are good, but they're not a patch on Goya's - Sus cuadros son buenos, pero no le llega a Goya ni a la suela del zapato (véase tamb. *candle*, 1).

pave

To pave the way for sb/sth **

Preparar el terreno, allanar el camino para alguien/algo.

Don't worry, we paved the way for you - No os preocupéis, ya os hemos allanado el camino.

peacock

As proud as a peacock **

Orgulloso como un pavo real.

I don't like him at all – he's as proud as a peacock – No me gusta en absoluto – es orgulloso como un pavo real.

Pearly

The Pearly Gates (hum) *

Las Puertas del Cielo.

peeping Tom

A peeping Tom **

Un mirón (a escondidas).

He's a peeping Tom – I caught him looking through the keyhole – Es un mirón – lo pillé mirando por el ojo de la cerradura.

peg

To bring/take sb down a peg (or two) ***

Bajarle los humos a alguien, apear/bajar a alguien del burro.

Who does he think he is? We'll have to take him down a peg (or two) - ¿Quién se cree que es? Vamos a tener que bajarle los humos.

penny

1) *To cost sb a pretty penny* *

Costarle a alguien algo un ojo de la cara/un riñón/un dineral/un pastón (véase tamb. «ojo», 8).

It's a genuine Picasso. It must have cost him a pretty penny – Es un Picasso auténtico. Debe de haberle costado un ojo de la cara.

2) *A penny for your thoughts* **

Me gustaría saber en qué estás pensando.

3) *To be penny wise and pound foolish* *

Mirarse en los gastos pequeños y no importar los grandes.

4) *Look after the pennies and the pounds will look after themselves* (ref.) *

Muchos pocos hacen un montón/un mucho.

5) *The penny dropped* **

Cayó en la cuenta (se dice cuando una persona tarda en comprender un chiste, un detalle, etc.).

perish

Perish the thought! **

¡Dios me/nos libre!, ¡no lo quiera Dios!

«And if 1 fail my exams...» «Perish the thought!» - «Y si no apruebo mis exámenes... » «¡No lo quiera Dios!».

pick

1) *To pick one's nose* ***

Meterse los dedos en la nariz, hurgarse la nariz.

He's always picking his nose - Siempre se está metiendo los dedos en la nariz.

2) *The pick of (the bunch)* ***

La flor y nata, lo mejor de lo mejor.

In our hospital we have the pick of the doctors - En nuestro hospital tenemos lo mejor de lo mejor/la flor y nata de los médicos.

picture

1) *To put sb in the picture (about sth)* ***

Poner a alguien en antecedentes (sobre algo), poner al corriente.

Has anybody put you in the picture yet? - ¿Te ha puesto alguien en antecedentes ya?

2) *To be a/the picture of happiness/health, etc* ***

Ser la felicidad/salud, etc personificada/en persona, ser la viva imagen de la salud/felicidad.

Yes, he was seriously ill last year, but now he's the picture of health – Sí, estuvo gravemente enfermo el año pasado, pero ahora es la viva imagen de la salud.

pieces

To tear to pieces ***

a) Destrozar, romper (en pedazos), hacer trizas/añicos.

She tore his letter to pieces without reading it - Rompió su carta en pedazos sin leerla.

b)   Hacer pedazos (criticando), ensañarse con (novela, política, obra, etc.).

The critics tore the film to pieces – Los críticos se ensañaron con la película.

c)   Echar por tierra (argumento, teoría, etc.).

He'll tear your alibi to pieces in no time – Echará por tierra tu coartada en seguida/en nada de tiempo.

pig

1)   *To buy a pig in a poke* **

Comprar a ciegas, comprar una cosa sin verla antes (y gen. dándonos gato por liebre) (véase tamb. «gato», 3).

2)   *A (dirty) pig* ***

Un (sucio/asqueroso) cerdo.

Como en español 'cerdo'/'guarro', *pig* se usa en inglés en cantidad de frases con sentido peyorativo (véanse 3, 4, 5, 6 y 7).

3)   *A (male) chauvinist pig* **

Un cerdo machista.

I've broken up with him – he's a chauvinist pig – He roto con él – es un cerdo machista.

4)   *To bleed/scream/howl like a stuck pig* **

Sangrar, gritar, aullar como un cerdo degollado/que están degollando.

5)   *To eat/sweat like a pig* ***

Comer/sudar como un cerdo.

6)   *To be as fat as a pig* ***

Estar gordo como un cerdo.

7)   *To make a pig of oneself* ***

Comportarse como un cerdo (comiendo/bebiendo, etc., demasiado/en exceso).

8)   *When pigs fly / pigs might fly* **

Nunca, imposible, cuando las ranas crien pelo.

«One day I'll be the boss here» «Pigs might fly!» - «Un día seré el jefe aquí» «Cuando las ranas crien pelo».

9)   *To drive one's pigs to market* (hum.) *

Roncar fuertemente, como un cerdo / un condenado, etc.

You drove your pigs to market again last night - Otra vez roncaste anoche.

10) *Guinea pig* ***

Conejillo de indias.

They needed human beings as guinea pigs for their experiments - Necesitaban seres humanos como conejillos de indias para sus experimentos.

11) *To make a pig's ear of sth* *

Salirle a alguien algo muy mal / como un verdadero churro, hacer una chapuza de algo.

It was dad who put up the fence, but he made a pig's ear of it – Fue papá quien levantó la empalizada, pero le salió un verdadero churro.

pigeon

To be sb's pigeon *

Ser responsabilidad de uno, llevar un asunto.

African matters are not my pigeon - Los asuntos africanos no los llevo yo (véase tamb. *baby*, 1).

pile

To pile on the agony **

Exagerar la gravedad de la situación, ponerlo peor de lo que es.

It's a difficult situation, but don't pile on the agony – La situación es difícil, pero no lo pongas peor de lo que es.

pin

1) *To pin sth on sb***

Imputar algo a alguien, echarle la culpa de algo, cargar a alguien con el muerto.

They've pinned it on me, as usual - Me han cargado a mí con el muerto, como de costumbre.

2) *Pins and needles ****

Sensación de hormigueo por habérsele dormido a uno una mano, un pie, etc.

Cf. *To be on pins and needles*** - Estar hecho un manojo de nervios, estar en ascuas, muy nervioso, inquieto.

3) *To pin one's hopes on sth ****

Cifrar / poner nuestras esperanzas en algo.

The hotel and catering industry are pinning their hopes on winter tourism – La industria hotelera pone todas sus esperanzas en el turismo de invierno.

pinch

1) *To pinch pennies* (IBr) (antic.)

Hacer economías, privarse de muchas cosas.

When we were first married, we had to pinch pennies to get by – De recién casados tuvimos que privarnos de muchas cosas para ir tirando.

Sin.= *To pinch and scrape* (IBr) (antic) (véase tamb. «cinturón»).

2) *To feel the pinch ***

Pasar estrecheces / apuros económicos.

Now that he's retired, his family's beginning to feel the pinch – Ahora que está jubilado, su familia está empezando a pasar estrecheces.

pipe

Put that in your pipe and smoke it **

¡Chúpate esa!

Yes, your ex is the new boss – put that in your pipe and smoke it! – Sí, tu ex es la nueva jefa - ¡chúpate esa!

pipeline

To be in the pipeline **

Estar preparándose algo, avecinarse algo, estar algo en proyecto.

A rise in interest rates is in the pipeline –Se avecina una subida en los tipos de interés.

piper

He who pays the piper calls the tune (ref.) *

Quien paga, manda.

piss

To take the piss out of sb *

Tomar el pelo a alguien (véase tamb. «pelo», 6).

pitcher

The pitcher/pot goes so often to the water/well (that it is broken at last) (ref.) *

Tanto va el cántaro a la fuente (que al final se rompe).

place

I can't place him/her ***

No caigo (quién pueda ser, quién es), no lo sitúo.

I know I've seen him somewhere, but I can't place him - Sé que lo he visto en alguna parte, pero no caigo quién es/no lo sitúo.

play

1) *To play host to sth/sb* ***

    Ser la sede de algo (olimpiadas, etc), recibir a alguien (grupo de personas, etc), hacer de anfitrión.

    Brazil will play host to the next World Cup – Brasil será la sede del próximo mundial.

2) *To play fast and loose with sth/sb* **

    Jugar (con algo/alguien) (sin cuidado).

    He played fast and loose with the facts/her feelings - jugó con los hechos/sus sentimientos.

3) *To play havoc (with sth)* ***

    Causar estragos (en algo).

    The floods played havoc with their crops - Las inundaciones causaron estragos en sus cosechas.

4) *To play it cool* ***

    Tomárselo con calma, no perder la serenidad, conservar la sangre fría, mantener el tipo.

    He certainly played it cool when the robber was pointing his gun at him - Ciertamente mantuvo el tipo cuando el atracador le estaba apuntando con su pistola.

5) *To play sth down* ***

    Quitar importancia a algo.

    They know they made a bad mistake and they're trytng to play it down - Saben que cometieron un grave error y están tratando de quitarle importancia.

6) *To play to the gallery* **

Hacer algo de cara a la galería.

Don't you believe any of his comments – he's only playing to the gallery – No te creas ninguno de sus comentarios – sólo los hace de cara a la galería.

7) *To play one's cards right* **

Jugar alguien bien sus cartas.

I'm sure he'll get elected - he's clever and he knows how to play his cards right – Estoy seguro de que resultará elegido - es listo y sabe jugar bien sus cartas.

8) *To play hard to get* **

Hacerse la estrecha.

I know you want to do it as much as I do - don't play hard to get with me – Sé que quieres hacerlo tanto como yo - no te hagas la estrecha conmigo.

9) *To play the field* **

Tener muchos ligues, ligar con unos,-as y con otros,-as. *I wish he would stop playing the field and settle down once and for all* – ¡Ojala dejara de ligar con unas y con otras y sentara la cabeza de una vez por todas!

10) *To play a double game* ***

Jugar con dos barajas, jugar un doble juego.

He's not being honest with us – he's playing a double game – No está siendo honrado con nosotros – está jugando con dos barajas.

Cf. *To play the game* *** - Jugar limpio.

please

Please yourself ***

Haz lo que te dé la gana, tú mismo.

«*I don't like this place. I'm going home*». «*Please yourself*». - «No me gusta este lugar. Me voy a casa.». «Haz lo que te dé la gana / tú mismo».

plunge

To take the plunge ***

Lanzarse (de una vez), dar el paso decisivo.

When are you going to take the plunge and sign the contract? - ¿Cuándo vas a lanzarte y firmar el contrato?

point

1) *To make one's point* ***

Convencer, dejar clara una idea/propuesta, probar lo que se quería decir, explicar(se).

I think he's made his point quite clearly - Creo que ha probado lo que quería decir claramente.

2) *What's the point of/there's no point in doing sth* ***

¿De qué sirve...?/no sirve de nada...

There's no point in waiting any longer - No sirve de nada esperar más tiempo.

Sins. = *What's the use of/It's no use/no good...****

3) *Not to put too fine a point on it* **

Hablando claramente, sin rodeos, en plata (véase tamb. «hablar», 7)

Your friend is a drug-addict – not to put too fine a point on it - Hablando en plata – tu amigo es drogadicto.

4) *To be beside the point****

No venir al caso.

That's beside the point – Eso no viene al caso.

5) *To be on the point of doing sth* ***

Estar a punto de hacer algo.

He was on the point of breaking down – Estaba a punto de derrumbarse (véase tamb. *about,* 1)

6)   *To be a case in point* ***

Ser un ejemplo apropriado, que viene al pelo / a cuento.

Corruption is also possible in the highest political circles, and Watergate is a case in point – La corrupción es posible también en las más altas esferas de la política y Watergate es un ejemplo que viene a cuento.

7)   *A sore point* ***

Un asunto delicado / espinoso, una cuestión que levanta ampollas.

Don't mention slimming diets to Veronica - it's a sore point with her – No le hables a Veronica de dietas de adelgazamiento - es una cuestión que le levanta ampollas.

8)   *To earn / get / win Brownie points* *

Anotarse puntos, hacer méritos.

Don't you understand? He's working late to earn Brownie points with the boss - ¿No comprendes? Está haciendo horas extra para hacer méritos con el jefe.

9)   *You have a point there* ***

En eso tienes / llevas razón.

Yes, I was hoping to see him at the party – you have a point there – Sí, esperaba verlo en la fiesta – en eso tienes razón.

10)   *To get the point (of sth)* ***

Entender / pillar lo que alguien quiere decir.

OK, I get the point – OK, lo pillo.

Sin.= *I get it* ***

11)   *Somebody's weak point* ***

El punto flaco de alguien.

Everybody knows his weak point is young girls - Todo el mundo sabe que su punto flaco son las chicas jóvenes.

point-blank

Point-blank ***

A bocajarro, a quemarropa (lit. y fig.).

They asked him point-blank if he intended to resign - Le preguntaron a quemarropa si tenía intención de dimitir.

poison

1)   *What's your poison?* *

(hum) ¿Qué tomas? ¿qué quieres beber?

2)   *A poison pen letter* **

Un anónimo ofensivo.

I've been getting poison pen letters for several months – Llevo varios meses recibiendo anónimos ofensivos.

poor

The poor relation ***

El pariente pobre (lit. y fig.).

I wouldn't like our country to be given the «poor relation» treatment in the EU - No me gustaría que nuestro país fuera tratado como el pariente pobre en la Unión Europea.

pop

1)   *To pop in* **

Hacer una visita corta, sin cumplidos, pasarse por algún lugar.

Just pop in and have a drink whenever you like - Pásate por casa y te tomas un trago siempre que quieras.

2) *To pop off*

   a)   *** Largarse, irse.

   We must pop off - Tenemos que irnos.

   b)   ** Palmarla.

   The old man popped off this morning - El viejo la palmó esta mañana (véase tamb. «pata», 1).

3) *To pop the question* **

   (hum.) Declararse, proponer matrimonio.

   He's in love with her, but he daren't pop the question – Está enamorado de ella, pero no se atreve a declararse.

pot

1) *To take pot luck/pot-luck* **

   Comer de lo que haya, (fig.) probar fortuna, ir a la aventura, a lo que salga, correr el riesgo, aceptar lo que buenamente haya.

   «The chances are you won't find much there» «Never mind, I'll take pot luck» - «Lo más probable es que no encuentres gran cosa allí» «No importa, probaré fortuna, a ver qué pasa».

2) *It's a case of) the pot calling the kettle black* (ref.) *

   Dijo la sartén al cazo: retírate que me tiznas, ¡mira quién fue a hablar!.

   Cf. - *People who live in glasshouses shouldn't throw stones* * - Siempre habla quien más tiene que callar.

3) *A watched pot never boils* (ref.) *

   Quien espera, desespera, cuando todo el mundo está pendiente de que algo ocurra, no ocurre.

pour

To pour oil on troubled waters **

Calmar/templar los ánimos, templar gaitas, suavizar la situación.

Sorry I interfered - I just wanted to pour oil on troubled waters – Siento haber interferido - sólo quería templar los ánimos.

powers

The powers that be *

Las autoridades, los que mandan, los que detentan el poder, los poderes públicos.

The powers that be don't want the story to be made public – Los poderes públicos no quieren que la historia se haga pública.

practice

Practice makes perfect (ref.) ***

La práctica hace al maestro, se aprende con la práctica, la práctica lo es todo.

preach

To preach to the converted **

Tratar de convencer al que ya lo está, esp. en la frase *you're preaching to the converted*- a mí no me tienes que convencer, yo ya estoy convencido.

press

The gutter press ***

La prensa del corazón.

My father hates the gutter press – he only reads the broadsheets – Mi padre odia la prensa del corazón – sólo lee los periódicos serios.

Sin.= *The tabloids.*

prevention

Prevention is better than cure (ref.) **

Más vale prevenir que curar.

prick

To prick up one's ears **

Aguzar el oído.

When he heard his friend's name mentioned, he pricked up his ears - Cuando oyó mencionar el nombre de su amiga, aguzó el oído.

pride

1) *Pride of place* ***

Lugar destacado, privilegiado, lugar de honor.

Her portrait had pride of place in his home - Su retrato ocupaba un lugar de honor en su hogar.

2) *Pride comes before a fall* ref.) *

No te pavonees/presumas tanto: más dura será la caída.

proof

The proof of the pudding is in the eating **

Para saber si algo es bueno hay que probarlo, no se puede juzgar algo hasta no haberlo probado.

pull

1) *To pull oneself together* ***

Calmarse, serenarse, tranquilizarse.

Pull yourself together, please - Cálmate, por favor.

2) *To pull strings* **

Tocar resortes, mover influencias.

I'll have to pull some strings, but I'm sure we'll make it in ihe end - Tendré que mover algunas influencias, pero estoy seguro de que al final lo lograremos.

3) *To pull the strings* **

Mover/manejar los hilos, dirigir el cotarro.

I'd like to know who pulls the strings in that department - Me gustaría saber quién maneja los hilos en ese departamento.

4) *To pull through* ***

Salir de una dificultad, un apuro, una enfermedad, etc, superar.

He was seriously ill last winter, but he pulled through - Estuvo gravemente enfermo el invierno pasado, pero lo superó.

5) *To pull one's socks up* *

Esforzarse más, poner más empeño (para mejorar el trabajo, la conducta, etc.).

If you want to finish by !unchtime, you'll have to pull your socks up - Si queréis terminar para la hora del almuerzo, tendréis que poner más empeño.

6) *To pull the chestnuts out of the fire for sb* *

Sacarle a alguien las castañas del fuego.

We can't expect the EU to pull the chestnuts out of the fire for us again – No podemos esperar que la Unión Europea nos saque otra vez las castañas del fuego.

7) *To pull the rug (out) from under sb/sb's feet* **

Dejar a alguien en la estacada, fastidiar los planes de alguien, hacer un pie agua.

We didn't get the loan we asked for to buy the new house. The bank has pulled the rug out from our feet – No nos han dado el prestamo que solicitamos para comprar la casa nueva. El banco nos ha hecho un pie agua.

8) *Pull the other one (it's got bells on)!* *

¡Cuéntaselo a tu abuela!, ¡ahora cuéntame una de vaqueros!, ¡a otro perro con ese hueso! (véase tamb. *marines*).

9) *To pull out all the stops (to do sth)* **

Hacer lo imposible / utilizar todos los recursos disponibles / tocar todas las teclas (para lograr algo), poner toda la carne en el asador.

We'll have to pull out all the stops to finish the bridge before the end of the month – Tendremos que poner toda la carne en el asador para terminar el puente antes de final de mes.

put

1) *To put sth down to sth* ***

Atribuir algo a algo.

I put it down to lack of information - Lo atribuyo a falta de información.

2) *To put in a good word for sb* **

Abogar por, decir algo en favor de, romper una lanza en favor de alguien.

I'd like to put in a good word for her - Quisiera decir algo en su favor.

3) *To put off* ***

a) To put sth off

Aplazar algo.

Tonight's concert has been put off till next week- El concierto de esta noche ha sido aplazado hasta la semana que viene.

b) *To put sb off*

Repeler, echar para atrás.

His bad manners put her off - Sus malos modos la echan para atrás

4) *To put oneself out for sb***

Tomarse molestias, molestarse / desvivirse por alguien.

Your brother put himself out for us while we were in London - Tu hermano se desvivió por nosotros mientras estuvimos en Londres (véase tamb. *go*, 4).

5) *Put it there ***

¡Chócala!

Sin. = *Give me five!* *

Cf. *High five* - acción de chocarse las manos por encima de las cabezas (para felicitarse por algo).

6) *To put it mildly ****

Y me quedo corto, por decirlo suavemente.

He's a bit lazy, to put it mildly - Es un poquitín perezoso, por decirlo suavemente.

7) *To put sth. / sb to the test ****

Poner algo / a alguien a prueba.

I'll put you to the test - Te voy a poner a prueba.

8) *To put sb up ****

Dar alojamiento a alguien.

I'm sure they can put you up for the night - Estoy seguro de que pueden darte alojamiento por una noche.

9) *To put up with sth / sb ****

Soportar algo / a alguien, aguantarse.

I won't put up with it any longer - No lo aguanto más.

10) *To put sth on ****

Adoptar, fingir (modales, aires de, expresión, etc).

I don 't know why he puts on that ridiculous accent - No sé por qué finge ese ridículo acento.

11) *To put on an act* **

Simular/fingir (asco/enfado), hacer una comedia.

He's not really angry —he's putting on an act for our sake - No está realmente enfadado —está haciendo una comedia en nuestro honor.

12) *To put the screws on sb* **

Apretarle las clavijas a alguien.

They threatened to put the screws on him if he didn't pay up - Lo amenazaron con apretarle las clavijas si no pagaba lo que debía.

13) *To put sb through the mill* **

Hacer sudar tinta, hacérselas pasar moradas/canutas a alguien. *They'll put you through the mill in the Naval Academy* - Te harán sudar tinta en la Academia Naval (véase tamb. *grindstone*).

14) *To put paid to sth* **

Acabar con las posibilidades/esperanzas de alguien.

The accident put paid to his hopes of becoming a famous football player - El accidente acabó con sus esperanzas de llegar a ser un futbolista famoso.

15) *To put on one's thinking cap* **

Poner a trabajar las células grises.

It's a complicated case, but I'll put on my thinking cap right away – Es un caso complicado, pero pondré a trabajar mis células grises ahora mismo.

Pyrrhic

A Pyrrhic victory (liter.) *

Victoria pírrica (muy costosa, conseguida a muy alto precio).

Yes, inflation is down, but it's been a Pyrrhic victory, —it'll cost the party one million votes - Si, la inflación ha bajado, pero ha sido una victoria pírrica —le costará al partido un millón de votos.

quick

1) *To cut sb to the quick* **

   Herir a alguien en lo más vivo / hondo / profundo.

   Your sarcastic remark cut him to the quick – Tu sarcástico comentario lo hirió en lo más profundo.

2) *To be quick~tempered* ***

   Tener mal genio / malas pulgas, ser un cascarrabias.

   Be careful with him, he's really quick-tempered - Ten cuidado con él, tiene muy malas pulgas.

3) *To be quick on the uptake* ***

   Cazarlas / pillarlas al vuelo.

   He understood the first time – he's quick on the uptake – Lo entendió la primera vez – las caza al vuelo.

quits

To call it quits ***

a) Dar por zanjado / terminado (asunto, deuda, etc.), quedar en paz.

   Let's call it quits – Demos el asunto por zanjado; *if you give me £50, we'll call it quits* – Si me das 50 libras, quedamos en paz.

b) No seguir haciendo algo / dejar una actividad.

   After 20 years in the police force, I've decided to call it quits – Tras 20 años en la policía, he decidido dejarlo.

quote

To quote chapter and verse **

Citar textualmente.

Those were his words, and I'm quoting chapter and verse – Esas fueran sus palabras, y te las he citado textualmente.

R

rabbit

To breed like rabbits **

Reproducirse como conejos.

The Chinese have long stopped breeding like rabbits - Los chinos hace tiempo que han dejado de reproducirse como conejos.

rack

To rack/ cudgel one's brains ***

Comerse el coco, devanarse los sesos, quebrarse la cabeza.

Everything's going to be all right, stop racking your brains – Todo va a salir bien, deja de comerte el coco.

Sin.= *To beat one's brains out* *

rage

To be all the rage ***

Hacer furor, estar muy de moda, ser el último grito.

These belts are all the rage now - Estos cinturones son ahora el último grito (véase tamb. «grito», 2).

rain

Come rain, come shine/ (come) rain or shine **

Llueva o haga sol, haga frío o calor, pase lo que pase.

He arrives at the office at 8 o'clock every day, come rain or shine. – Llega a la oficina a las ocho todos los días, llueva o haga sol.

raise

To raise hell (about sth) ***

Protestar ruidosamente, armar un escándalo/un taco, poner el grito en el cielo (por algo), armar la de Dios es Cristo.

He raised hell in the bar when they refused to serve him any more drinks - Armó un escándalo en el bar cuando se negaron a servirle más bebidas.

Sins.= *To raise a stink* ** / *to raise Cain (about sth)* * (véase tamb. «marimorena»).

rake

To rake up the past ***

Remover el pasado.

Don't rake up the past, there are things that are better forgotten - No remuevas el pasado, hay cosas que es mejor olvidar.

rank

The rank and file ***

a)   Los soldados rasos, la tropa.

It's the same food for everybody – officers and the rank and file – La comida es la misma para todos – oficiales y tropa.

b)   Las bases (de un partido político).

That measure is not going to be liked by the rank and file of the party - Esa medida no le va a gustar a la base del partido.

rap

To rap sb on / over the knuckles **

Llamar la atención a alguien, llamar al orden, echar un rapapolvo.

He 's been rapped over the knuckles for his odd behaviour at the contest - Le han llamado la atención por su extraño comportamiento en el concurso (véase tamb. «rapapolvo»).

raspberry

To blow a raspberry at sb *

Hacer una pedorreta a alguien.

He must be crazy, he's blown a raspberry at the bishop – Debe de estar loco, le ha hecho una pedorreta al obispo.

rat

1) *The rat race* ***

La carrera de ratas (trad.), la lucha despiadada / sin escrúpulos por triunfar (en la profesión, los negocios, etc.).

In our profession, you can't get out of the rat race – En nuestra profesión, no puedes librarte de la 'carrera de ratas' / la lucha despiadada por triunfar.

2) *Like a drowned rat* **

Calado hasta los huesos, empapado, como una sopa (véanse tamb. *wet* y *skin,* 4).

read

To read between the lines ***

Leer entre líneas (saber interpretar algo, aunque no se diga / escriba explícitamente).

She didn't say in her letter that she was tired of me in so many words, but you could read it between the lines – No decía en su carta que estaba harta de mí con esas palabras, pero se podía leer entre líneas.

reap

You reap what you sow (ref.) *

Recogerás lo que siembres.

record

1) *For the record* **

Para que conste (en acta).

I wish to state for the record my disagreement with the measures recently adopted - Deseo que conste en acta mi desacuerdo con las medidas recientemente adoptadas.

2) *Off the record* ***

Extraoficial(mente) (declaración, comentario).

Off the record, I can tell you that the company is on the verge of bankruptcy – Extraoficialmente, puedo decirte que la empresa está al borde de la bancarrota.

red

1) *To see red* ***

Ponerse hecho una fiera / furia.

He saw red when they overcharged him at the restaurant - Se puso hecho una furia cuando le cobraron de más en el restaurante (véanse tamb. *blow*, 3, y *cut*, 2).

2) *To be in the red* ***

Estar «en números rojos» (en la cuenta bancaria).

We are in the red again – Estamos otra vez en números rojos.

Cf.. *To be in the black* ** - Tener saldo positivo en la cuenta bancaria.

3) *To catch somebody red~handed* ***

Pillar in fraganti, con las manos en la masa.

They caught the thief red-handed - Pillaron al ladrón con las manos en la masa.

4) *A red herring* **

Una pista falsa, una maniobra de diversión.

In the context of the current discussion, his reference to last year's sales is simply a red herring.- Dentro del contexto de la presente discusión, su referencia a la cifra de ventas del pasado año es simplemente una maniobra de diversión.

5) *Red tape* ***

Papeleo, burocracia.

How I hate all this red tape! - ¡Cómo odio todo este papeleo!

retrace

To retrace one's steps ***

Volver sobre sus pasos, volver atrás, desandar lo andado.

When I found I had left my briefcase behind, I had to retrace my steps - Cuando me di cuenta de que me había dejado olvidado el maletín, tuve que volver sobre mis pasos.

return

To returnt to the fold **

Volver al redil (retornar a sus creencias/religión/al seno familiar, etc.).

He left the party two years ago, but now he's returned to the fold – Abandonó el partido hace dos años, pero ahora ha vuelto al redil.

rhinoceros

To have a hide/skin like a rhinoceros *

Tener la piel más dura que un rinoceronte (trad.), ser insensible a ataques, críticas, insultos, etc., resbalarle a uno todo.

When you're in office, you must have a hide like a rhinoceros and learn to accept any criticism – Cuando estás en el poder, tienes que 'tener la piel más dura que un rinoceronte' y aprender a aceptar cualquier crítica.

rhyme

Without rhyme or reason ***

Sin ton ni son, sin orden ni concierto.

His mood changes without rhyme or reason – Su humor cambia sin ton ni son.

right

1) *Right away* ***

Ahora mismo, inmediatamente.

I'll call him right away - Lo llamaré ahora mismo.

2) *(It's) all right* ***

Está bien, de acuerdo, correcto.

Sin. = *Okay / OK* ***, *okey-dokey* (hum) **

3) *To be / feel as right as rain* *

Estar bien de salud, perfectamente.

Drink your tea and you'll be as right as rain - Bébete el té y te encontrarás perfectamente.

4) *Mr Right* (hum.) **

El hombre ideal (versión puesta al día del tradicional «*Prince Charming*» - «El Príncipe Azul»).

5) *Right you are!* ***

¡Vale!, ¡muy bien!

6) *How right you are!* ***

¡Que razón tienes!

Riley

To live the life of Riley **

Darse/pegarse la gran vida, vivir a cuerpo de rey.

He's living the life of Riley in the Bahamas - Se está pegando la gran vida en las Bahamas.

ring

It rings a bell ***

Me suena.

His name rings a bell, but I can't remember his face - Su nombre me suena, pero no recuerdo su cara.

rise

1) *To rise from the ashes****

Resurgir de las cenizas.

Japan is living a great tragedy, but the Japanese know how to rise from the ashes- Japón está viviendo una gran tragedia, pero los japoneses saben cómo resurgir de las cenizas.

2) *To rise to the bait* **

Morder el anzuelo, tragarse el anzuelo.

They kept provoking him, but he didn't rise to the bait – No paraban de provocarlo, pero él no mordió el anzuelo.

Sin.= *To swallow the bait* **

3) *To rise to the occasion* ***

Estar a la altura de las circunstancias.

I promise I'll do my best to rise to the occasion – Prometo que haré todo lo que pueda para estar a la altura de las circunstancias.

risk

1) *To do sth at one's own risk* ***

Hacer alguien algo por su cuenta y riesgo, bajo su responsabilidad.

If you insist on taking part in that expedition, you'll do it at your own risk – Si insistes en tomar parte en esa expedición, será por tu cuenta y riesgo.

2) *To risk one's neck* ***

Jugarse el cuello/pellejo/tipo.

You risk your neck if you oppose the dictator – Te juegas el pellejo si te opones al dictador.

rocks

To be on the rocks

Estar en crisis, irse a pique (matrimonio, negocio).

It's clear their marriage is on the rocks – Está claro que su matrimonio se ha ido a pique.

rocker

To go / be off one's rocker **

Volverse/estar majareta, írsele/habérsele ido a alguien la olla.

He must be off his rocker - Debe de habérsele ido la olla.

Rome

When in Rome, do as the Romans do (ref.) **

Donde quiera que fueres, haz lo que vieres.

When in Rome, do as the Romans do

room

There's always room for one more **

Donde caben/comen, etc. dos, caben/comen, etc. tres.

rope

1) *Give him enough rope and he'll hang himself* *

Dale bastante cuerda y él mismo se ahorcará, déjale libertad y él mismo se cavará su propia fosa

2) *To be on the ropes* **

Estar contra las cuerdas.

We need that bank loan. I'm afraid our company is on the ropes – Necesitamos ese préstamo bancario. Me temo que nuestra empresa está contra las cuerdas.

rough

1) *To sleep rough* **

Dormir al aire libre/a la intemperie.

Lots of illegal immigrants are forced to sleep on the rough – Muchos inmigrantes ilegales se ven forzados a dormir a la intemperie.

Cf. *To rough it* ** - Vivir sin comodidades durante un tiempo.

2) *A rough diamond* **

Un diamante en bruto (lit. y fig.).

He's been described as a rough diamond – Han dicho de él que es un 'diamante en bruto'.

rub

1) *To rub it in* ***

Restregar, echar en cara.

I know I was wrong, but please stop rubbing it in - Sé que estaba equivocado pero, por favor, no me lo restriegues más.

Sins.= *To rub sb's nose in it/ the dirt* *, *to throw sth (back) in sb's face* **

2)   *To rub off on sb* ***

Pegársele a alguien una buena cualidad de otro, pegársele algo bueno.

I hope his wife's good sense rubs off on him - Espero que se le pegue el sentido común de su mujer.

3)   *To rub sb up the wrong way* **

No poder tragar a alguien, caer gordo, dar cien patadas, tener atravesado, tener entre ceja y ceja, tener sentado en la boca del estómago, echar sal en la mollera.

He rubs me up the wrong way with his unctuous manners- Me da cien patadas con sus modales melosos (véanse tamb. «tragar», 1 y *skin,*1).

4)   *There's the rub* **

Ahí está la pega.

To find a cheap place to live in – there's the rub – Encontrar un sitio barato donde vivir – ahí está la pega.

rule

1)   *The exception that proves the rule* ***

La excepción que confirma la regla.

2)   *To make it a rule to do sth* **

Tener por norma hacer algo.

I make it a rule never to drive at night – Tengo por norma no conducir nunca de noche.

3)   *To rule the roost* **

Llevar la voz cantante, llevar la batuta.

In our family, it is mother who rules the roost – En nuestra familia es mamá la que llevaba la voz cantante (véase tamb. *run,* 3).

rule out

To rule sth/sb out ***

Descartar.

If we rule out the first one, we are left with two possibilities - Si descartamos la primera, nos quedan dos posibilidades.

run

1) *To have a run of luck/bad luck* **

   Tener una racha de buena/mala suerte.

   Cf.*To be going through a bad patch* *** – Estar pasando una mala racha.

2) *To run smoothly* ***

   Ir como la seda, marchar bien.

   The engine is running smoothly now - El motor va como la seda ahora (véase tamb. «ruedas»).

3) *To run the show* **

   Llevar la voz cantante, llevar la batuta.

   He clearly runs the show there - Está claro que es él quien lleva la voz cantante allí (véase tamb. *rule, 3*).

4) *To run the gauntlet* **

   Correr un riesgo, arriesgarse, exponerse a (un peligro, las iras/críticas de alguien), jugarse el tipo.

   He knew that his book would displease the Mafia, but he decided to run the gauntlet - Él sabía que su libro no agradaría a la Mafia, pero decidió correr el riesgo.

5) *To run out of steam* **

   Quedarse sin fuelle (lit. y fig.).

The French athlete is running out of steam – El atleta francés se está quedando sin fuelle; *the present government may be running out of steam* – el actual gobierno puede que se esté quedando sin fuelle.

run down

To run sb/sth down ***

Criticar/desprestigiar a alguien o algo, poner como un trapo, poner verde.

It isn't my intention to run him down, but I honestly think that he's not doing his job well – No es mi intención desprestigiarlo, pero creo honradamente que no está haciendo bien su trabajo (véase tamb. «verde», 2).

run in

To run in a car ***

Hacer el rodaje a un coche.

He's still running in his new car - Todavía está haciéndole el rodaje a su coche nuevo.

run out

To run out of sth ***

Acabársele a uno algo.

We've run out of petrol - Se nos ha acabado la gasolina.

Sin. = *To have no... left* *** – No quedar: *We have no petrol left* – no nos queda gasolina.

running

Two days (etc.) running ***

Dos días (etc.) seguidos.

Brenda never wears the same dress two days running – Brenda nunca lleva el mismo vestido dos días seguidos.

Sin. = *Two days, etc in a row* ***

rush

The rush hour ***

La hora punta.

I don't like taking the tube in the rush hour - No me gusta coger el metro a la hora punta.

S

sack

1) *To give sb the sack/ to sack sb****

   Despedir, echar del trabajo.

   They gave him the sack - Lo despidieron.

2) *To get the sack ****

   Ser despedido / echado del trabajo.

   He got the sack for stealing - Lo echaron por robar.

   Sins. = *To be sacked/ dismissed/ fired ****

safe

Safe and sound **

   Sano y salvo.

   They're all safe and sound – Están todos sanos y salvos.

same

(The) same to you ***

   Lo mismo digo.

   «*Happy weekend*» «*Same to you*» – «Feliz fin de semana» «Lo mismo digo».

sands

The sands of time are running out (liter.) *

   Se acaba el tiempo.

We must do something at once, the sands of time are running out – Debemos hacer algo inmediatamente, se acaba el tiempo.

sardines

Packed like sardines **

(Apretados) como sardinas en lata.

There were over fifty immigrants packed like sardines on the small boat – Había más de 50 inmigrantes en la patera apretados como sardinas en lata.

save

1) *To save (sth) for a rainy day* **

Ahorrar para el día de mañana/para cuando las cosas vengan mal.

Don't spend everything you earn, you must save for a rainy day – No gastes todo lo que ganas, debes ahorrar para el día de mañana.

2) *To save the day* **

Salvar la situación.

The centre forward scored in the last minute to save the day – El delantero centro marcó en el último minuto, salvando la situación.

say

1) *To say the least* ***

Por lo menos, y me quedo corto.

He's been a bit careless, to say the least - Ha sido un poco descuidado, y me quedo corto.

2) *Whatever you say* ***

Lo que tú digas (no tengo ganas de discutir).

«*Well, I find him funny and very handsome*». «*Whatever you say*». – «Pues yo lo encuentro divertido y muy guapo». «Lo que tú digas».

3) *You can say that again* ***

Y tú que lo digas (estoy totalmente de acuerdo).

«*The film's a bore*». «*You can say that again*». – «La película es un rollo». «Y tú que lo digas».

4) *You don't say* ! ***

¡No me digas!

«*I can guess the future*». «*You don't say!*» – «Puedo adivinar el futuro. «¡No me digas!».

saying

As the saying goes **

Como dice el refrán/dicho.

scare

1) *To be scared stiff/ to death/ out of one's wits* ***

Estar muerto de miedo, no llegar la camisa al cuerpo.

«*Did you like the film?*» «*Yes,I did, but I was scared out of my wits*» - «¿Te gustó la película?» «Sí, pero estaba muerto de miedo».

Cf. *To be scared shitless (vulg)* *** - Estar cagado de miedo

2) *To scare the shit out of sb* (vulg) **

Dar un susto de muerte, acojonar a alguien.

You scared the shit out of the poor boy – Acojonaste al pobre chico.

scratch

1) *You scratch my back, I'll scratch yours* **

Hoy por ti, mañana por mí, favor con favor se paga.

I need your help today, but you know the saying 'you scratch my back, I'll scratch yours' – Hoy necesito tu ayuda, pero ya conoces el dicho 'hoy por ti, mañana por mí'.

2) *(Not) be up to scratch* **

(No) estar a la altura, (no) dar la talla.

We are worried that the hotel security may not be up to scratch – Nos preocupa que la seguridad del hotel pueda no estar a la altura.

3) *To start from scratch* ***

Empezar de cero (sin nada, sin ayuda, etc.).

He lost everything he had in the war and had to start from scratch - Perdió todo lo que tenía en la guerra y tuvo que empezar de cero.

Cf. *To make a fresh start* ** - Empezar de nuevo, volver a empezar.

sea

To be (all) at sea *

Estar despistado, desorientado, no aclararse, no entender nada, estar hecho un mar de confusiones.

He was all at sea in his new job - Estaba completamente despistado en su nuevo empleo.

search

Search me! **

No lo sé, ¡a mí que me registren!

«*When did Spain join the European Union?*» «*Search me!*» - «¿Cuándo ingresó España en la Unión Europea?» «¡A mí que me registren!»

secret

To be an open secret **

Ser un secreto a voces.

The breakup of their marriage has been an open secret for months – Su ruptura matrimonial ha sido un secreto a voces durante meses.

ꙅee

1)   *To see / think fit (to do sth)* (fml) **

Considerar / creer / estimar conveniente / pertinente / oportuno, tener a bien (hacer algo).

I'll do it when I see fit - Lo haré cuando me parezca oportuno.

2)   *To see the light*

   a)   ** Comprender, abrir los ojos.

   I've suddenly seen the light: it's time for me to retire and spend more time with my family – De pronto he visto la luz: es hora de jubilarme y pasar más tiempo con mi familia.

   b)   * (religión) Ver la luz.

   He was an atheist, but he says he 'saw the light' when he was so ill last winter – Era ateo, pero dice que 'vio la luz' cuando estuvo tan enfermo el invierno pasado.

   Cf. *To see the light of day* (liter.) * - Ver la luz del día, nacer: *Samuel Johnnson saw the light of day in Lichfield, near Birmingham, in 1709* – Samuel Johnson nació en Lichfield, cerca de Birmingham, en 1709.

3)   *See you (later)* ***

Hasta luego.

4)   *To see sth through rose-coloured spectacles* *

Ver de color de rosa.

Your friend is a bit naive – he sees the world through rose-coloured spectacles- Tu amigo es un poco ingenuo – ve el mundo de color de rosa.

5)   *You see* ***

  ¿Comprendes?

  I'm not ready for marriage yet, you see? – Todavía no estoy preparado para el matrimonio, ¿comprendes?

see off

To see sb off ***

  Despedir (a quien se va de viaje).

  He went to the station to see her off - Fue a despedirla a la estación.

see through

1)   *To see through sth or sb* ***

  Calar, descubrir el juego, ver claramente las intenciones de alguien.

  We can see through your little tricks - Calamos perfectamente vuestros pequeños trucos.

2)   *To see sth/ sb through* ***/ *to see sb through sth* ***

  (Ayudar a) superar (dificultades, crisis, enfermedad, etc.), sacar de apuros.

  Can you lend me £50 to see me through the rest of the month? - ¿Me puedes prestar £50 para ayudarme a terminar el mes?

send

To send sb to Coventry (IBr) *

  Hacer el vacío, no dirigir la palabra (a un compañero de trabajo, etc.), dar de lado.

  He was sent to Coventry by his fellow workers for breaking the strike – Sus compañeros de trabajo le hicieron el vacío por reventar la huelga.

separate

To separate the sheep from the goats / the wheat from the chaff *

Separar el grano de la paja.

Jesus talks about the need to separate the sheep from the goats – Jesús habla de la necesidad de separar el grano de la paja.

serve

(It) serves sb right ***

Estarle a alguien bien empleado.

«*Your Pekinese has bitten me*». «*Serves you right for teasing him*» - «Tu pequinés me ha mordido». «Te está bien empleado por hacerle rabiar».

set

1) *To set / put / turn the clock back* **

Retroceder (en el tiempo), volver al pasado, perder años de progreso, retroceder (a posturas, ideas, etc., ya superadas).

With that measure, we've set the clock back at least fifty years - Con esa medida, hemos retrocedido por lo menos cincuenta años.

2) *To set sb's teeth on edge* ***

Dar dentera.

That screeching noise sets my teeth on edge – Ese sonido chirriante me da dentera.

3) *(Not) set foot in* ***

(No) poner los pies en.

Don't set foot in my house again - No pongas los pies en mi casa nunca más.

seven

The seven-year itch **

(hum) Crisis matrimonial que supuestamente tiene lugar tras siete años de casados.

Boredom is one of causes of the so-called seven-year itch – El aburrimiento es una de las causas de la supuesta 'crisis matrimonial de los siete años'.

shade

To put sth. / sb in the shade **

Eclipsar algo / a alguien.

They were all put in the shade when the Admiral appeared in his brilliant uniform - Quedaron todos eclipsados cuando el Almirante apareció con su brillante uniforme.

shadow

To be a shadow of one's former self **

No ser más que una sombra de lo que se fue.

He was really brilliant, but now he's a shadow of his former self - Era realmente brillante, pero ahora es una sombra de lo que fue.

shame

Shame on you / him, etc. ***

¡Vergüenza te / le, etc. debía dar!

You're a child abuser – shame on you! – Eres un pedófilo - ¡vergüenza te debía dar!

sheep

Like sheep **

Como borregos.

They all followed him like sheep – Todos lo siguieron como borregos.

shell

To go/retreat/withdraw into one's shell *

Meterse en su concha, encerrarse en sí mismo.

He's retreated into his shell and won't talk to anybody - Se ha metido en su concha y no quiere hablar con nadie.

shine

To take the shine off sth**

Enturbiar algo, quitarle su encanto.

Last month rise in the inflation rate has taken the shine off Spain's economic recovery – El aumento en la tasa de inflación el mes pasado ha enturbiado la recuperación económica española.

shirt

A stuffed shirt **

Una persona creída/engolada/engreída.

Why did you have to invite him?- he's such a stuffed shirt! - ¿Por qué tuviste que invitarlo? – ¡es una persona tan engolada!

shit

1)   *To be full of shit* **

(vulg) No decir más que chorradas/mentiras.

Clara says her friend is very witty, but personally I find him to be full of hit – Clara dice que su amigo es muy ingenioso, pero personalmente a mí me parece que no dice más que chorradas.

2) *To be in the shit / to be in deep shit* **

(vulg) Meterse en un buen lío, cagarla.

Tell him that if he doesn't pay up soon, he's going to be in deep shit – Dile que como no pague lo que debe pronto, la va a cagar.

3) *To be shit hot* **

(vulg) Ser cojonudo / de puta madre.

Her new LP is shit hot – Su nuevo LP es cojonudo.

4) *To be up shit creek (without a paddle)* *

(vulg) Ir cuesta abajo (y sin frenos), ir de culo, estar metido en un buen marrón / estar jodido (en apuros).

You have to help me. I'm up shit creek without a paddle – Tienes que ayudarme. Estoy metido en un buen marrón.

5) *To beat / kick the shit out of sb* **

(vulg) Moler a alguien a palos.

They beat the shit out of the poor devil – Molieron a palos al pobre diablo.

6) *Don't give me shit!* **

(vulg) ¡No me vengas con gilipolleces!

I know you've never been to the North Pole – don't give me shit! – Sé que nunca has estado en el Polo Norte - ¡no me vengas con gilipolleces!

7) *No shit!* ***

(vulg) ¡No jodas!

«*Bridget says she's madly in love with you*». «*No shit!*» - «Bridget dice que está locamente enamorada de ti». «¡No jodas!».

8) *Not give a shit* ***

(vulg) Importar a uno un carajo / una mierda, traérnosla floja.

I don't give a shit what he thinks - Me importa una mierda lo que él crea.

9)   *Shit happens* **

Es un hecho que la mierda ocurre (trad.) (pasan desgracias/cosas malas sin que se puedan evitar).

Well, shit happens and life goes on, you see? – Bueno, pasan desgracias y la vida sigue, ¿comprendes?

shoes

To be in sb's shoes **

Estar en el pellejo de alguien

I wouldn't like to be in his shoes - No me gustaría estar en su pellejo.

Cf. *To put oneself in sb else's shoes* *** - Ponerse en el lugar/pellejo de alguien.

shoestring

On a shoestring **

Con cuatro perras, con escaso presupuesto.

We had to shoot ihe film on a shoestring - Tuvimos que rodar la película con cuatro perras de presupuesto.

shoot

1)   *To shoot the breeze* **

(1Am) Cotillear.

They've been shooting the breeze for two hours – Llevan dos horas cotilleando.

2)   *To shoot oneself in the foot* *

Hacerse un flaco servicio, tirar piedras contra su propio tejado.

If he keeps criticizing the boss in public, he'll shoot himself in the shoe - Si sigue criticando al jefe en público, se estará haciendo un flaco servicio (véase tamb. «piedra», 1).

shoot up

To shoot (sth) up (sl. droga) **

«Pincharse», «chutarse», meterse droga en las venas.

He's been shooting up heroin since he was 18 – Lleva chutándose heroína desde los 18 años.

shop

1) *To shut up shop* **

Cerrar el negocio/kiosco.

If the crisis goes on much longer, I'm afraid we'll have to shut up shop - Si la crisis sigue mucho más tiempo, me temo que tendremos que cerrar el kiosco.

2) *To talk shop* ***

Hablar de tu trabajo (con un compañero, etc. delante de personas que no están interesadas, cuando estás de vacaciones, etc).

Stop talking shop and enjoy the party – Dejad de hablar de vuestro trabajo y disfrutad de la fiesta.

short

1) *To have a short fuse* *

Tener mal genio.

He's a good guy, but has a short fuse – Es un buen tipo, pero tiene mal genio.

2) *To be caught/taken short* ***

Entrarle a alguien ganas de ir al cuarto de baño, no poder aguantar.

He had to go to the bathroom in a hurry – he was taken short – Tuvo que ir al baño deprisa y corriendo – no podía aguantar.

3) *To have sb by the short hairs* (vulg.) **

Tener a alguien bien agarrado, tener a alguien agarrado por los huevos.

He had no choice – they had him by the short hairs – No tuvo opción – lo tenían agarrado por los huevos.

shot

A shot in the dark ***

Un palo de ciego.

He didn't know really —it was a shot in the dark - No lo sabía en realidad —fue un palo de ciego.

shotgun

To have a shotgun wedding **

Casarse de penalti.

I'd say that shotgun weddings are something of the past – Yo diría que las bodas de penalti son ya cosa del pasado.

shoulder

1) *To rub shoulders with sb* ***

Codearse con alguien.

There you will rub shoulders with all kinds of people - Allí te codearás con toda clase de gente.

Sin.= *To rub elbows with sb* *** (IAm).

2) *Straight from the shoulder* **

Con toda franqueza, sin rodeos.

I told him straight from the shoulder that he had to give up drinking – Le dije sin rodeos que tenía que dejar la bebida.

3)   *A shoulder to cry on* ***

Un paño de lágrimas, alguien a quien poder contarle nuestras penas.

I think he's depressed and needs a shoulder to cry on – Creo que está deprimido y necesita a alguien como paño de lágrimas.

show off

To show off ***

Alardear.

Stop showing off, please - Deja ya de alardear, por favor.

Sin.= *To boast of/about sth* ***

side

1)   *To have sth/a bit on the side* ***

Tener algo en secreto/algo aparte, esp. un,-a amante, un lío.

He has a beautiful wife, but he likes to have a bit on the side – Tiene una mujer muy guapa, pero le gusta tener algo aparte.

2)   *To get out of bed on the wrong side* *** (IBr)/ *To get up on the wrong side of the bed* *** (IAm)

Levantarse con el pie izquierdo/por los pies de la cama.

He's in a bad mood today - he must have got out of bed on the wrong side this morning – Está de mal humor hoy - debe de haberse levantado esta mañana con el pie izquierdo.

3)   *To be on the safe side* ***

Curarse en salud.

«But there are no risks.» «Well, you know him, he likes to be on the safe side» - «¡Pero si no hay riesgo alguno!» «Bueno, ya lo conoces, le gusta curarse en salud».

sight

1) *To know sb by sight* ***

   Conocer a alguien de vista.

   I only know him by sight – Sólo lo conozco de vista.

2) *To look a sight* **

   Estar hecho un adefesio, tener una pinta horrorosa.

   You look a sight in that dress- Estás hecha un adefesio con ese vestido.

3) *Out of sight, out of mind* (ref.) **

   Ojos que no ven (corazón que no siente), la distancia es el olvido.

   Her father has sent her to Paris to study French. He's convinced that she'll soon forget her boyfriend - you know: 'out of sight, out of mind' – Su padre la ha mandado a París a estudiar Frances. Está convencido de que pronto olvidará a su novio – ya sabes: ojos que no ven...

   Sin.= *What the eye doesn't see (the heart doesn't grieve over)* *

4) *Sight unseen* **

   Sin haberlo visto antes (esp. comprar/contratar algo).

   Serves you right! You shouldn't have rented the flat sight unseen - ¡Te está bien empleado! No deberías haber alquilado el piso sin haberlo visto antes.

sitting

To be sitting pretty ***

   Estar bien situado (mejor que otros), en una situación privilegiada, con todo a su favor.

   He's 's sitting pretty —with all the money he's inherited from his aunt - Lo tiene todo a su favor —con todo el dinero que ha heredado de su tía.

six

Six of one and half a dozen of the other *

Para el caso es lo mismo, hay muy poca diferencia entre ellos.

Sins. = *It's as broad as it is long* *; *they're much of a muchness* *

size up

To size sb up ***

Estudiar con la mirada, catalogar, medir, formar juicio sobre alguien.

The old man kept his eye on the young man during the whole interview, sizing him up - El viejo no quitó ojo al joven durante toda la entrevista, midiéndole con la mirada.

skate

1) *To skate on thin ice* **

Pisar terreno resbaladizo/peligroso.

Watch what you say to me, young man. You don 't seem to realize that you're skating on thin ice - Cuidado con lo que me dice, joven. Parece que no se da cuenta de que está pisando terreno resbaladizo.

2) *To get/put one's skates on* *

'Ponerse los patines' (trad.), darse prisa, 'meter la directa'.

We can still catch the six o'clock train – put your skates on! – Todavía podemos coger el tren de las seis – ¡'mete la directa'!

skeleton

To have a skeleton in the cupboard/closet **

Tener un esqueleto en el armario (trad.), tener algo sucio que ocultar/un secreto inconfesable.

The other candidate had a skeleton in the cupboard, too - El otro candidato también tenía 'un esqueleto en el armario' / algo sucio que ocultar.

skin

1) *To get under sb's skin* **

No caer bien, dar cien patadas, tener sentado en la boca del estómago, caer gordo.

Frankly, he gets under my skin - Francamente, me da cien patadas, me cae gordo (véanse tamb. *rub,* 3 y «tragar», 1).

Cf. *I've got you under my skin* **– No puedo dejar de pensar en ti.

2) *To have a thick skin* **

Tener la piel dura, resbalar las cosas, ser insensible, no hacer mella (críticas, etc.).

You can't insult him - he has a thick skin - No puedes insultarlo - le resbalan las cosas.

Sin.= *To be thick-skinned* ***

3) *To have a thin skin* **

Ser muy susceptible, hacerle a uno mella (críticas, etc).

It isn't a good thing for a politician to have such a thin skin – No es bueno para un político ser tan susceptible.

4) *To be soaked to the skin* ***

Estar calado hasta los huesos, empapado, hecho una sopa / como una sopa (véase tamb. *wet*).

Now, take off those clothes – you're soaked to the skin – Vamos, quítate esa ropa – estás empapado / hecho una sopa.

Sin.= *To be soaked (through)* ***

5) *To be nothing but skin and bones / to be all / only skin and bones* **

Estar en los huesos (véase tamb. *bone,* 4).

sky

1) *The sky is the limit* ***

El cielo es el límite (trad.), no hay limite, sin límite (generalmente de dinero a ganar, gastar, etc.).

Today you can spend as much as you like – the sky's the limit – Hoy puedes gastar cuanto quieras – 'el cielo es el límite'/no hay límite.

2) *To be all pie in the sky* *

Ser castillos en el aire, pura ilusión.

His plans for his son are all pie in the sky - Sus planes para su hijo son castillos en el aire.

Sin.= *To build castles in the air* (véase *castles*).

3) *To praise sth/sb to the skies* ***

Poner algo/a alguien por las nubes, alabar, ensalzar.

His paintings have been praised to the skies in America - Sus cuadros han sido muy alabados en América; *he's praised Ronaldo to the skies* – ha puesto a Ronaldo por las nubes.

sleep

1) *To sleep like a log/top****/**

Dormir como un tronco, como un lirón.

I slept like a log last night - Dormí como un tronco anoche.

2) *To sleep it off****

Dormir la mona.

He got drunk yesterday and now he's sleeping it off - Se emborrachó ayer, y ahora está durmiendo la mona.

sleeve

To have sth (an ace/ a trick/ a few tricks) up one's sleeve ***

Guardarse una carta/ un as en la manga (tener algún recurso secreto).

Don't worry about Jason – I'm sure he's still got an ace up his sleeve – No te preocupes por Jason – estoy seguro de que aun guarda un as en la manga.

slippery

(As) slippery as an eel **

Escurridizo como una anguila.

Our man has escaped arrest again – he's slippery as an eel – Nuestro hombre ha evitado otra vez ser arrestado – es escurridizo como una anguila.

slow down

To slow down ***

Aflojar (el ritmo de vida, de trabajo, etc.), tomarse las cosas con más calma.

After the heart attack, the doctor ordered him to slow down.- Después del ataque al corazón, el médico le ordenó que se tomara las cosas con más calma.

small fry

To be small fry **

Ser gente sin importancia/ de poca monta.

That's small fry you've caught - the big guns are still at large -Los que habéis cogido son gente de poca monta - los peces gordos están todavía sueltos.

smoke

1)   *To smoke the peace pipe* **

Fumar la pipa de la paz (véase tamb. *bury*).

2)   *To go up in smoke* **

(De intenciones, planes, proyectos, etc.) quedar en nada/en agua de borrajas, esfumarse.

The government's good intentions of creating eight hundred thousand new jobs have gone up in smoke - Las buenas intenciones del gobierno de crear 800.000 nuevos puestos de trabajo han quedado en agua de borrajas.

snail

At a snail's pace **

A paso de tortuga.

You're driving at a snail's pace – we're going to miss the plane – Vas conduciendo a paso de tortuga – vamos a perder el avión.

snake

A snake in the grass **

Falso amigo, traidor, una serpiente en la yerba (trad.).

His mate turned out to be a snake in the grass – Su compañero resultó ser un falso amigo.

so-so

1)   *So-so* ***

Regular, no muy bien.

«How are you today?» *«So-so»* - «¿Cómo estás hoy? » «Regular».

«Did you like it? » *«So-so»* - «¿Te gustó?» «Regular».

2)   *Mr. So- and- so* ***

El Sr. Fulano de tal.

322

sooner

The sooner the better ***

Cuanto antes mejor.

«*When do you want to start?*» «*The sooner the better*» - «¿Cuándo quieres empezar?» «Cuanto antes mejor».

sound

To be as sound as a bell **

Estar más sano que una pera.

Sins. = *To be the picture of health* ***, *to be fit as a fiddle* ***

sour

Sour grapes **

"Están verdes" (trad.) (dicho por alguien que pretende aparentar que no quiere algo que en realidad no puede conseguir).

He says he doesn't want the post, but I think it's just a case of sour grapes - Dice que no quiere el puesto, pero yo creo que, en realidad, lo que pasa es que no lo puede conseguir.

sow

To sow one's wild oats **

Correrla de joven (un hombre).

You can't say he didn't sow his wild oats before he got married – No puede decirse que no la corriera antes de casarse.

spanner

To throw a spanner in the works *

Poner obstáculos/trabas a algo, fastidiarlo todo.

Trust him to throw a spanner in the works as usual – Puedes estar seguro de que lo fastidiará todo como de costumbre.

spare

Spare the rod... (and spoil the child) (ref.) *

La letra con sangre entra.

'*Spare the rod and spoil the child'- that was what most teachers thought was the best way of educating schoolchildren in the past* – 'La letra con sangre entra' – esa era lo que la mayoría de los maestros creían ser la mejor manera de educar a los escolares en el pasado.

speak

1) *To speak highly of sb* ***

Poner por las nubes, hablar muy bien de alguien.

He spoke highly of you - Te puso por las nubes.

2) *To speak one's mind freely* **

Hablar con entera libertad.

You can speak your mind freely - Puedes hablar con entera libertad.

spill

To spill the beans **

Descubrir el pastel, irse de la lengua.

It's no longer a secret - your sister spilled the beans – Ya no es ningún secreto - tu hermana se fue de la lengua (véanse tamb. *give*, 5 y «lengua», 1).

spitting

To be the spitting image of sb **

Ser el vivo retrato de alguien, ser clavado a alguien.

He's the spitting image of his father - Es el vivo retrato de su padre.

Sin. = *To be the living image of sb* **

spoke

To put a spoke in sb's wheel(s) **

Poner palos en la rueda (trad.), poner impedimentos / obstáculos / trabas.

I'll never be able to finish the project if you keep putting a spoke in my wheels –
No podré terminar nunca el proyecto si no dejas de ponerme 'palos en la rueda'.

sponge

To sponge (on / off / from sb) ***

Sablear, dar sablazos, ser un gorrón.

He's always sponging on me - Siempre me está sableando.

Sins. = *To bum sth off sb* **, *to touch sb for sth* *** (véase *touch*, 2).

Cf. *To be a sponger* – Ser un gorrón.

spot

1)   *On the spot* ***

En el acto, inmediatamente.

When the embezzlement was discovered, they sacked him on the spot – Cuando
el desfalco fue descubierto, lo despidieron en el acto.

2)   *To have a soft spot for sb* ***

Tener debilidad por alguien.

She's always had a soft spot for her eldest son - Siempre ha tenido debilidad por
su hijo mayor.

3)   *To come out in spots* ***

Salirle a alguien granos.

It's normal for a girl your age to come out in spots – Es normal que a una chica de tu edad le salgan granos.

4)   *To put sb on the spot* **

Poner a alguien en un aprieto.

Her question put me on the spot – Su pregunta me puso en un aprieto.

sprat

To give/throw out a sprat to catch a mackerel *

Dar un gallo para recibir un caballo.

Very clever of him to invite the mayor to spend a week in the village spa: that's what I call 'throwing out a sprat to catch a mackerel' – Muy listo por su parte invitar al alcalde a pasar una semana en el balneario del pueblo: eso es lo que yo llamo 'dar un gallo para recibir un caballo'.

spread

To spread like wildfire ***

Correrse como la pólvora.

The news spread like wildfire - La noticia se corrió como la pólvora.

square

To be a square peg in a round hole **

Estar fuera de lugar (dicho de personas), no encajar, sentirse como gallina en corral ajeno.

He's like a square peg in a round hole in his new position - Está completamente fuera de lugar en su nuevo puesto. (No es la persona indicada para ese puesto).

stag

A stag night (IBr) **

Una despedida de soltero.

Sin.= *A bachelor party* ** (IAm).

Cf. *A hen party/night* ** - Una despedida de soltera.

stake

At stake ***

En juego.

A lot is at stake - Hay mucho en juego.

stand

1) *To stand to attention* ***

Estar/ponerse firme.

The soldiers stood to attention as the general inspected them - Los soldados permanecían firmes mientras el general les pasaba revista.

2) *To stand to reason* ***

Ser razonable.

Their demands stand to reason – Sus peticiones son razonables.

stars

To thank one's lucky stars **

Dar gracias a la buena estrella de uno.

You can thank your lucky stars you didn't get killed - Puedes dar gracias a tu buena estrella que no te mataran.

steal

1) *To steal a march on sb* **

Adelantarse a alguien, ganar por la mano.

I'm afraid they've stolen a march on us - Me temo que nos han ganado por la mano.

2) *To be a steal* (IAm) **

Ser una ganga.

It's a steal at the price - Es una ganga a ese precio.

Sin.= *A bargain.*

3) *To steal the show* **

Acaparar la atención de todos, ser el centro de todas las miradas.

Celia was smashing – she stole the show at the party - Celia estaba estupenda - fue el centro de todas las miradas en la fiesta.

steam

Full steam ahead **

A toda máquina, a marchas forzadas.

We have to work full steam ahead if we want to finish before summer – Tenemos que trabajar a toda máquina si queremos terminar antes del verano.

Cf. *Against the clock* ***- Contra reloj.

step

To step on it **

Darse prisa, acelerar (esp en coche), pisar el acelerador, pisar a fondo.

Step on it! - ¡Dale!, ¡pisa a fondo! (véase tamb. *leg*, 3).

stew

To leave/let sb stew (in their own juice) *

Dejar que alguien se las componga/arregle solo (esp después de haber actuado mal).

He has only himself to blame for it, so let him stew in his own juice now - Él es el único culpable/la culpa es sólo suya, así que déjalo que se las componga solo.

stick

1) *To stick/stand out a mile* ***

Notarse/verse a la legua (lit. y fig.), saltar a la vista, resultar evidente.

His boredom sticks out a mile - Su aburrimiento salta a la vista/se nota a la legua; *his nose sticks out a mile* – su nariz salta a la lista.

Cf. *To stick/stand out like a sore thumb* ** - Desentonar terriblemente, no pegar ni con cola, ser un pegote:

The black ugly building stuck/stood out like a sore thumb - El feo edificio negro desentonaba terriblemente.

2) *To stick one's neck out* **

Buscársela, señalarse, jugarse el tipo, jugársela.

Don't contradict the boss any more – you're sticking your neck out – No contradigas más al jefe – te estás jugando el tipo.

Sin. *To risk one's neck* ***

3) *To stick at nothing* **

No detenerse/dudar ante nada para lograr algo, no tener escrúpulos, no pararse en barras.

I'm warning you - they will stick at nothing to get what they want – Te prevengo - no se detendrán ante nada para lograr su propósito.

stiff

1) *As stiff as a poker* **

Más tieso que un palo, rígido, estirado.

The butler was as stiff as a poker - El mayordomo estaba más tieso que un palo.

2) *To have a stiff neck* ***

Tener tortícolis.

I've got a stiff neck - Tengo tortícolis.

stir

To stir up a hornet's nest *

Revolver/alborotar el avispero (provocar alteración/desorden).

The government stirred up a hornet's nest when they announced they were going to close the coal mine – El gobierno revolvió el avispero cuando anuncio que iban a cerrar la mina de carbón.

stitch

1) *A stitch in time... (saves nine)* (ref.) *

Quien no arregla la gotera, arregla la casa entera, un remiendo/una puntada a tiempo, ahorra ciento.

2) *Not have a stitch on* **

Estar desnudo, en cueros (vivos).

She was sunbathing on the terrace and she didn't have a stitch on - Estaba tomando el sol en la terraza en cueros (véanse tamb. «pelota, 1» y *birthday*).

stone

1) *A stone's throw (from sth)* ***

A tiro de piedra, a un paso.

His flat is a stone's throw from the Post Office – Su piso está a un paso de Correos.

2)   *A rolling stone gathers no moss* (ref.) **

Piedra movediza no cría moho.

I never live in a place longer than six months – you know, a rolling stone gathers no moss – Nunca vivo en un sitio más de seis meses – ya sabes, 'piedra movediza no cría moho.'

storm

Any port in a storm **

Cualquier puerto es bueno cuando hay tormenta (trad.), en tiempos de guerra, cualquier hoyo es trinchera, la necesidad carece de ley.

Accept the job – any port in a storm – Acepta el trabajo – en tiempos de guerra cualquier hoyo es trinchera.

story

1)   *The same old story* ***

Lo mismo/la misma historia de siempre.

It's the same old story – he married her for her money – Es la misma historia de siempre – se casó con ella por su dinero.

2)   *A tall story* ***

Una historia imposible de creer, un camelo.

Nobody will believe that tall story – Nadie va a creer ese camelo.

3)   *A cock and bull story* **

Un cuento chino, una historia increíble y absurda.

I'm fed up with hearing your cock and bull stories – Estoy harta de oír tus cuentos chinos.

4)   *A sob story* **

Un dramón, una historia lacrimógena.

He gets a kick out of watching sob stories on TV – Se lo pasa pipa viendo dramones en TV.

straight

Straight on/ahead ***

Todo seguido/recto.

«Can you tell me the way to Carnaby Street?» «Go straight on and take the third turning to the right» - «¿Para ir a Carnaby Street, por favor?» «Vaya todo seguido y tome la tercera bocacalle a la derecha».

straw

1)   *It's the last straw* ***

La última gota (que hace rebosar el vaso, que hace perder la paciencia, etc.).

He didn't come to work yesterday either. Really it's the last straw - Tampoco vino ayer al trabajo - realmente, es la última gota.

Sin.= *The last straw breaks the camel's back* *

2)   *To draw/get the short straw* **

Tocarle a uno la china/bailar con la más fea.

Sin.= *To get the short end of the stick* **

street

1)   *To be just/right up someone's street* ***

Ser el fuerte de alguien, lo suyo, algo en lo que está muy puesto.

Ask Ms Turner - Phonetics is just up her street- Pregúntale a Ms Turner - la Fonética es su fuerte.

2)   *To be streets ahead (of sb)* **

Estar muy por delante de, a años luz de, ser muy superior a alguien.

The Americans and the Russians are streets ahead of us in the space race -
Los americanos y los rusos van muy por delante de nosotros en la carrera del
espacio.

stretch

To stretch a point ***

Hacer una excepción.

We'll stretch a point and allow two hours for lunch – Haremos una excepción y
permitiremos dos horas para el almuerzo.

strike

1)   *To strike gold/ oil* ***

Encontrar un filón.

She's struck gold selling her homemade jam – Ha encontrado un filón vendiendo
su mermelada casera.

2)   *To strike it rich* ***

Tocarle a uno el (premio) gordo/ la lotería, ponerse las botas.

It's our chance to strike it rich - Es nuestra oportunidad de ponernos las botas
(véanse tamb. *jackpot* y «botas», 2a).

3)   *To strike a discordant note* ***

Dar la nota discordante, llamar la atención.

It's a formal dinner. Your shorts strike a discordant note – Es una cena de
etiqueta. Tus pantalones cortos dan la nota discordante.

string

1) *To have another string / more than one string / more strings to one's bow* **

Tener / contar con otro recurso / ser una persona de recursos.

He works as a waiter, but he wants to have another string to his bow in case he loses his job, so he's doing a course in computer science – Trabaja de camarero, pero quiere contar con otro recurso por si pierde su empleo, así que está haciendo un curso de informática.

2) *To have sb on a string* **

Tener a alguien metido en un puño, dominado.

She's got her husband on a string - Tiene a su marido metido en un puño (véanse tamb. *eat*, 1, *nose*, 3 y *thumb*, 2).

Sunday

In one's Sunday best ***

Vestido con traje / en ropa de domingo.

They were all very smart in their Sunday best - Estaban todos muy elegantes con su ropa de domingo.

swallow

1) *To swallow one's pride* **

Tragarse el orgullo.

Swallow your pride and ask them home - Trágate el orgullo e invítalos a casa.

2) *To swallow the bait* **

Tragarse / morder el anzuelo (aceptar sin sospechar una mentira, trampa, etc.).

They were offering a free DVD with every TV set and many shoppers were swallowing the bait – Ofrecían un DVD gratis con cada televisor y muchos compradores mordían el anzuelo.

Sin.= *To rise to the bait* **

swear off

To swear off sth ***

Dejar, quitarse de (bebida, tabaco, etc.).

He swore off alcohol after he was so ill - Dejó la bebida después de estar tan enfermo (véase tamb. *wagon*, 1).

sweep

To sweep sb off their feet **

Dejar prendado/hacer perder la cabeza a alguien.

He was swept off his feet by her beauty –Quedó prendado de su belleza.

swim

To swim against the tide ***

Nadar contra corriente.

We will follow the rules – there's no point in swimming against the tide – Seguiremos las reglas – no sirve de nada nadar contra corriente.

Cf. *To swim with the tide* ** - Dejarse llevar por la corriente.

swot up

To swot sth up ***

Empollar, hincar los codos.

He's swotting up his maths for tomorrow's exam - Se está empollando las mates para el examen de mañana (véase tamb. *bone*, 5).

Cf. *A swot* - Un empollón.

T

tail

1) *To turn tail* **

Dar media vuelta y salir huyendo / corriendo, poner pies en polvorosa.

Seeing as the enemy outnumbered them ten to one, turning tail was the most sensible thing to do – Viendo que el enemigo los superaba 10 a 1 en número, dar media vuelta y salir corriendo fue lo más sensato que pudieron hacer.

2) *The tail wagging the dog* *

«La cola mueve al perro» (trad.), el mundo al revés (el que debería controlar la situación / dar las órdenes, etc., es el que las recibe).

I was astonished to see that my wife was explaining the new therapy to her doctor – a clear case of the tail wagging the dog – Me quedé atónito al ver que mi mujer le estaba explicando la nueva terapìa a su médico – un claro ejemplo de 'el mundo al revés'.

take

1) *To take it easy* ***

Tomárselo con calma.

Take it easy, my friend - Tómatelo con calma, amigo mío.

2) *To take sth in one's stride* **

Tomarse algo con calma, ser capaz de hacer algo difícil sin problemas.

I'm sure you can take that exam in your stride - Estoy seguro de que eres capaz de hacer ese examen sin problemas.

3) *To take sth for granted* ***

Dar algo por sentado / por supuesto.

They take it for granted you're going to give them one each - Dan por sentado que les vas a dar uno a cada uno.

4) *To take with a pinch of salt* **

Creer algo con reservas, no dar mucho crédito (a lo que dice alguien).

You should take whatever he says with a pinch of salt.- Debes tomar todo lo que dice con reservas.

Sin.= *To take with a grain of salt* (antic.).

5) *To take a dim/poor view of sth/sb* ***

No ver algo/a alguien con buenos ojos, tener una pobre opinión de algo/alguien.

I take a dim view of those who neglect their duties - Tengo una pobre opinión de los que descuidan su deber.

6) *To take a hint* ***

Captar una indirecta.

I can take a hint - Sé captar una indirecta.

7) *To take one's breath away* ***

Dejar a alguien sin habla/pasmado, quitar a alguien el hipo.

Her fantastic triple jump took my breath away – Su fantástico triple salto me dejó sin habla.

8) *To take offence* ***

Ofenderse.

I didn't mean it that way - don't take offence, please – Yo no quería decir eso - no te ofendas, por favor.

9) *To take one's time* ***

Tomarse todo el tiempo que haga falta.

Take your time, there's no hurry - Tómate todo el tiempo que haga falta, no hay ninguna prisa.

10) *To take sides* ***

Tomar partido.

I'd rather not take sides for the moment - Prefiero no tomar partido, por el momento.

11) *To take it/sth lying down* ***

Aceptar o aguantar sin rechistar, aguantar carretas y carretones, tragárselas dobladas.

I refuse to take their insults lying down – Me niego a aceptar sus insultos sin rechistar.

12) *To take it out on somebody* ***

Tomarla con alguien.

Don't take it out on me just because you're having a bad day – No la tomes conmigo sólo porque estés pasando un mal día.

13) *To take by storm* ***

a) Tomar por asalto.

The soldiers took the castle by storm - Los soldados tomaron el castillo por asalto.

b) Tener gran éxito (actor, cantante, etc., en un determinado lugar), conquistar.

The Beatles took England by storm in the sixties - Los

Beatles conquistaron Inglaterra en los años sesenta.

14) *To take sb in* ***

Engañar.

I'm afraid they've taken you in – Me temo que te han engañado (véase tamb. «queso», 1).

15) *To take sth in* ***

Hacerse cargo de una situación, comprender cuál es la situación mirando lo que hay al llegar a un lugar, formarse un cuadro/una imagen mental.

He took the situation in at a glance - Se hizo cargo de la situación al primer vistazo.

talk

1) *To talk at cross purposes* **

Hablar de cosas distintas (creyendo que se habla de lo mismo), hablar cada uno por su lado sin entenderse, jugar a los despropósitos.

I have the impression they're talking at cross purposes - Me da la impresión de que están hablando de cosas distintas/va cada uno por su lado.

2) *To talk through one's hat* *

Desbarrar, decir tonterías (sobre algo que no se conoce), haber oído campanas y no saber dónde.

Pay no attention to what he says, he keeps talking through his hat – No prestes atención a lo que dice, no hace más que desbarrar.

Sin. = *To talk nonsense* ***

3) *To talk turkey* (esp. IAm) **

Hablar con toda franqueza, sin rodeos.

No more lies – let's talk turkey – No más mentiras – hablemos con toda franqueza.

4) *Talk to the hand* **

No te escucho, paso de ti.

«*Are you listening to me?*» «*Talk to the hand*» - «¿Me estás escuchando?» «No te escucho, paso de ti».

tarred

To be tarred with the same brush *

Estar cortados por el mismo patrón (generalmente usado en sentido peyorativo: ser tal para cual).

Those two are tarred with the same brush – Esos dos son tal para cual.

temper

1) *To be in a good/ bad temper* ***

Estar de buen/mal humor.

Be careful, he's in a bad temper today - Ten cuidado, hoy está de mal humor (véase tamb. *mood,* 1).

2) *To lose one's temper* ***

Perder los estribos.

Sorry, I lost my temper - Siento haber perdido los estribos.

thin

1) *As thin as a rake* *

Muy flaco, en los huesos.

You must eat more - you're as thin as a rake – Debes comer más - estás en los huesos.

2) *Thin on top* (hum.) **

Con poco pelo, casi calvo.

The new English teacher is quite young, but he's already thin on top – El nuevo profesor de inglés es bastante joven , pero ya está casi calvo.

thing

1) *One of those things* ***

Cosas que pasan.

It was just one of those things - Fue sólo una de esas cosas que pasan.

2) *Poor thing* ***

Criatura, pobre/pobrecito.

The poor thing hasn't slept in two days – El pobre lleva dos días sin dormir.

3) *What with one thing and another...****

Entre unas cosas y otras, entre esto y lo otro, entre pitos y flautas.

What with one thing and another... we missed the plane - Entre pitos y flautas perdimos el avión.

think

1) *I think so ****

Creo que sí.

«Is it going to rain?» «I think so». - «¿Va a llover?» «Creo que sí».

2) *To think better of it ****

Pensárselo mejor.

I've thought better of it and I won't take any legal action – Me lo he pensado mejor y no procederé judicialmente.

3) *To think a lot of oneself ***

Estar muy pagado de sí mismo.

He's not a bad guy, but he thinks a lot of himself – No es mal tipo, pero está muy pagado de sí mismo (véase tamb. *boot, 1*).

4) *To think highly / the world of sb ***

Tener una gran opinión, un gran concepto de alguien.

We think the world of you - Creemos que eres maravillosa, tenemos una gran opinión de ti.

5) *Not think much of sb / sth ****

No tener muy buena opinión de alguien / algo.

They don't think much of him as a writer - No tienen muy buena opinión de él como escritor.

6)   *To have (got) another think coming* ***

Llevarlo claro (iron.).

If he thinks I'm going to let him kiss me, he's got another think coming – Si cree que le voy a dejar que me dé un beso, lo lleva claro.

think over

To think it over ***

Pensárselo, reflexionar.

Think it over and let me know your decision as soon as possible - Piénsatelo y comunícame tu decisión lo antes posible.

third

Third time lucky ***

A la tercera va la vencida.

I'm sure you'll pass your history exam – third time lucky – Estoy seguro de que aprobarás tu examen de historia – a la tercera va la vencida.

thorn

To be a thorn in one's side/flesh **

Ser una espina clavada en la carne.

Her second son has always been a thorn in her flesh - Su segundo hijo siempre ha sido una espina clavada en su carne.

thought

To give sb food for thought **

Dar que pensar.

That gives one food for thought - Eso le da a uno que pensar.

throat

1) *To force/ thrust/ ram sth down sb's throat* *

Hacer tragar/meter (opiniones, ideas, etc.) a alguien por la fuerza.

He keeps trying to force his silly beliefs down people's throats - Sigue intentando meterle a la gente sus estúpidas creencias por la fuerza.

2) *To stick in sb's throat/ gullet* **

Costar trabajo aceptar/aguantar algo, atragantársele a alguien algo.

It sticks in my throat to be bossed about by that idiot – Me cuesta trabajo aceptar ser mangoneado por ese idiota (véanse tamb. *rub*, 3, y «tragar», 1).

throw

1) *To throw sb off the scent* **

Despistar, dar una pista falsa.

He tried to throw me off the scent - Intentó despistarme.

2) *To throw in the towel* ***

Tirar la toalla, admitir la derrota.

We'll go on fighting —it's too soon to throw in the towel - Seguiremos luchando —es demasiado pronto para tirar la toalla.

3) *To throw one's weight around/ about* **

Hacer sentir su autoridad, abusar alguien de su poder.

When it came to cutting down the civil servants' salary, the unions believe that the government threw its weight around – A la hora de bajarle el sueldo a los funcionarios, los sindicatos creen que el gobierno abusó de su poder.

4) *To throw one's weight behind sth/ sb* *

Dar todo su apoyo a algo/alguien.

He threw his weight behind the advertising campaign – Dio todo su apoyo a la campaña publicitaria.

thumb

1) *To be all thumbs* (IBr tamb. *be all fingers and thumbs*) **

Ser un manazas / ser desmañado.

Trust him to break it - *he's all thumbs* - Ya verás cómo lo rompe - es muy desmañado (véase tamb. *bull*, 2).

2) *To be under sb's thumb* **

Estar dominado por alguien.

He's under his mother's thumb - Está dominado por su madre.

3) *A rule of thumb* **

Una reglilla práctica (basada en la experiencia).

I used a rule of thumb to calculate the cost – Usé una regilla práctica para calcular el costo (véase tamb. «ojo», 11).

4) *To give sth the thumbs up / down* **

Aprobar / desaprobar algo, dar o no el visto bueno.

We can start building the house – *the owner has given me the thumbs up* – Podemos empezar a construir la casa – el dueño me dado el visto bueno.

5) *To thumb a lift / ride* ***

Hacer (y conseguir en su caso) autostop.

I thumbed a lift to Rome - Fui en autostop a Roma.

Sin. = *To hitchhike*.

6) *To twiddle one's thumbs* **

Estar mano sobre mano, sin dar golpe, tocarse las narices (véase tamb. «mano», 1).

He's been twiddling his thumbs all day, waiting for her girfriend to phone him – Lleva todo el día sin dar golpe, esperando que lo llame su novia.

tick

1) *To tick sth off on a list* ***

   Puntear en una lista.

2) *To tick sb off* *

   Regañar a alguien.

   Sins.= *To scold sb, to tell sb off* ***

ticket

1) *To give sb a ticket* ***

   Poner una multa, multar a alguien.

   He's been given a parking/ speeding ticket – Le han puesto una multa por aparcamiento indebido/exceso de velocidad.

2) *To be just the ticket* **

   Venir al pelo.

   That weekend in Paris with Helen was just the ticket – Ese fin de semana en París con Helen me ha venido al pelo (véase tamb. «pelo», 8).

tickled

To be tickled pink/ to death *

   Estar encantado/contentísimo.

   She was tickled pink —her favourite grandson had been to see her -
   Estaba contentísima —su nieto favorito había venido a verla.

tiger

A paper tiger *

Un tigre de papel (trad.) (persona o cosa que no es tan poderosa/terrible, etc., como parece).

Their army is very disorganized —they're really a paper tiger - Su ejército está muy desorganizado —son 'un tigre de papel' en realidad.

tight

To sit sight **

a) Quedarse en su/un sitio (sin moverse).

Call the police and sit tight till they arrive – Llama a la policía y quédate ahí sin moverte hasta que lleguen.

b) Aguantar, no hacer nada, esperar tiempos mejores.

Experts are advising investors to sit tight at the moment, and neither buy nor sell – Los expertos están aconsejando a los inversores que esperen por el momento y ni compren ni vendan.

tightrope

To walk a tightrope **

Caminar por la cuerda floja (lit. y fig.), estar en la cuerda floja.

The Chancellor is walking a tightrope, with inflation on one side and recession on the other – El Ministro de Hacienda está caminando por la cuerda floja, con la inflación en un lado y la recesión en el otro.

time

1) *In time* ***

A tiempo.

Are we still in time? - ¿Estamos a tiempo todavía?

2) *On time****

Puntual.

He's always on time – Siempre llega puntual.

3) *Time is money ****

El tiempo es oro.

Please, don't waste my time – time is money – Por favor, no me hagas perder el tiempo – el tiempo es oro.

4) *To be before one's time ****

No ser del tiempo de uno, ser anterior a la época de uno.

«What can you tell us about the Civil War?» «Not much, I'm afraid, that was before my time» - «¿Qué nos puede decir sobre la guerra civil?» «No mucho, me temo - es anterior a mi época.»

5) *For the time being ****

Por ahora.

We'll live there for the time being - Viviremos allí, por ahora.

Sin. = *For the moment.*

6) *Time is a great healer* (ref.) **

El tiempo lo cura todo.

7) *Time and tide wait for no man* (ref.) **

El tiempo no perdona.

8) *Time's up ****

Es la hora.

Time's up! Please, hand in your papers - ¡Es la hora! Por favor, entreguen sus exámenes.

9) *Time and again ****

Una y otra vez (véase tamb. *over*).

He listened to the tape time and time again – Escuchó la cinta una y otra vez.

10) *Long time no see* **

Hace siglos que no te veo.

Sin. = *I haven't seen you for ages* ***

11) *In (next to) no time/ in no time (at all)* ***

Muy pronto, en nada de tiempo, dentro de nada.

In next to no time, he had already scored twice – En nada de tiempo, ya había marcado dos veces; *don't worry, I'll be there with you in no time* – no te preocupes, estaré ahí contigo dentro de nada.

12) *To be behind the times* ***

Estar anticuado.

I'm afraid you're behind the times – Me temo que estás anticuado.

13) *From time to time* ***

De vez en cuando.

He comes to see me from time to time – Viene a verme de vez en cuando.

14) *To kill time* ***

Matar el tiempo (véase tamb. *while*, 1).

Let's play cards to kill time – Júguemos a las cartas para matar el tiempo.

15) *To play for time* ***

Tratar de ganar tiempo (véase tamb. *buy*, 2).

The Government are playing for time – El gobierno está tratando de ganar tiempo.

16) *All in good time* ***

Todo a su debido tiempo, cada cosa a su tiempo.

Don't be impatient – all in good time – No seas impaciente – todo a su debido tiempo.

17) *Not give sb the time of day* **

No darle a alguien ni la hora.

When he was rich, everybody sought his company, but now that he's ruined, nobody gives him the time of day – Cuando era rico, todo el mundo buscaba su compañía, pero ahora que está arruinado, nadie le da ni la hora.

18) *Time flies* ***

El tiempo vuela.

Christmas is round the corner – how time flies! – La Navidad está a la vuelta de la esquina - ¡cómo vuela el tiempo!

tin

To have a tin ear **

Tener mal oído para la música.

He can't sing – he has a tin ear – No sabe cantar – tiene mal oído para la música.

tired

To be tired out ***

Estar muy cansado / agotado / rendido / exhausto.

Sins.= *To be dog-tired* **, *to be worn out / exhausted / dead tired* *** / *knackered* **

tit for tat

Tit for tat **

Donde las dan las toman.

He hit me, so I hit him back – tit for tat – Me golpeó y yo le devolví el golpe – donde las dan las toman.

toe

1) *To toe the line* ***

   Acatar la disciplina / seguir la línea de...

   You must toe the party line - Debes acatar la disciplina del partido.

2) *From top to toe* **

   De la cabeza a los pies, de cabo a rabo.

   They X-rayed him from top to toe, but found nothing wrong with him – Le hicieron radiografías de la cabeza a los pies, pero no le encontraron nada malo.

3) *To be / keep on one's toes* ***

   Estar ojo avizor, estar alerta, mantener los ojos bien abiertos.

   We'll have to keep on our toes if we want to increase productivity hy 25% - Tendremos que mantenernos alerta si queremos aumentar la productividad en un 25%.

4) *To tread* (IBr) / *step* (IAm) *on sb's toes*

   a) *** (lit) Darle un pisotón a alguien.

      He can't dance - he keeps treading on his partner's toes – No sabe bailar - no hace más que pisar a su pareja.

   b) ** (fig) Ofender / molestar a alguien (diciendo / haciendo algo que va contra sus creencias / convicciones, etc.).

      You trod on his toes when you ridiculed the Pope - Lo ofendiste cuando ridiculizaste al Papa.

5) *To turn up one's toes* (hum.) **

   Morir, estirar la pata (véanse tamb. *way*, 11 y «pata», 1).

tongue

1) *To hold one's tongue* ***

Callarse la boca.

Hold.your tongue ! - ¡Cállate la boca ! (véase tamb. «pico»).

2) *To say sth with (one's) tongue in (one's) cheek* **

Decir algo con la boca chica/pequeña, medio en broma.

Don't you believe him - he said it with tongue in cheek - No lo creas, lo dijo con la boca chica.

3) *To bite one's tongue* ***

Morderse la lengua, contenerse para no decir algo.

Why did you say that? You should have bitten your tongue - ¿Por qué dijiste eso? Tenías que haberte mordido la lengua (véase tamb. *lip,* 1).

4) *To find one's tongue* ***

Recobrar el habla (tras un periodo de silencio causado por una fuerte emoción, etc.).

When she found her tongue she thanked him profusely - Cuando recobró el habla le dio efusivamente las gracias.

5) *To have a sharp tongue* ***

Tener la lengua muy afilada/viperina/ser mordaz.

Your sharp tongue will get you into trouble one day – Tu lengua viperina te va a traer problemas algún día.

6) *To set tongues wagging* ***

Dar (mucho) que hablar.

The vicar's wedding has set tongues wagging in the village –La boda del párroco está dando que hablar en el pueblo.

7) *To loosen sb's tongue* ***

Soltarle la lengua a alguien, hacerle hablar.

Wine loosened his tongue – El vino le soltó la lengua.

8) *To be silver-tongued* **

Tener un pico de oro (véase tamb. «labia»).

tooth/teeth

1) *Armed to the teeth* ***

Armado hasta los dientes.

Both sides were armed to the teeth – Ambos bandos estaban armados hasta los dientes.

2) *To cut one's teeth on sth* **

Haber echado alguien los dientes en algún lugar o haciendo algo.

He knows the Bronx well - he cut his teeth on its streets – Conoce bien el Bronx - echó los dientes en sus calles.

3) *To be long in the tooth* **

Ser viejo, con muchos años a cuestas (alguien o algo).

You're a bit long in the tooth to read fairy tales – Eres ya algo viejo para leer cuentos de hadas; *it's a good printer, but a bit long in the tooth* – es una buena impresora, pero algo antigua.

4) *To bare one's / its teeth* ***

Enseñar/mostrar los dientes (por enfado) (persona o animal).

The dog bared its teeth – El perro mostró sus dientes.

Cf. *To show sb one's teeth* **- Enseñar los dientes (demostrar a alguien que se es capaz de resistirle o atacarle):

I think he's taking too many liberties, you'll have to show him your teeth – Creo que se está tomando demasiadas libertades, vas a tener que enseñarle los dientes.

5) *To get one's teeth into sth* **

Hincarle el diente a algo, acometer una (difícil) tarea.

He hasn't found the time yet to get his teeth into that difficult task – Todavía no ha encontrado el momento de hincarle el diente a esa difícil tarea.

6) *To be a kick in the teeth for sb* *

Sentar como una patada (en el estómago) (a alguien) (actitud, acto, palabras).

Pat refused to go out with Ted, and it was a kick in the teeth for him – Pat se negó a salir con Ted y a él le sentó como una patada en el estómago.

top

1) *The top of the ladder* *

La cima, la cumbre, el más alto escalón social, la cresta de la ola.

Now that he's been appointed minister, he can be said to have reached the top of the ladder - Ahora que lo han nombrado ministro, puede decirse que ha alcanzado la cima.

2) *To feel on top of the world* **

Sentirse muy feliz/ el rey del universo.

When she kissed him, he felt on top of the world – Cuando ella lo besó, se sintió el rey del universo.

touch

1) *To lose one's touch* **

Perder facultades.

He's losing his touch of late - Últimamente está perdiendo facultades.

2) *To touch sb for sth* ***

Dar un sablazo.

I met him yesterday and he touched me for £20 - Me lo encontré ayer y me dio un sablazo de £20 (véase tamb. *sponge*).

3)   *To touch bottom* (econ.) ***

Tocar fondo.

The stock market has touched bottom – El mercado bursátil ha tocado

touchy

To be touchy ***

Ser susceptible/quisquilloso/picón/ picajoso.

He's a bit touchy - Es un poco picón.

town

1)   *To paint the town red* **

Echar una canita al aire, irse de/correrse una juerga, correrla (véase tamb. *go*, 5).

Tonight we're going to paint the town red – Esta noche nos vamos de juerga.

2)   *To be the talk of the town* ***

Ser la comidilla (de la ciudad), estar en boca de todos, no hablarse de otra cosa.

The mayor's blunder is the talk of the town – La metedura de pata del alcade está siendo la comidilla de la ciudad.

3)   *To go to town (on sth)* **

Tirar la casa por la ventana (en alguna ocasión especial).

They went to town on their daughter's wedding reception -Tiraron la casa por la ventana el día del banquete de boda de su hija.

Sin.= *To push the boat out* (véase *boat*, 2).

Cf. No escatimar gastos – *To spare no expense* ***

train

To get on the gravy train **

Aprovecharse de un chollo, chupar del bote (obtener beneficio/ganancia fácil, ganar mucho dinero trabajando poco, etc).

Webpage designing has proved to be a very profitable activity, and many computer programmers are getting on the gravy train – Diseñar páginas web ha resultado ser una actividad muy rentable, y muchos técnicos informáticos se están aprovechando de este chollo; *for some people, to become a civil servant is synonymous with getting on the gravy train* – para algunas personas, hacerse funcionario es sinónimo de 'chupar del bote'.

trial

To be a trial (to sb) ***

Ser un suplicio/tormento/una cruz (para alguien).

That child is a trial to his parents - Ese niño es una cruz para sus padres.

trick

To play a dirty/nasty trick on sb **

Hacerle a alguien una faena.

That's a nasty trick they've played on you - Te han hecho una faena.

trip

A bad trip (sl. droga) ***

Un mal «viaje» (efectos desagradables producidos por la droga: alucinaciones, etc.).

trouble

1) *(The) trouble is...* ***

Lo malo es que...

(*The*) *trouble is there's no way of warning him* - Lo malo es que no hay manera de avisarle.

2)   *To get into trouble* ***

Meterse en problemas/líos.

Don't go to that place again or you'll get into trouble - No vayas a ese sitio más si no quieres meterte en líos.

trout

An old trout *

(IBr) Una bruja, una arpía.

I'm warning you - she's an old trout, if ever there was one – Te lo advierto - es una arpía, donde las haya.

true

Too good to be true ***

Demasiado bueno para ser verdad, no será verdad tanta belleza, no caerá esa breva.

«*I think Kate's crazy about you*». «*It's too good to be true*».- «Creo que Kate está loca por ti». «No caerá esa breva».

try

If at first you don't succeed, try, try, try again **

El que la sigue la consigue, pobre porfiado saca tajada.

turkey

To be a turkey *

(IAm) Ser un fracaso.

The movie was a turkey – La película fue un fracaso.

turn

1) *One good turn deserves another* (ref.) *

   Amor con amor se paga.

2) *To take turns* ***

   Turnarse.

   We'll take turns at the sick man's bedside - Nos turnaremos a la cabecera del enfermo.

3) *Not turn a hair* ***

   No inmutarse, quedarse tan pancho.

   She didn't turn a hair when she heard the news - Ni se inmutó al oír la noticia (véase tamb. *bat*, 2).

4) *To have a nasty turn* **

   Pasar un mal rato. *You gave me a nasty turn yesterday* – Me hiciste pasar un mal rato ayer.

5) *To turn / tip the scales* (*against sbt / in sb's favour*) **

   Inclinar la balanza (en contra / a favor de alguien).

   That vote will turn / tip the scales in our favour – Ese voto inclinará la balanza a nuestro favor.

6) *To turn one's nose up at sth* **

   Hacer ascos a / despreciar algo.

   He turned up his nose at my suggestion - Le hizo ascos a mi sugerencia.

7) *To turn a deaf ear (to sth)* ***

   Hacer oídos sordos a algo, no hacer caso, hacerse el sordo.

   He turned a deaf ear to her entreaties - Se hizo el sordo ante sus súplicas.

8) *To turn one's back on sb / sth* (lit. y fig,) ***

   Dar / volver la espalda a alguien / algo (lit. y fig.).

She turned her back on him - Le dio la espalda; *our country has turned its back on innovation* - Nuestro país le ha dado la espalda a la innovación.

9)   *To take a turn for the better* ***

Tomar un giro favorable, cambiar para mejor.

Things have taken a turn for the better - Las cosas han tomado un giro favorable.

Cf. *To look up* *** Mejorar: *Things are beginning to look up for Jennifer* - Las cosas están empezando a mejorar para Jennifer.

10)   *To turn the tables (on sb)* **

Cambiar las tornas (contra alguien), dar la vuelta a la tortilla.

The tables were turned in the second half, when Chelsea scored their first goal – Se cambiaron las tornas en el 2º tiempo, cuando el Chelsea marcó el primer gol.

turtle

To turn turtle **

Volcar (bote).

Our boat turned turtle and it was a close thing we didn't drown – Nuestro bote volcó y por poco no nos ahogamos.

twice

Twice as much ***

Dos veces más.

I can get twice as much from the other party - Puedo sacar dos veces más de la otra parte / de los otros.

twist

To twist sb round one's little finger **

Hacer con alguien lo que nos da la gana, manejar a alguien a nuestro antojo, tener a alguien en el bolsillo, tener dominado / metido en un puño (véanse tamb. *lead*, 3 y *thumb*, 2).

U

unknown

An unknown quantity **

Una incógnita (personas cuyas intenciones, cualidades, etc., se esconocen todavía) (véase tamb. *dark*).

up

1) *To be all up with sb* ***

Haberse acabado todo para alguien

When they discovered the embezzlement, it was all up with him- Cuando descubrieron el desfalco, se acabó todo para él.

2) *To be up and about* ***

Estar levantado (esp. después de una enfermedad).

Grandfather was ill last week, but now fortunately he's up and about again – El abuelo estuvo enfermo la semana pasada, pero ahora afortunadamente está ya levantado.

3) *On the up and up* **

Cada vez mejor.

Sales are on the up and up – Las ventas van cada vez mejor.

Sin.= *Better and better* ***

4) *To be well up in/ on sth* **

Saber mucho de, estar muy versado en, ser un experto en, estar muy puesto en algo.

He's well up on English History - Está muy versado en historia inglesa.

5)   *Up yours!* **

(vulg.) ¡Que te den!

up to

1)   *It's up to you!* ***

Depende de ti, es asunto tuyo, ¡allá tú!, tú mismo.

«*Shall I accept the job?*» «*It's up to you*» - «¿Acepto el trabajo?» «Tú mismo».

2)   *To be up to sth****

Estar tramando algo.

I'd like to know what he's up to – Me gustaría sabér qué está tramando.

3)   *(Not) to be up to sth*

  a)   *** (No) estar en condiciones de, (no) ser capaz de (hacer) algo.

  She's not up to such a long journey – No está en condiciones para tan largo viaje.

  b)   ** No estar a la altura de algo.

  This wine is not up to the Rioja we had last night - Este vino no está a la altura del Rioja que tomamos anoche.

upside

Upside down ***

Al revés, bocabajo.

He can't be reading the paper - he's holding it upside down – No puede estar leyendo el periódico - lo tiene cogido al revés.

useful

To come in useful ***

Venir bien, resultar útil

Don't throw that away in case it comes in useful - No tires eso por si nos resulta útil (véase tamb. *handy*).

V

vanish

To vanish into thin air ***

Esfumarse, desaparecer, tragarse a alguien la tierra.

He's vanished into thin air - Se lo ha tragado la tierra.

variety

Variety is the spice of life **

En la variedad está / radica el gusto.

vent

To give vent to one's feelings **

Dar rienda suelta a los sentimientos.

He gave vent to his anger – Dio rienda suelta a su ira.

vicious

A vicious circle ***

Un círculo vicioso, la pescadilla que se muerde la cola.

virtue

To make a virtue of necessity **

Hacer de la necesidad virtud, ponerse moños por haber hecho algo que no había más remedio que hacer.

voice

To be a voice crying in the wilderness **

Ser como clamar/predicar en el desierto.

wagon

1) *To go / be on the wagon* **

Dejar / haber dejado la bebida.

It's the third time this month he's said he's going on the wagon - Es la tercera vez este mes que dice que va a dejar la bebida (véase tamb. *swear off*).

2) *To fall off the wagon* **

Volver a caer en la bebida.

I hope he never falls off the wagon again - Espero que nunca vuelva a caer otra vez en la bebida.

wait

1) *Can't wait to do sth* ***

Estar impaciente por hacer algo.

Annie couldn't wait to see her grandson – Annie estaba impaciente por ver a su nieto.

Cf. *To look forward to (doing) sth* ***, *to be longing / itching / dying / yearning for sth / to do sth* *** - Estar deseando (hacer) algo.

2) *To wait in the wings* **

(lit) Esperar a entrar en escena, (fig) estar a la expectativa (preparado / dispuesto para tomar el relevo / actuar si es necesario).

Don't worry, here's the young generation waiting in the wings.- No te preocupes, ahí está la joven generación dispuesta a tomar el relevo.

walk

One's walk of life **

La profesión de uno, el medio de ganarse la vida, condición social.

People from all walks of life attended the great writer's funeral - Gente de todas las condiciones sociales asistió al funeral del gran escritor.

wall

1) *To drive sb up the wall* **

Sacar de quicio a alguien, poner furioso/volver loco a alguien, crispar los nervios, poner los nervios de punta.

The baby's been crying for two hours - it drives me up the wall - El bebé lleva llorando dos horas - me pone los nervios de punta.

Sin. = *To drive sb mad/crazy* ***, *to drive sb round the bend* **

2) *To come up against a brick wall* **

Encontrarse con una barrera infranqueable.

We insisted over and over again, but we came up against a brick wall – Insistimos una y otra vez, pero nos encontramos con una barrera infranqueable (véase tamb. *head, 7*).

3) *To go to the wall* *

Irse al traste, ir a la quiebra (empresa).

Lots of small companies went to the wall during the recession – Muchas pequeñas empresas fueron a la quiebra durante la recesión.

4) *To go up the wall* *

Subirse por las paredes, ponerse hecho una fiera/furia.

He'll go up the wall when he finds out – Cuando se entere, se va a subir por las paredes (véase tamb. *hit, 4*).

wash

To wash one's dirty linen in public ***

Lavar los trapos sucios en público.

Never wash your dirty linen in public – Nunca laves tus trapos sucios en público.

waste

Waste not, want not (ref.) **

No desperdicies o tires las cosas (dinero, comida, etc.) si no quieres que te falten luego / no malgastes y no pasarás necesidades.

I was brought up in wartime, you see, and I believe in "waste not, want not" – Fui educado en tiempo de guerra, ¿comprendes? y creo en lo de "no malgastes y no pasarás necesidades".

water

1) *To be in deep water* **

Estar en (serios) apuros, tener problemas / dificultades.

After the bursting of the housing market bubble, lots of construction companies are in deep water – Tras el pinchazo de la burbuja inmobiliaria, muchas empresas constructoras están en serios apuros (véase tamb. «apuro», 1).

2) *To throw / pour cold water on sth* **

Poner pegas / trabas a algo / echar un jarro de agua fría sobre (idea, proyecto etc.).

I'm afraid you poured cold water on his plans - Me temo que has echado un jarro de agua fría a sus planes.

3) *To be water under the bridge* **

Ser agua pasada (un asunto).

That's all water under the bridge now – Eso es todo agua pasada ahora.

Cf. *A lot of water has flowed/passed under the bridge since then* * - Ha llovido mucho desde entonces.

way

1) *To be in the way* ***

    Estar en medio, estorbando.

    You're in the way - Estás estorbando.

    Cf. *To be on the/one's way* *** – Estar en camino.

2) *To have a way with sb/sth* **

    Tener un don para algo/para tratar con alguien, tener ángel, dársele a uno bien algo/alguien, saber meterse a la gente en el bolsillo.

    I admit he has a way with him - Reconozco que tiene un don para tratar con la gente.

3) *In a way* ***

    En cierto modo.

    It's also yours in a way - Es también tuyo en cierto modo.

4) *This way* ***

    Por aquí.

    This way, please - Por aquí, por favor.

5) *The other way round* ***

    Al revés, todo lo contrario.

    «*So she's Danish and he, Belgian*» «*No, it's the other way round*» - «Así que ella es danesa y él, belga»

    «No, es al revés/todo lo contrario».

6) *To give way* ***

    a) (IBr) Ceder el paso (en un cruce).

        Give way - ceda el paso (en señales de tráfico) (IAm *yield*).

b)   Ceder, venirse abajo, hundirse (por el peso) (techo, pilares, puente, silla, suelo, viga).

The roof gave way and several people were killed – El techo cedió y murieron varias personas.

c)   Flaquear (fuerzas), no sostener (piernas).

We must stop, my legs are giving way – Debemos parar, mis piernas no me sostienen.

d)   *To give way (to sth/sb)*

Ceder (ante algo/alguien), dar su brazo a torcer.

He's too stubborn to give way - Es demasiado testarudo para dar su brazo a torcer; *I refuse to give way to their demands* - me niego a ceder a sus exigencias; *he gave way to the pressure* - cedió a la presión

e)   Ser reemplazado por, dar paso a.

His pessimism gave way to moderate optimism - Su pesimismo dio paso a un optimismo moderado.

7)   *In the family way* **

Embarazada, en estado de buena esperanza.

My daughter-in-law's in the family way at last – Mi nuera está embarazada por fin.

8)   *You can't have it both ways* ***

Las dos cosas no puede ser, hay que decidirse, o una cosa u otra, no se puede repicar y andar en la procesión.

Either we go to the cinema or we watch the TV programme, you can't have it both ways - O vamos al cine o vemos el programa de TV, las dos cosas no puede ser (véase tamb. *cake*, 1).

9) *To be under way* ***

Estar en curso, haciéndose, teniendo lugar.

A social reform is under way - Hay una reforma social en curso.

10) *No way!* ***

¡De ninguna manera!, ¡ni hablar (del peluquín)!

«*Can you lend me your mobile phone?*» «*No way!*» - «¿Me prestas tu móvil?» «¡Ni hablar!»

11) *To go the way of all flesh* *

Morirse, irse al otro barrio.

Sins.= *To join the great majority* *, *to cash in one's chips* ** (véase tamb. «pata», 1).

12) *Ways and means* ***

Maneras, medios, métodos (para conseguir lo que se quiere, aparte de los oficiales/normales, etc.).

«*He won't pay*» «*Don't worry —there are ways and means*» - «No quiere pagar» «No te preocupes —hay maneras (de hacerle pagar)».

13) *To tell the way* ***

Indicar el camino.

Can you tell me the way to the Town Hall, please? - Por favor, ¿ me puede indicar el camino al Ayuntamiento?

14) *To lose one's way* ***

Perderse.

If you lose your way, ask a policeman - Si te pierdes, pregunta a un policía.

15) *There are no two ways about it* ***

No hay vuelta de hoja.

The crisis is on and there are no two ways about it – Tenemos la crisis encima, y no hay vuelta de hoja.

Sin.= *There's no getting away from it* ***

16) *To do sth one's way* ***

Hacer algo a su manera.

I did it my way – Lo hice a mi manera.

weather

1) *Weather permitting* **

Si el tiempo no lo impide.

2) *To be under the weather* *

Esta pachucho/de capa caída.

I could see he was a little under the weather – Me di cuenta que estaba algo pachucho (véase tamb. «capa»).

wedge

The thin end of the wedge **

.El primero de muchos males

The rise in price of oil is only the thin end of the edge – soon everything else will follow – La subida del precio del petróleo es sólo el primero de muchos males – pronto subirá todo lo demás.

weight

To put on weight ***

Engordar.

You've put on weight - Has engordado.

Cf. *To lose weight* *** - adelgazar.

well

Well begun (is) half done (ref.) **

    Obra bien empezada, a mitad acabada.

well off

To be well off ***

    Estar acomodado, bien de dinero, en buena posición.

    They're quite well off - Están bastante bien de dinero.

well-to-do

Well-to-do (people, district, etc.) **

    (De gente) bien/pudiente.

    A well-to-do district - Un barrio de gente bien.

wet

Wet through ***

    Empapado.

    They were both wet through - Estaban ambos empapados.

    Sin. = *Sopping wet* *** (véanse tamb. *rat,* 2 y *skin,* 4).

whale

To have a whale of a time **

    Pasarlo/pasárselo bomba/en grande/pipa.

    We had a whale of a time at the party yesterday – Nos lo pasamos bomba en la fiesta ayer (véanse tamb. *kick,* 2, y «pasar», 1).

what

1) *What about?*** / How about? ****

    ¿Qué me dices de...? ¿Qué te parece?

    What about a cup of tea? - ¿Qué te parece una taza de té?

2) *What's up? ****

    ¿Qué pasa?

    Can anybody tell me what's up? - ¿Puede alguien decirme qué pasa?

    Sin. = *What's the matter? ****

3) *What can I do for you? ****

    ¿En qué puedo servirle?

    «What can I do for you?» «Thank you, I was just looking» - «¿En qué puedo servirle?» «Gracias, sólo estaba mirando».

4) *What with... and ****

    Entre que... y...

    What with prices going up all the time and business (going) down, I don't know what's going to become of us - Entre que los precios no hacen más que subir y el negocio bajar, no sé lo que va a ser de nosotros.

wheel

1) *To oil the wheels (IBr) / to grease the wheels (IAm) ***

    Allanar el terreno, facilitar las cosas.

    Something must be done urgently to oil the wheels of the economic reform – Hay que hacer algo urgentemente para allanar el terreno a la reforma económica.

2) *To reinvent the wheel ***

    Inventar / reinventar la pólvora.

    There's no need for you to reinvent the wheel – everything is working well – No hay ninguna necesidad de que reinventes la pólvora – todo marcha bien.

where

Where it's at / where the action is ***

Donde está la marcha.

Harvey always likes to be where it's at – A Harvey siempre le gusta estar donde está la marcha.

while

1) *To while away the time* ***

Pasar el rato.

Let's play cards to while away the time - Juguemos a las cartas para pasar el rato.

2) *A little while* ***

Un ratito.

I just want to talk to you for a little while – Sólo quiero hablar contigo un ratito.

3) *Once in a while* ***

De vez en cuando (véase tamb. *now*).

I write to my mother once in a while to let her know I'm alive and well – De vez en cuando le escribo a mi madre para que sepa que sigo vivo y bien.

4) *To be worth one's while* ***

Valer la pena.

It isn't worth your while going there - No vale la pena que vayas.

Sin. = *To be worth* + gerundio *** - *The book's worth reading* - El libro vale la pena leerse.

whistle

1) *To whistle for it* **

Esperar sentado, esperar en vano.

If he thinks I'm paying that much, he can whistle for it! - ¡Si cree que voy a pagar tanto, más vale que espere sentado!

2)   *To wet one's whistle* (hum.) (antic)

Tomar un trago, refrescarse el gaznate.

I know a good place to wet our whistle after work – Conozco un buen sitio para refrescarse el gaznate después del trabajo

white

A white lie ***

Una mentira piadosa.

She told him a white lie to avoid hurting his feelings – Le dijo una mentira piadosa para evitar herir sus sentimientos.

win

1)   *To win hands down* **

Ganar de corrido/sin despeinarse.

Manchester United won hands down – El Manchester United ganó sin despeinarse.

2)   *To win the day* ***

Conseguir (anotarse) la victoria, llevarse el gato al agua.

Finally it was them who won the day - Finalmente, fueron ellos los que consiguieron la victoria.

wind

1)   *To take the wind out of sb's sails* *

Desinflar a alguien completamente, bajarle los humos, dejar chafado, herir en su orgullo.

Jenny refused to go out with him any longer and that took the wind out of his sails – Jenny se negó a salir más con él y eso lo dejó chafado.

2)   *To sail close to/near the wind* *

Lindar con lo prohibido, pisar terreno peligroso/resbaladizo.

You were sailing close to the wind when you called him a liar to his face – Pisaste terreno peligroso cuando lo llamaste mentiroso en su cara.

3)   *To see which way the wind is blowing* ***

No decidir hasta ver por dónde van los tiros (véase tamb. *cat*, 2).

We won't take a decision till we see which way the wind is blowing – No tomaremos ninguna decisión hasta no ver por dónde van los tiros.

4)   *It's an ill wind (that blows nobody no good)* (ref.) **

No hay mal que por bien no venga.

5)   *There's something in the wind* **

Algo se está tramando/cociendo.

I suspect there's something in the wind – Sospecho que algo se está cociendo.

6)   *To break wind* ***

Ventosear.

Sin.= *To fart/to let out a fart* *** (vulg)- pederse/tirarse un pedo.

wipe

To wipe the floor with sb **

Dar una paliza/un buen repaso a alguien (*lit. y fig.*), (fig.) dar un baño a alguien (véanse tamb. *candle*, 1 y *patch*).

You shouldn't have challenged him – he wiped the floor with you – No deberías haberle desafiado – te ha dado un buen repaso/un baño.

wise

To be wise after the event ***

Verlo todo muy fácil después de ocurrido.

«Why didn't you use another fertiliser?» «It's easy to be wise after the event» - «¿Por qué no usaste otro fertilizante?» «Es fácil ver las cosas después de pasadas».

witch-hunt

Witch-hunt ***

Caza de brujas (persecución de adversarios políticos, etc., con cualquier pretexto).

We all remember the witch-hunt for communists in the USA in the fifties - Todos recordamos la caza de brujas de comunistas en Estados Unidos en los años cincuenta.

with

1) *To be with it* **

Ser enrollado, estar en la onda (persona moderna), estar al día, a la moda, a la última.

He likes to be with it in everything - Le gusta estar a la última en todo.

Cf. *An it girl* ** - Joven famosa y atractiva, gen de la clase alta, que marca la pauta de la moda, etc.

2) *With the best of them* ***

Como el que más, como el primero.

He can sing and dance with the best of them - Sabe cantar y bailar como el que más.

wits

To be at one's wits' end ***

Estar ya que no se sabe ni lo que se dice ni lo que se hace.

Don't pay any attention to me today - I'm at my wits' end - No me hagas caso hoy - estoy que ya no sé lo que digo.

wolf

1) *A wolf in sheep's clothing* **

Un lobo disfrazado de cordero.

Don't believe a word he says – he's a wolf in sheep's clothing – No creas una palabra de lo que diga – es un lobo disfrazado de cordero.

2) *To keep the wolf from the door* **

Ahuyentar el hambre, quitarse el hambre a puñetazos.

They found it hard to keep the wolf from the door – Se quitaban el hambre a puñetazos.

3) *To cry wolf* **

Gritar que viene el lobo y resultar ser falsa alarma.

I'm tired of hearing him cry wolf- Estoy cansado de sus falsas alarmas.

4) *A lone wolf* *

Un 'lobo solitario', una persona a la que le gusta estar sola.

He likes to live alone. He's a lone wolf – Le gusta vivir solo. Es un 'lobo solitario'/le gusta estar solo.

5) *A wolf whistle* *

Silbido de admiración a una chica (en la calle, etc.).

6) *The Big Bad Wolf* *

El lobo feroz (del cuento infantil de Caperucita) (usado en sentido figurado para indicar algo o a alguien que causa miedo).

Capitalism is the big bad wolf for the Socialists - El capitalismo es el lobo feroz para los Socialistas.

wood

1) *Not see the wood for the trees* **

Los árboles no dejan ver el bosque, los detalles impiden ver lo principal.

He's a good detective, but this time he didn't see the wood for the trees – Es un buen detective, pero esta vez los árboles no le dejaron ver el bosque.

2) *To touch wood* ***

Tocar madera (costumbre supersticiosa para ahuyentar las desgracias).

3) *We're not out of the woods yet* **

Es pronto para cantar victoria.

The situation's getting better, but we're not out of the woods yet – La situación va mejor, pero es pronto para cantar victoria.

wool

To pull the wool over sb's eyes **

Engañar, dársela con queso a alguien (presentándole una visión falsa de la realidad).

They managed to pull the wool over the old man's eyes - Se las ingeniaron para dársela con queso al viejo.

word

1) *To have the last word* ***

Tener/decir la última palabra.

My wife always has the last word - Mi mujer siempre dice la última palabra.

2)   *In a word* ***

En una palabra, en resumen.

In a word, it's over – En una palabra, se acabó.

3)   *By word of mouth* ***

De palabra, oralmente (no por escrito).

That tradition has been handed down from generation to generation by word of mouth -Esa tradición se ha transmitido oralmente de generación en generación.

4)   *To eat one's words* ***

Tragarse las palabras, retirar lo dicho, retractarse.

I'll make him eat his words - Le haré tragarse sus palabras.

5)   *To take the words out of sb's mouth* ***

Quitarle a alguien las palabras de la boca.

That's exactly what I was going to say. You've taken the words out of my mouth – Eso es exactamente lo que yo iba a decir. Me has quitado las palabras de la boca.

6)   *To be as good as one's word* ***

Hacer honor a su palabra, cumplir lo prometido.

She said she'd be here at five o'clock and she's been as good as her word - Ella dijo que estaría aquí a las cinco y ha hecho honor a su palabra

7)   *To hang on sb's words / every word* ***

Estar pendiente de las palabras / los labios de alguien.

The children sat hanging on his words as he told them a tale – Los niños estaban sentados pendientes de sus labios mientras les contaba un cuento.

8)   *To have a way with words* **

Tener facilidad de palabra.

That guy has a way with words – Ese tío tiene facilidad de palabra.

9) (*Not*) *get a word in edgeways* **

(No) poder meter baza (en una conversación).

I couldn't get a word in edgeways - No me dejaron meter baza..

10) *Not mince* (*one's*) *words* ***

No tener pelos en la lengua, no andarse con chiquitas.

I'm not one to mince words - Yo no soy persona que se ande con chiquitas, no me muerdo la lengua (véase tamb. *bone*, 1).

11) *To put words into sb's mouth* ***

Poner palabras en boca de alguien, atribuir a alguien palabras que no ha dicho.

I never said that – don't put words into my mouth – Yo nunca dije eso – no pongas palabras en mi boca.

12) *To have a word with sb* ***

Hablar con alguien.

I must have a word with you – Tengo que hablar contigo.

work

1) *To work one's fingers to the bone* **

Dejarse la piel trabajando, matarse a trabajar (esp en trabajos manuales: ama de casa, etc).

I won't have it - you're having the time of your life while I work my fingers to the bone at home - No lo consiento - tú, pasándolo en grande, y yo, matándome a trabajar en la casa.

2) *All in a day's work* ***

Parte de la rutina / trabajo de todos los días / el pan nuestro de cada día, gajes del oficio.

I'm not complaining - after all, it's all in a day's work - No me quejo - después de todo, son gajes del oficio.

3) *To work like a slave/ Trojan* *

Trabajar mucho (como una mula, un esclavo, etc.).

4) *To work/ do wonders* **

Hacer milagros, tener mano de santo.

Try this medicine —it works wonders - Prueba esta medicina—hace milagros.

world

1) *For (all) the world* ***

Por nada del mundo.

I wouldn't miss it for the world - No me lo perdería por nada del mundo.

2) *To have the best of both worlds* ***

Tener todas las ventajas y ninguno de los inconvenientes, estar mejor que se quiere.

She works as a freelance journalist and babysits from time to time – she has the best of both worlds – Trabaja como periodista *free lance* y hace de canguro de vez en cuando – tiene todas las ventajas y ninguno de los inconvenientes.

3) *It's a small world* ***

El mundo es un pañuelo.

Yes, I know him. We met five years ago in Tokyo - it's a small world – Sí, lo conozco. Nos conocimos hace 5 años en Tokio – el mundo es un pañuelo.

4) *To do sb the world of good* ***

Sentarle a alguien la mar de bien.

This holiday has done me the world of good - Estas vacaciones me han sentado la mar de bien.

5) *To be dead to the world* **

Estar profundamente dormido, estar sopa.

Within two minutes of going into bed, he was dead to the world – Dos minutos después de meterse en la cama, estaba sopa.

Sin.= *To be fast asleep* ***

6)   *To come down in the world* ***

Venir a menos.

He was very rich, but now he's come down in the world – Era muy rico, pero ahora ha venido a menos.

Cf. *To come/go up in he world* ** - Subir de categoría, triunfar, prosperar.

7)   *It takes all sorts (to make a world)* **

De todo hay en la viña del Señor.

«*I don't understand Henry. He collects horseshoes– he has hundreds of them*». – «*Well, it takes all sorts to make a world*». - «No comprendo a Henry. Colecciona herraduras – tiene cientos de ellas». «Bueno, de todo hay en la viña del Señor».

8)   *What's the world coming to?* ***

¿Adónde vamos a parar?

Another massacre at a school in the USA – what's the world coming to? – Otra masacre en una escuela estadounidense - ¿adónde vamos a parar?

9)   *The way of the world* ***

Las cosas de la vida.

Nothing strange about that – it's the way of the world - No hay nada extraño en eso – son las cosas de la vida.

worm

1)   *The worm turns/will turn* *

La paciencia tiene un límite.

We have no rights in our country, but someday the worm will turn – No tenemos ningún derecho en nuestro país, pero la paciencia tiene un línite.

2)   *To open (up) a can of worms* *

Abrir la caja de Pandora/originar calamidades/una calamidad.

I don't think we should investigate any further –wet might open up a new can of worms - No creo que debamos seguir investigando – podríamos abrir una nueva caja de Pandora/originar nuevas calamidades.

Sin.= *To open (up) Pandora's box* *

worst

If the worst comes to the worst ***

En el peor de los casos.

If the worst comes to the worst, we'll always have your parent's house left - En el peor de los casos, siempre nos quedará la casa de tus padres.

worth

Worth one's/its weight in gold **

Que vale su peso en oro.

He's the best cook in the country - he's worth his weight in gold – Es el mejor cocinero del país – vale su peso en oro.

wrong

1)   *To go wrong* ***

Salir mal.

Everything is going wrong for me today - Todo me sale mal hoy.

2)   *To get sth/sb wrong* ***

Entender o interpretar mal.

Don't get me wrong - No me interpretes mal; *you got it wrong* - lo entendiste mal.

3) *To be wrong* ***

Estar equivocado, estar en un error.

You're wrong - Estás equivocado.

4) *What's wrong with...?* ***

¿Qué hay de malo en...?

What's wrong with having a couple of beers before supper? - ¿Qué hay de malo en tomarse un par de cervezas antes de la cena?

5) *Two wrongs don't make a right* (ref.) **

Una falta no excusa la otra, no se subsana un error cometiendo otro.

I know we did the same last year, but two wrongs don't make a right - Sé que hicimos lo mismo el año pasado, pero una falta no excusa la otra (eso no quiere decir que esté bien hecho).

Y

yellow

The yellow press **

La prensa amarilla / sensacionalista.

Don't believe everything you read in the yellow press – No creas todo lo que lees en la prensa amarilla.

yours

1) *Yours truly* (hum.) *

El que suscribe (yo mismo), mi menda, su seguro servidor.

«Who does the washing-up in your house?» «Yours truly» - «¿Quién lava los platos en tu casa?» «Mi menda».

2) *What's yours?* ***

¿Qué tomas?, ¿qué bebes?, ¿qué quieres beber?

«What's yours?» »A beer, please» - «¿Qué tomas?» «Una cerveza, por favor».

ESPAÑOL-INGLÉS

A

abarcar

Quien mucho abarca, poco aprieta, la avaricia rompe el saco.

Grasp all, lose all (ref.) **

Don't be so ambitious –as the saying goes: "grasp all, lose all"- No seas tan ambicioso – como dice el refrán: "quien mucho abarca, poco aprieta".

Sin.= *To bite off more than one can chew* **

abuela

No tener abuela, estar siempre alabándose, echarse flores, darse (mucho) bombo, estar pagado de sí mismo.

To blow one's own trumpet ***

You've already told us about your promotion a dozen times at least.

Stop blowing your own trumpet - Nos has contado ya lo de tu ascenso una docena de veces por lo menos. No tienes abuela (deja ya de alabarte).

Sin. = *To toot one's own horn* (IAm) *** (véase tamb. *goose/geese, 1*).

aburrir

Aburrir a alguien soberanamente, aburrir (hasta) a las ovejas.

To bore sb to tears ***

I won't go out again with him - he bores me to tears – No quiero salir más con él - me aburre soberanamente.

Sins.= *To bore sb stiff* *** / *to bore the pants off sb* **

aburrirse

Aburrirse soberanamente / como una ostra.

To be bored stiff / to death / to tears ***

The play bored me stiff / to death - La obra me aburrió soberanamente.

adentros

Decir para sus adentros.

To say to oneself ***

I must be more careful, he said to himself- Debo tener más cuidado, dijo para sus adentros.

agua

1) Agua pasada no mueve molino, a lo hecho, pecho.

It's no use crying over spilt milk ***

I admit it was a mistake, but it's no use crying over spilt milk – Admito que fue un error, pero "agua pasada no mueve molino" / "a lo hecho, pecho".

2) Hacer(se) la boca agua.

To make one's mouth water ***

What a beautiful sole! It makes my mouth water - ¡Qué magnífico lenguado! Se me hace la boca agua.

3) Muy claro, más claro que el agua.

a) *Crystal clear* ***

The operating instructions are crystal clear – Las instrucciones de uso están más claras que el agua.

Sins.= *Plain as a pikestaff* **/ *as the nose on your face* *

It's no use crying over spilt milk

b)   *(As) clear as mud* (irón./hum.) **

It's as clear as mud to me – Sí, está más claro que el agua (no está nada claro).

4)   Estar con el agua al cuello (por falta de dinero/exceso de trabajo, etc).

To be up to one's neck in sth ***

He's up to his neck in debt - Está con el agua al cuello de deudas (véanse tamb. *eye,* 1, «cabeza», 15 y «culo», 1).

5)   Llevar el agua a su molino, arrimar el ascua a su sardina, barrer para dentro/casa.

To turn things to one's own advantage (trad.)

He managed to turn things to his advantage - Se las arregló para llevar el agua a su molino.

Sins. = *To look after number one* **, *to be (all) grist to the/sb's mill* *

6)   Nadar entre dos aguas, no saber a qué carta quedarse.

To sit on the fence ***

I have the impression the senator is just sitting on the fence - Me da la impresión de que el senador está nadando entre dos aguas.

7)   Del agua mansa líbreme Dios (que de la brava ya me libro yo) (ref.).

Still waters run deep *

Our opponent seems a quiet man and all that, but 'still waters run deep' – Nuestro adversario parece un hombre tranquilo y todo eso, pero 'del agua mansa líbreme Dios'.

8)   Nunca digas de ese agua no beberé (ref.).

Never say never **

Cf. *You never know* *** - Nunca se sabe.

9)   Ser un regalo del cielo, venir como agua de mayo/como llovido del cielo.

To be a real godsend ***

This rain is a godsend for the farmers – Esta lluvia es un regalo del cielo para los agricultores.

Sins.= *To be heaven-sent* **, *to be the answer to sb's prayers* **

aguafiestas

Ser un aguafiestas.

To be a wet blanket **

Everybody's having fun – don't be a wet blanket or they'll never invite you again – Todo el mundo se está divirtiendo – no seas un aguafiestas, o no te van a invitar más.

Sins.=*A party pooper* **, *a spoilsport* **, *a killjoy* *

aguja

Buscar una aguja en un pajar.

To look for a needle in a haystack ***

There are few chances of finding her in London - it's like looking for a needle in a haystack - Hay pocas posibilidades de encontrarla en Londres - es como buscar una aguja en un pajar.

ajo

Estar en el ajo.

To be in the know **

You can talk in front of him - he's in the know - Puedes hablar delante de él - está en el ajo.

Sin.= *To be in on it* *

alfiler

No cabe ni un alfiler.

There isn't room to swing a cat **

This store is too small - there isn't room to swing a cat – Este almacén es demasiado pequeño - no cabe ni un alfiler

alma

1) Se me vino el alma a los pies.

   My heart sank ***

   My heart sank when I heard the sad news - Se me vino el alma a los pies cuando oí la triste noticia.

2) Estar con el alma en vilo/en un hilo, tener el alma en vilo/el corazón en un puño.

   To have one's heart in one's mouth **

   I had my heart in my mouth all through the film - Estuve con el alma en vilo/el corazón en un puño toda la película.

3) Ni un alma, nadie.

   Not a soul ***

   The night was dark and there wasn't a soul to be seen – La noche era oscura y no se veía un alma.

4) No poder (ni) con su alma.

   To be fit to drop **

   He's been dancing for hours and now he's fit to drop - Lleva horas bailando y ya no puede ni con su alma.

   Sins.= *To be exhausted/worn out/dead tired* ***/*knackered* **

almohada

Consultar con la almohada.

To sleep on it ***

Sleep on it and let me know your decision tomorrow – Consúltalo con la almohada y comunícame tu decisión mañana.

Cf. *To think it over* *** - Pensarlo/pensárselo, reflexionar sobre algo.

alto

1) Hacer algo por todo lo alto/a lo grande.

To do sth in style ***

We'll celebrate in style - Lo celebraremos por todo lo alto.

2) Pasar por alto algo.

To overlook sth ***

a) No darse cuenta de algo.

These details are easily overlooked - Este tipo de detalles se pasan por alto fácilmente

b) No tener en cuenta, perdonar.

We'll overlook it just this once – Lo pasaremos por alto sólo por esta vez.

anillo

1) Sentar como anillo al dedo, ser la talla justa.

To fit like a glove **

The dress fits her like a glove – El vestido le sienta como anillo al dedo (véase tamb. *fit, 2*).

2) Venir algo como anillo al dedo.

To suit sb down to the ground **

If I can work from home, the job suits me down to the ground – Si puedo trabajar desde mi casa, el trabajo me viene como anillo al dedo.

3)   No caérsele a alguien los anillos.

Not kill sb / not dirty sb's hands / not be beneath sb's / one's dignity doing sth / to do sth (trad.).

Making the beds won't kill you / me / won't dirty your / my hands – No se te / me van a caer los anillos por hacer las camas.

año

El año de la nana / de maricastaña / de la polca / del catapún.

The year dot (gen. hum.) **

Nobody in the village remembers that – it must have happened the year dot - Nadie en el pueblo lo recuerda – eso debe de haber ocurrido el año de la nana.

apariencias

Cubrir las apariencias.

To keep up appearances ***

We should keep up appearances for the kids' sake – Deberiamos cubrir las apariencias por los niños.

ápice

No ceder ni un ápice.

Not give an inch ***

After two weeks of negotiations, neither the unions nor the employers have given an inch – Tras dos semanas de negociaciones, ni los sindicatos ni los empresarios han cedido un ápice.

apogeo

Estar en pleno/todo su apogeo.

a)   (en general) *To be at its height* ***

   The tourist season is at its height – La temporada turística está en todo su apogeo.

b)   (fiesta) *To be in full swing* **

   By midnight, the party was in full swing - Hacia medianoche, la fiesta estaba en todo su apogeo.

apuro

1)   Estar en apuros, en un aprieto.

   To be in a tight spot/corner ***

   We are in a tight spot: we must pay the rent tomorrow and we haven't got the money – Estamos en un aprieto: tenemos que pagar el alquiler mañana y no tenemos el dinero.

   Sins.= *To be in trouble* ***/*to be in a jam/in a fix/in a pickle/in hot/deep water/in the soup* **

2)   Sacar a alguien de un apuro.

   To get sb out of trouble ***

   It isn't the first time I get him out of trouble – No es la primera vez que lo saco de apuros.

árbol

Del árbol caído todos hacen leña.

   (People usually) kick/hit a man when he's down **

401

Perhaps he'd better leave town now – you know people usually kick a man when he's down – Tal vez sería mejor que se fuera de la ciudad ahora – ya sabes, del árbol caído todos hacen leña.

arma

Un arma de doble filo.

A double-edged sword ***

Being famous can be a double-edged sword – Ser famoso puede ser un arma de doble filo.

arrastre

Estar para el arrastre (muy cansado/hecho polvo).

To be done in/worn out ***

After the match, he was done in – Después del partido, estaba para el arrastre.

arriesgarse

Quien no se arriesga no pasa la mar (ref.)

Nothing ventured, nothing gained **

arroz

1) ¡Que si quieres arroz, Catalina!

   It was all useless(trad.).

   I tried to make her see sense, but it was all useless – Intenté hacerle entrar en razón, pero ¡que si quieres arroz, Catalina!

2) Pasársele el arroz (a una mujer).

   To be too old to get married/have a child (trad.)

   She should get married now – soon she'll be too old to have a child – Debería casarse ahora – pronto se le va a pasar el arroz.

ASCO

1) Donde hay confianza da asco.

   Familiarity breeds contempt (ref.) **

2) Dar asco a alguien, poner enfermo.

   To make sb sick ***

   People like him make me sick – La gente como él me dan asco.

   Sins.= *To make sb feel sick* ***

3) Poner caro de asco.

   To pull a face **

   I noticed that the moment she saw him enter the room, she pulled a face - Me di cuenta de que en el momento en que lo vio entrar en la habitación, puso cara de asco.

4) ¡Qué asco!

   How disgusting! ***

   Cf. ¡Qué asco de vida! – *What a rotten life!* ***; ¡qué asco de tiempo! – *what lousy weather* ***

5) Estar hecho un asco.

   a) (sucio) *To look filthy* ***

      You look filthy – Estás hecho un asco.

   b) (desordenado) *To be a mess* ***

      Your room is a mess – Tu cuarto está hecho un asco.

ASCUAS

Estar en ascuas.

To be on tenterhooks **

She was on tenterhooks waiting for the phone to ring – Estaba en ascuas esperando que sonara el teléfono.

Sin.= *To be all agog* **

asno

No se ha hecho la miel para la boca del asno.

Honey is not for the ass's mouth (ref.) *

Cf. *To cast pearls before swine* * – Echar margaritas a los cerdos.

astilla

De tal palo, tal astilla, de casta le viene al galgo.

A chip off the old block ***

His success doesn't surprise me in the least; he's a chip off the old block - his father was a famous painter too – Su éxito no me sorprende en absoluto; de casta le viene al galgo - su padre era también un famoso pintor.

Sin.= *Like father, like son* **

atajo

Un atajo, camino más corto.

A short cut ***

If we take this short cut, we'll get to the house in no time – Si tomamos este atajo, llegaremos a la casa en nada de tiempo.

atar

1)   Atar los cabos sueltos.

To tie up the loose ends ***

Everything is ready; there are only a few loose ends to be tied up – Todo está preparado; sólo quedan unos cuantos cabos sueltos que atar.

2) Atar cabos.

To put two and two together ***

You only have to put two and two together and you'll see who the murderer is – Sólo tienes que atar cabos y verás quién es el asesino.

3) Atar corto a alguien

To keep a tight rein on sb **

You should keep a tight rein on your secretary – Deberías atar corto a tu secretario.

avestruz

Hacer como el avestruz, esconder la cabeza bajo el ala / en la arena, cerrar los ojos a la realidad.

To bury one's head in the sand **

Burying your head in the sand will take you nowhere, you must face up to the facts - Esconder la cabeza en la arena como el avestruz no te conducirá a ninguna parte, tienes que enfrentarte a los hechos.

avío

Hacer el avío.

a) (apañarse) *To make do* ***

We'll have to make do with what we have - Tendremos que hacer el avío con lo que tenemos.

b) (servir) *To do* ***

This hammer will do – Este martillo hará el avío.

azogado

Temblar como un azogado, como un flan.

To shake like a leaf ***

Before the exam, the poor boy was shaking like a leaf – Antes del examen, el pobre muchacho temblaba como un azogado/flan.

B

baba

Caérsele a alguien la baba con / por alguien.

To drool over / dote on sb ***

The old man doted on his grand-daughter - Al abuelo se le caía la baba con su nieta.

bailao

¡Que me quiten lo bailao!

I had my share ***

I'm old and sick now, but I had my share – Ahora estoy viejo y enfermo, pero ¡que me quiten lo bailao!

bandeja

Poner en bandeja.

To hand sb sth on a (silver) platter ***

It was quite easy —I was handed it on a silver platter – Fue bastante fácil—me lo pusieron en bandeja (véase tamb. «huevo», 4).

bandera

Una mujer de bandera.

A dish / a knock-out / a smashing woman ***

He's married again and his new wife is a knock-out – Se ha casado otra vez y su nueva esposa es una mujer de bandera.

barbaridad

¡Qué barbaridad!

a)   (asombro o contrariedad) *Good grief! / goodness!* **

b)   (indignación) *How outrageous!* (trad.)

barbas

1)   Subírsele a alguien a las barbas.

*To get cheeky with / lose respect for sb***

I can see his children are getting cheeky with him - Veo que los niños se le están subiendo a las barbas.

2)   Cuando las barbas de tu vecino veas pelar (pon las tuyas a remojar) (ref.).

There but for the grace of God go I *

«*They couldn't meet their mortgage payments and now they've lost their house*». «*There but for the grace of God go I*» – «No pudieron hacer frente a los pagos de su hipoteca y ahora han perdido su casa». «Cuando las barbas de tu vecino veas pelar... ».

besos

Comerse a alguien a besos.

To smother sb with kisses ***

She smothered the baby with kisses – Se comió al bebé a besos.

bicho

1)   Ser un bicho (malo)/ un pájaro de cuenta

a)   (adulto) *To be a nasty piece of work* **

Be careful, he's a nasty piece of work – Ten cuidado, es un bicho (malo).

b)   (niño) *To be a little rascal/a terror* **

   The neighbours' boy is a terror – El niño de los vecinos es un bicho.

2)   Ser un bicho raro/más raro que un perro verde.

   To be a queer fish/an odd fish/a weirdo **

   That guy's a queer fish – Ese tipo es más raro que un perro verde.

3)   Bicho malo nunca muere (ref.).

   The devil looks after his own * (véase tamb. *creaking*).

4)   ¿Qué bicho/mosca te ha picado?/¿qué diablos te pasa?/¡qué te preocupa?

   What's eating/biting you? **

   Cf. ¿Qué te pasa? - *What's the matter with you* ***

5)   Todo bicho viviente, todo hijo de vecino, todo el mundo, todo quisque.

   Every Tom, Dick and Harry (hum) *

   They're not married, as every Tom, Dick and Harry knows - No están casados, como todo el mundo sabe (véase tamb. *all*, 5).

bien

Bien está lo que bien acaba (ref.).

   All's well that ends well **

   «*After all these years he's been found not guilty of murder*». «*All's well that ends well*». – «Después de todos estos años ha sido declarado inocente de asesinato». «Bien está lo que bien acaba».

blanco

1)   Blanco como la pared, como la cera.

   As white as a sheet ***

I could see she was terrified – as white as a sheet – Vi que estaba aterrada – blanca como la pared.

2) Dar en el blanco.

 a) (al disparar) *To hit the target/ the bull's eye* ***

 You're a good shot – you hit the target once again – Tienes buena puntería – diste en el blanco una vez más.

 b) (al acertar en algo) *To be dead right, to be spot-on* **

 You were dead right – he's an embezzler – Acertaste – es un malversador.

boca

1) El que tiene boca se equivoca, el mejor escribano echa un borrón (ref.).

 Anyone can make a mistake (trad.)

 Sin.= *Even Homer sometimes nods* *

2) A pedir de boca.

 To one's heart's content ***

 Everything turned out to my heart's content - Todo salió a pedir de boca.

3) En boca cerrada no entran moscas, por la boca muere el pez.

 (You'd better) keep your mouth shut (if you don't want to put your foot in it) (trad.).

4) Meterse en la boca del lobo.

 To put one's head in the lion's den/ mouth **

5) Buscarle a alguien la boca/la lengua, provocar, andar buscando pelea.

 To pick a quarrel with sb ***

 You'd better be careful – he's picking a quarrel with you – Más vale que te andes con cuidado – te está buscando la boca.

Sin.= *To be spoiling for a fight* ***

borracho

Borracho como una cuba.

(As) drunk as a lord * (IBr)/ *as a skunk* * (IAm) (véase tamb. «tajado»).

botas

1) Morir con las botas puestas.

 To die in harness**/ with one's boots on **

 Molière died while acting - we could say that he "died with his boots on"- Molière murió mientras actuaba/en escena - podríamos decir que "murió con las botas puestas".

2) Ponerse las botas.

 a) (ganar mucho dinero, hacer su agosto, forrarse) *To make a pile* ***: *He's made a pile selling Chinese toys* – Se ha puesto las botas vendiendo juguetes chinos.

  (de forma poco clara/limpia) *to feather one's nest* ***/ *to line one's pockets* ***: *He lined his pockets smuggling Virginia tobacco into the country* – Se puso las botas metiendo tabaco rubio de contrabando en el país.

 b) (comiendo) *To stuff oneself* ***

  He stuffed himself with prawns at the wedding reception – Se "puso las botas" comiendo gambas en el banquete de bodas.

  Sin.= *To gorge oneself on sth* **

 c) (sexualmente) *To engage in heavy petting* **

  Yesterday I went out with Mary and we engaged in heavy petting on the back seat of my car – Ayer salí con Mary y "nos pusimos las botas" en el asiento trasero de mi coche.

411

bote

Estar en el bote.

> *To be in the bag* ***
>
> *Don't worry, the contract is in the bag* - No te preocupes, el contrato está en el bote.
>
> Cf. *To have sb in one's pocket* *** - Tener a alguien en el bote.

broma

1) Gastar una broma a alguien.

> *To play a trick/joke on sb* ***
>
> *His friends played a trick on him* - Sus amigos le gastaron una broma.

2) Bromas aparte/fuera de broma.

> *Joking apart/aside* ***

3) Estás/debes de estar de broma.

> *You're kidding/you must be kidding* *** (véase tamb. *kidding*).

4) ¡Ni en broma!

> *Not on your life!* ***

5) No estar para bromas.

> *To be in no mood for jokes* ***

bueno

Bueno está lo bueno.

> *Enough is enough* ***
>
> *We've been very patient with him up to now, but I think the time has come to say 'enough is enough'* – Hemos sido muy pacientes con él hasta ahora, pero creo que ha llegado el momento de decir 'bueno está lo bueno'.

burla

Hacer burla.

To mock at sb (trad.).

That little girl is mocking at you - Esa pequeña te está haciendo burla.

Sins.= *To thumb one's nose at sb* ** (hacer un gesto de burla, poniéndose el dedo en la nariz), *to cock a snook at sb* *

burro

1) Apearse / bajarse del burro, bajársele a uno los humos.

To come / get off one's high horse ***

«Is he being reasonable?» «Yes, he's come off his high horse» - «¿Está siendo más razonable?» «Sí, ya se ha apeado del burro».

Cf - *To get on one's high horse* *** – Subirse a la parra, darse importancia.

2) Muerto el burro, cebada al rabo (ref.).

After death, the doctor (arc.)

That would be no use to him any more – the good news comes too late; it is as they say: 'after death, the doctor'. – Eso ya no le serviría de nada – la buena noticia llega demasiado tarde; es como dicen: 'muerto el burro, cebada al rabo'.

Sin.= *After meat, mustard* (arc.).

3) El burro de carga, el que se ocupa de los trabajos inferiores.

The dogsbody (IBr) **

I'm fed up with being the dogsbody in the office – Estoy hasta la coronilla de ser el burro de carga en la oficina.

C

caballo

El caballo de batalla.

a) (punto central en una discusión) *The central issue/main point at issue* (trad.)

The future of pensions will no doubt be the main point at issue – El futuro de las pensiones será sin duda el caballo de batalla.

b) (tema favorito en el que se es experto) *Hobbyhorse* **

We could say that he's made of global climate change his only hobbyhorse - Podíamos decir que ha hecho del cambio climático global su único caballo de batalla.

cabeza

1) Metérsele a uno algo en la cabeza.

To take it into one's head to do sth ***

He took it into his head to marry her- Se le metió en la cabeza casarse con ella.

2) Trastornar la cabeza (hacer perder el juicio, una mujer a un hombre o viceversa).

To turn sb's head ***

I can see Sandra has turned your head - Veo que Sandra te ha trastornado la cabeza.

3) Perder la cabeza.

To lose one's head ***

He lost his head and shot her - Perdió la cabeza y le pegó un tiro.

4) Tener la cabeza sobre los hombros/tener la cabeza bien amueblada.

To have one's head screwed on the right way ***

That was a wise decision. I knew you had your head screwed on the right way -
Fue una sabia decisión. Ya sabía yo que tenías la cabeza bien amueblada.

Sin.= *To have a good head on one's shoulders* **

5) Estar mal de la cabeza/no estar bien de la cabeza.

To be off one's head ***

You must be off your head if you think you're going to get away with it - Debes
de estar mal de la cabeza si crees que te vas a escapar así como así.

Sins.= *Not be (quite) right in the/one's head* *** / *not be (quite) all there* ** /
tobe soft/weak in the head ** / *to be off one's rocker* **

6) De pies a cabeza, de arriba abajo.

From head to foot ***

She was covered in mud from head to foot – Estaba cubierta de barro de pies a
cabeza.

Sins. = *From top to bottom* *** / *from head to toe* **

7) Subírsele a alguien algo a la cabeza.

To go to sb's head ***

Success must have gone to his head - El éxito debe de habérsele subido a la
cabeza.

Sins.= *To have/get a swelled/swollen head* ** (véase tamb. *think*, 3).

8) Si él/ella levantara la cabeza.

He/she would turn in his/her grave **

If your father saw you in prison, he would turn in his grave – Si tu padre
levantara la cabeza y te viera en la cárcel...

9) No encontrarle a algo ni pies ni cabeza.

To be unable to/can't make head or tail of sth ***

Frankly, I can't make head or tail of it - Francamente, no le encuentro ni pies
ni cabeza.

10) Cabeza de chorlito.

Fathead **

I don't understand what she sees in that fathead – No entiendo lo que ve en ese cabeza de chorlito.

Sins.= *Blockhead* ** / *birdbrain* *

11) Cabeza de turco, chivo expiatorio.

Scapegoat ***

They're looking for a scapegoat to put all the blame on him - Están buscando un cabeza de turco para echarle toda la culpa.

Sin.= *Whipping boy* **

12) Levantar cabeza.

To get on one's feet again / to get back on one's feet ***

He's had a very bad run of luck, but I'm sure he'll soon get on his feet again - Ha tenido una racha muy mala, pero estoy seguro de que pronto levantará cabeza.

13) Llevarse las manos a la cabeza.

To throw up one's hands in horror ***

She threw up her hands in horror when they told her her neighbour had been murdered - Se llevó las manos a la cabeza horrorizada cuando le dijeron que su vecino había sido asesinado.

14) Agachar / bajar la cabeza (de vergüenza, etc.), estar avergonzado.

To hang one's head / to lower one's head in shame **

When they accused him of stealing the money, he just hung his head in shame and said nothing - Cuando le acusaron de robar el dinero, bajó la cabeza avergonzado y no dijo nada.

15) Andar de cabeza (estar muy ocupado).

To be up to one's eyes in work ***

I'm up to my eyes in work these days – Ando de cabeza estos días.

16) Tener la cabeza a pájaros / tener muchos pájaros en la cabeza, ser un cabeza loca.

To be scatterbrained / a scatterbrain **

She's not a bad girl, but she's a scatterbrain – No es mala chica, pero tiene la cabeza a pájaros.

17) Darle vueltas a la cabeza a algo.

To turn sth over in one's mind ***

She's been turning over in her mind the job offer all week-end, but she still doesn't know what to do – Ha estado dándole vueltas a la cabeza todo el fin de semana a la oferta de empleo, pero aun no sabe qué hacer.

18) Írsele a uno algo de la cabeza, olvidársele / pasársele a uno algo completamente.

To slip one's mind / to go right out of one's mind ***

I'm sorry I didn't post your letter; it just slipped my mind - Lamento no haber echado tu carta al correo; se me pasó completamente; *it's gone right out of my mind* - se me ha ido de la cabeza.

19) No caberle a alguien algo en la cabeza.

To find sth hard to understand (trad.).

I find it hard to understand that he can't speak English well after living so many years in England – No me cabe en la cabeza que no sepa hablar inglés bien después de haber vivido tantos años en Inglaterra.

20) Ponerle a alguien la cabeza como un bombo.

To give sb a splitting headache **

Stop beating that drum, you're giving me a splitting headache – Deja ya de tocar ese tambor, me estás poniendo la cabeza como un bombo.

Cf. Tener la cabeza como un bombo – *To have a splitting headache* ***

21) Quitarle a alguien algo de la cabeza.

To talk sb out of sth ***

Thank goodness we managed to talk him out of investing his fortune in those stocks – Gracias a Dios conseguimos quitarle de la cabeza invertir su fortuna en esos valores.

22) Quitársele a alguien algo/alguien de la cabeza.

To get sth/ sb out of one's mind **

I can't take that terrible accident out of my mind – No puedo quitarme de la cabeza ese terrible accidente.

23) Rodarán cabezas (los responsables serán castigados).

Heads will roll ***

You can be sure that when the results are made public, heads will roll – Puedes estar seguro de que cuando los resultados se hagan públicos, rodarán cabezas.

24) Sentar (la) cabeza.

To settle down ***

It's about time he married and settled down – Ya va siendo hora de que se case y siente la cabeza.

25) Tener buena cabeza para algo.

To have a good head for sth ***

She's got a good head for figures - Tiene buena cabeza para los números.

26) Tener mala cabeza.

a)   (ser despistado) *To be absent-minded* (trad.)

b)   (ser olvidadizo) *To be forgetful* (trad.)

cadáver

Por encima del cadáver de alguien.

Over sb's dead body ***

If he comes again to this house, it will be over my dead body - Si vuelve a esta casa, será por encima de mi cadáver.

caer

1) Ahora que caigo/que lo pienso.

   Come to think of it ***

   Come to think of it, I believe there were only two men - Ahora que caigo, creo que sólo había dos hombres.

2) Caer de pie en un sitio.

   To fall/land on one's feet **

   He fell on his feet in Los Angeles and a few years later he was a rich man - Cayó de pie en Los Angeles y unos años más tarde era rico.

calabazas

Dar calabazas.

   To turn sb down ***

   «*Pam's turned me down*» «*Cheer up, she's not the only girl in the world*» - «Pam me ha dado calabazas.» «Anímate, no es la única chica en el mundo».

callar

Quien calla, otorga (ref.).

   Silence gives consent **

callo

1) Dar el callo.

   To slog one's guts out **

   Sin.= *To work hard.*

2) Ser un callo/una mujer muy fea.

   To be a dog (ofensivo) *

   Cf. *To be as ugly as sin* *** - Ser una persona muy fea, ser muy feo/fea.

calvo

1) Quedarse calvo.

   To go bald ***

   My husband is going bald – Mi marido se está quedando calvo.

2) Más calvo que una bola de billar/ calvo como una bola de billar.

   As bald as a coot (IBr)/ *as bald as a cue ball/ a baby's bottom* (IAm) **

3) Ni calvo ni con tres pelucas/ ni tanto ni tan calvo.

   Neither one extreme nor the other/ there's no need to exaggerate (trad.)

4) Hacer un calvo (enseñar el culo bajándose los pantalones por broma o burla).

   To moon **

   I find mooning in bad taste – Hacer un calvo me parece de mal gusto.

camello

Un camello (sl. droga).

   A drug pusher ***

   There were drug pushers all over the place – Había camellos por todas partes.

camión

Estar como un camión, ser un monumento/ bombón.

   To be a cracker/ smasher ** (véase tamb. «queso», 2).

   His new girlfriend is a smasher – Su nueva novia está como un camión.

camisa

Cambiar de camisa/ chaqueta, ser un chaquetero.

   To be a turncoat ***

Turncoats are the order of the day in all political parties – Los chaqueteros están a la orden del día en todos los partidos políticos.

campana

Salvado por la campana / en el último minuto.

Saved by the bell **

canas

Peinar canas.

To be grey-haired ***

Uncle George isn't so young – he's already grey-haired – El tío George no es tan joven – ya pcina canas.

capa

Andar / estar de capa caída.

a)   (estar en decadencia)

To have seen better days (véase *day, 9*), *to be in a bad way* **

b)   (estar pachucho, mal de salud)

To be out of sorts (véase *out, 3a*).

capear

Capear el temporal.

To weather the storm **

The only thing we can do for the momení is to weather the storm - Lo único que podemos hacer por el momento es capear el temporal.

cara

1) ¿Cara o cruz?

Head or tails? ***

Sins.= *To flip / toss a coin* *** – Jugarse algo a cara o cruz; *let's toss for it* *** - echémoslo a cara o cruz; *I'll toss you for it* *** – te lo juego a cara o cruz.

Cf. (hum) *Heads I win, tails you lose!* * - ¡cara, yo gano; cruz, tú pierdes!

2) Partir la cara a alguien.

To smash sb's face in ***

Do that again and I'll smash your face in - Como lo hagas otra vez, te parto la cara.

Sin.= Darle a alguien una hostia – *to deck sb* ***

3) Dar la cara.

To face up to sth / to face it / things ***

Things are getting worse, but we must face up to it – Las cosas van peor, pero tenemos que dar la cara.

4) Dar la cara por alguien.

To stand up for sb ***

Don't worry, I'll always be there to stand up for you – No te preocupes, siempre estaré ahí para dar la cara por ti.

5) Echar en cara.

To throw sth (back) in sb's face ** (véase tamb. *rub,* 1).

6) Tener dos caras.

To be two-faced ***

Don't trust him an inch – he's two-faced – No te fíes de él ni un pelo – tiene dos caras.

carabina

Ser la carabina de Ambrosio (ser un inútil, no servir para nada).

To be worse than useless **, *to be a good-for-nothing (person)* **

caradura

Ser un caradura, tener mucha cara/mucho morro.

To have a cheek/to be cheeky ***

What a cheek he has!/how cheeky he is! *** - ¡Vaya cara que tiene!

Sins.= *What (a) cheek/nerve!* *** - ¡Qué cara(dura)!/¡qué morro!

cargado

Ambiente cargado.

Stuffy (trad.)

Open the window - it's a little stuffy in here - Abre la ventana - el ambiente está un poco cargado aquí dentro.

cargarse

Cargarse a alguien, quitar de en medio, liquidar, mandar al otro barrio.

To knock sb off ***

They knocked him off when he was eating in an Italian restaurant, as he did every day – Se lo cargaron cuando estaba comiendo en un restaurante italiano, como hacía todos los días.

Sins.= *To do sb in* ***/*to bump sb off* **/*to rub sb out* *

caridad

La caridad bien entendida empieza por uno mismo.

Charity begins at home **

You must help him, of course, but first of all you have to think about your own family – charity begins at home – Por supuesto que debes ayudarlo, pero ante todo debes pensar en tu propia familia – la caridad bien entendida empieza por uno mismo.

carrillos

Comer a dos carrillos, ponerse «morao», darse un atracón.

To stuff oneself (with sth) ***

There he is stuffing himself with oysters - Ahí está, comiendo a dos carrillos, dándose un atracón de ostras.

Sins.= *To gorge oneself (on sth)* ** / *to pig out (on sth)* **

carro

Tirar del carro.

a)   (ser el motor impulsor de la economía) *To be the driving force* ***

Tourism is the driving force of Spain's economy – El turismo es el que tira del carro de la economía española.

b)   (ser la persona que con su trabajo mantiene a la familia) *To be the bread winner****

He's been unemployed for over two years, so it's his wife who's the bread winner now – Lleva parado más de dos años, así que ahora es su mujer la que tira del carro.

carroza

Ser un carroza / carca.

To be a square ** / *an old fogey* *

I don't agree with his old-fashioned ideas – he's an old fogey – No estoy de acuerdo con sus anticuadas ideas – es un carca.

carta

1) Poner las cartas boca arriba / sobre la mesa.

To put one's cards on the table ***

I'll put my cards on the table: the house interests me, but I can't afford to pay so much - Pondré mis cartas boca arriba: La casa me interesa, pero no puedo pagar tanto.

2) Tomar cartas en el asunto.

To step in ***

The situation was getting out of hand, so I had to step in – La situación se estaba descontrolando, así que tuve que tomar cartas en el asunto.

Sins.= *To have / take a hand in sth* **

casa

1) Entrar en un lugar como Pedro por su casa.

To walk / waltz in as if he / she owned the place **

He can't waltz in here as if he owned the place – No puede entrar aquí como Pedro por su casa.

2) Estás / está usted en tu / su casa.

Feel / make yourself at home ***

There, sit down, take off your shoes and make yourself at home! – ¡Eso es, siéntate y quítate los zapatos! Estás en tu casa.

cascabel

¿Quién le pone el cascabel al gato?

Who's going to bell the cat? *

Yes, I agree with you we must tell him at once, but who's going lo bell the cat? - Sí, estoy de acuerdo con vosotros en que debemos decírselo en seguida, pero, ¿quién le pone el cascabel al gato?

castaño

Pasar de castaño oscuro.

To be beyond a joke ***

He now claims that the house is his - really, this is beyond a joke – Ahora afirma que la casa es suya - realmente, esto pasa de castaño oscuro.

cenizo

Tener el cenizo, estar gafado.

To be jinxed ***

We lost again – we're jinxed – Otra vez hemos perdido – estamos gafados.

cera

No hay más cera que la que arde.

That's the way things are ***

Sins.= *That's all there is* ***; *there's no getting away from it* ***

chapuza

Hacer una chapuza.

a)   (trabajo mal hecho) *To make a botch of sth / to botch sth up* **

He painted his house himself, but he made a botch of it – Él mismo pintó su casa, pero hizo una chapuza.

b)   (trabajo ocasional, de poca importancia) *To do odd jobs* ***

I have a few odd jobs to do at home on Sunday - Tengo unas chapuzas que hacer en casa el domingo.

chispas

Echar chispas, subirse por las paredes, estar uno que muerde / trina, estar cabreado.

To be hopping mad **

Be careful, the boss is hopping mad today - Ten cuidado, el jefe está que echa chispas hoy (véase tamb. *hit*, 4).

chivarse

Chivarse, delatar a alguien.

To grass on sb **

Sins.= *to squeal on sb* ** / *to snitch on sb* *

Cf. *A tip-off* : *The police have received a tip-off* - La policía ha recibido un chivatazo.

chivato

Ser un chivato (dicho de un niño, en la escuela, etc.).

To be a telltale ***

The teacher knows all about it. There must be a telltale in the school – El maestro lo sabe todo. Debe de haber un chivato en la escuela.

Cf. *An informer / a squealer* - Un chivato / soplón (a la policía, etc.).

cinturón

Apretarse el cinturón.

To tighten one's belt ***

The Prime Minister has said that we'll have to tighten our belts if we want to get out of the present economic crisis – El Primer Ministro ha dicho que tendremos que apretarnos el cinturón, si queremos salir de la actual crisis económica.

cisne

El canto del cisne de alguien.

Somebody's swansong **

That novel was to be her swansong – she never wrote a line after that – Esa novela iba a ser su canto del cisne – nunca escribió una línea después de eso.

clavar

Clavar a alguien, cobrarle en exceso.

To fleece sb **

They fleeced us in that hotel – Nos clavaron en ese hotel.

Sins.= *To rip sb off* ** / *to diddle sb* / *to overcharge sb.*

clavo

1) Agarrarse a un clavo ardiendo.

To clutch at straws ***

He knows everything is lost, but he will clutch at straws - Sabe que todo está perdido, pero se agarra a un clavo ardiendo.

Sin.= *(A drowning man will) clutch at a straw* (ref.) *

2) Dar en el clavo.

To hit the nail on the head ***

It was his doing all right - you hit the nail on the head - Fue cosa de él / él lo hizo, en efecto - diste en el clavo.

coba

Dar coba a alguien, adular, hacer la pelota.

To soft-soap sb ***

Stop soft- soaping me - Deja de darme coba.

Sins. = *to flatter sb* (se usa tamb. para «halagar») / *to toady to sb**/ to suck up to sb**/ to butter sb up***/ to make up to sb ***/ to play up to sb **/ to creep (up) to sb* ** (véase tamb. «jabón», 1)

cocinero

Haber sido cocinero antes que fraile, haber vivido la vida.

To have been around (a lot) ***

He certainly has been around a lot - Ciertamente, ha vivido la vida/ha sido cocinero antes que fraile.

colarse

1)   Colarse, saltarse la cola.

To jump the queue (IBr)/ *to cut in line* (IAm) ***

That woman in black has jumped the queue - Esa mujer de negro se ha colado.

2)   Colarse, entrar sin pagar.

To gatecrash ***

He tried to gatecrash but failed - Intentó colarse sin pagar, pero no lo consiguió.

colorado

1)   Saber más que los ratones colorados, saber latín.

To know a thing or two **

He knows a thing or two - Sabe más que los ratones colorados.

Cf. *To have/know all the answers* **- Creerse alguien que lo sabe todo/que tiene respuestas para todo.

2)   Más colorado que un tomate/colorado como un tomate.

As red as a beetroot **

Where have you been? Your face is as red as a beetroot - ¿Dónde has estado? Tienes la cara más colorada que un tomate.

comer

1) Comer como una lima.

   To eat like a horse ***

   If I were you I wouldn't invite him to lunch - he eats like a horse – Yo en tu lugar no lo invitaría a almorzar – come como una lima.

   Sin.= *To eat one's head off* **

   Cf. *To pig out (on sth)* (esp. IAm) ** - Darse un atracón de comida.

2) Comer el coco / tarro a alguien, lavarle el cerebro.

   To brainwash sb ***

   Don't let yourself be brainwashed by commercials – No dejes que los anuncios en televisión te coman el coco.

compuesta

Quedarse compuesta, y sin novio.

   To be all dressed up and nowhere to go **

   Cf. *To jilt sb* – Dejar la novia al novio o vicevera.

comulgar

Comulgar con ruedas de molino.

   To swallow anything (trad.)

   Cf. No me hacen comulgar con ruedas de molino, a mí no me la dan, no me dejo engañar así como así - *I'm not that gullible* ***

conocer

Conocer de toda la vida/desde que se era así de pequeño.

To know sb since he/she was so high ***

I've known her since she was so high - La conozco de toda la vida/desde que era así de pequeña.

conocido

Muy conocido en su casa (a la hora de comer).

What are they/is it when they are/it is at home? (iron.) **

[En inglés se dice de personas y cosas; en español. sólo de personas. Para cosas se usa: «¿,Qué diablos (etc.) es eso?»]

«He wants some thumbtacks» «Thumbtacks? What are they when they are at home?» - «Quiere unas chinchetas» «¿Chinchetas? Y eso ¿qué diablos es?».

contar

Contar con alguien.

a)   (confiar en) *To rely on sb****

You can rely on him – Puedes contar con/confiar en él.

b)   (ayuda) *To count on sb****

You know you can always count on me – Sabes que puedes contar siempre conmigo.

c)   (para una fiesta, excursión, etc.) *To count sb in* ***

Count me in for Saturday outing - Contad conmigo para la excursión del sábado.

Cf. *To count sb out* *** No contar con alguien: *Count me out* – no contéis conmigo.

contraria

Llevar la contraria.

To be contrary *

I'd say that he likes to be contrary – Yo diría que le gusta llevar la contraria.

copa

1) Tomar una copa, echar un trago.

To have a drink ***

Let's have a drink to celebrate our team's victory - Tomemos una copa para celebrar la victoria de nuestro equipo.

2) Llevar / tener / tomar una(s) copa(s) de más.

To have had one too many ***

I wouldn't let him drive - he's had one too many – Yo no le dejaría conducir - ha tomado una copa de más.

coronilla

Estar hasta la coronilla / hasta el gorro / hasta las narices / hasta el moño / la punta de los pelos (de algo / alguien).

To be fed up (with sth / sb) ***

I'm fed up with him - Estoy hasta la coronilla / el moño de él.

Sin.= *To be fed up to the back teeth* * (véase tamb. «harto»).

correa

1) No tener correa, no saber aguantar una broma.

Can't take a joke ***

Your brother-in-law can't take a joke – Tu cuñado no tiene correa.

Sin.= *To have a short fuse* **

2)   Tener correa, tener las espaldas anchas / buenas espaldas.

    a)   (para sufrimiento, contratiempos) *To be long-suffering / to have a lot of patience* (trad.).

    b)   (para aguantar una broma) *Can take a joke* ***

        Don't worry, I can take a joke – No te preocupes, yo tengo correa.

correr

1)   Dejar correr.

    To let it drift **

    Let it drift – Déjalo correr.

2)   Quien mucho corre, atrás se halla (ref.), vísteme despacio, que voy de prisa (ref.).

    More haste, less speed **

    Sin.= *Haste makes waste* **

corriente

1)   Llevar la corriente, seguir la corriente a alguien.

    To humour sb (trad.).

    Keep humouring him until the police arrive - Sigue llevándole la corriente hasta que llegue la policía.

2)   Corriente y moliente.

    Run-of-the-mill (trad.)

    It was a run-of-the-mill performance – Fue una actuación corriente y moliente.

cosquillas

1) Hacer cosquillas a alguien.

   To tickle sb (trad.)

   Stop tickling me – Deja ya de hacerme cosquillas; *that shirt tickles my neck* – esa camisa me hace cosquillas en el cuello.

2) Tener cosquillas.

   To be ticklish (trad.)

   I'm very ticklish - Tengo muchas cosquillas.

3) Buscar las cosquillas a alguien, meterse con alguien, hacerle rabiar.

   To tease sb (trad.)

   Stop teasing him - No le busques más las cosquillas.

costa

A toda costa.

   At any cost ***

   We must rescue them at any cost – Debemos rescatarlos a toda costa.

   Sins.= *At all costs* *** / *at any price* ***

cuarenta

Cantar las cuarenta a alguien, decirle unas cuantas verdades/las verdades del barquero/cuatro cosas, soltar cuatro frescas.

   To tell sb a few home truths ***

   After he left my sister, I told him a few home truths – Cuando dejó a mi hermana, le dije unas cuantas verdades, le canté las cuarenta (véase tamb. *give*, 2).

cuarto

Echar su cuarto a espadas (intervenir en una conversación, dando su opinión).

To have one's say **

I will have my say in this matter, whether they like it or not - Echaré mi cuarto a espadas sobre este asunto, les guste o no.

Cuba

Más se perdió en Cuba.

Worse things happen at sea *

cuenta

1) Lo hará por la cuenta que le trae.

   He'll be only too pleased to do it ***

   Sin.= *He'll do it if he knows what's good for him* ***

2) Tener que ajustar cuentas con alguien (expresarle nuestro malestar).

   To have a bone to pick with sb **

   I have a bone to pick with you. Why did you take my car without my permission? - Tengo que ajustar cuentas contigo. ¿Por qué cogiste mi coche sin mi permiso?

3) En resumidas cuentas.

   In short ***

   Sins.=*To put it in a nutshell* */ to cut/ make a long story short* ** (véase tamb. word, 2).

4) Correr por cuenta de alguien.

   To be on sb ***

   This one is on me -Esta (copa, etc.) corre de mi cuenta.

436

5)   Perder la cuenta.

To lose count ***

How many has he already had? I've lost count - ¿Cuántas ha tomado ya? He perdido la cuenta.

6)   Tener en cuenta.

To bear in mind ***

Bear in mind that they're very poor and can't afford it - Ten en cuenta que son muy pobres y no pueden permitirse ese lujo.

Sin.= *To take sth into account* ***

7)   Trae cuenta...

It pays to...***

It pays to tell the truth - Trae cuenta decir la verdad.

8)   Ajustar cuentas (con alguien) (hacer cuentas, ver lo que se debe).

To settle / square accounts (with sb) **

When you have a minute, we have to settle accounts – Cuando tengas un minuto, tenemos que ajustar cuentas.

Cf. Ajustar las cuentas a alguien (vengarse) - *To settle an old score* ** (puede usarse tamb *to settle accounts with sb* en sentido fig.).

9)   Saldar cuentas (con alguien) (pagar lo que se debe).

To square up (with sb) **

It's time I squared up with you - Es hora de saldar cuentas contigo.

10)   Amañar las cuentas, falsificar los libros.

To cook the books **

The accountant has been accused of cooking the books – El contable ha sido acusado de amañar las cuentas.

11) Un ajuste de cuentas (entre bandas de gangsters, etc.).

A pay-off **

12) A fin de cuentas.

When all is said and done **

Sins.=*All in all/all things considered* **

13) Hacer algo con su cuenta y razón.

To have good reasons to do sth (trad.)

14) Hacer la(s) cuenta(s) de la vieja.

To count on one's fingers ***

cuerno

1) Ponerle a alguien los cuernos.

To cuckold sb **

I'm sure she will cuckold him sooner or later - Estoy seguro de que tarde o temprano le pondrá los cuernos.

2) ¡Vete al cuerno!, ¡vete a la mierda/a hacer puñetas/al carajo!

Go to hell ***

Sin.= *Piss off* *** (véase tamb. apéndice, 2).

cuervos

Cría cuervos... (y te sacarán los ojos).

To bite the hand that feeds you **

«*We haven't been lucky with our children. After all we've done for them they've repaid us with nothing but ingratitude - it's a clear case of biting the hand that feeds you*» – «No hemos tenido suerte con nuestros hijos. Despúes de todo lo que hemos hecho por ellos, nos pagan únicamente son su ingratitud - cría cuervos... ».

culo

1) Estar hasta el culo (de trabajo, deudas, problemas).

   To be up to one's ears (in work/ debts/ problems) *** (véase tamb. *eye, 1*).

2) Ser culo/ culillo de mal asiento.

   To be a rolling stone ** (véase tamb. *feet, 7*).

3) Puedes metértelo en el culo.

   You can stuff/ shove/ stick it up [*your arse* (IBr)/ *ass*(IAm)] (véase tamb. apéndice, 2).

cumplidos

No te andes con cumplidos.

Don't stand on ceremony ***

Sin.= *You can dispense with the formalities* **

D

decir

1) ¡A mí me lo vas a decir! / ¡dímelo a mí!

   You're telling me! ***

   «He's so lazy!» «You're telling me».- «¡Qué vago es!» «A mí me lo vas a decir».

2) Ni que decir tiene, claro / naturalmente, huelga decir, caer por su propio peso.

   To go without saying ***

   It goes without saying that all applicants must speak English – Ni que decir tiene que todos los solicitantes deben hablar inglés.

dedillo

Saber algo al dedillo.

   To have sth at one's fingertips **

   He has all the irregular verbs at his fingertips - Se sabe todos los verbos irregulares al dedillo.

dedos

Pillarse los dedos, pillarle a uno el toro.

   To burn one's fingers / to get one's fingers burnt **

   He tried a blind date, but got his fingers badly burnt – Intentó una cita a ciegas, pero se pilló bien los dedos.

desear

Dejar mucho que desear.

   To leave a lot / much to be desired ***

   This fridge leaves much to be desired – Este frigorífico deja mucho que desear.

desgracias

1) Las desgracias nunca vienen solas, no quieres caldo, tres tazas, eramos pocos, y parió la abuela, al perro flaco todo se le vuelven pulgas.

   It never rains but it pours ***

   Sin.= *Troubles never come singly* **

2) Para colmo de desgracias.

   To cap it all ***

   The hotel was quite bad and, to cap it all, it rained every day – El hotel era bastante malo y, para colmo de desgracias, llovió todos los días.

   Sin.= *To make matters worse* **

detalle

Lo que importa es el detalle (al hacer un regalo), una flor es un diamante.

It's the thought that counts ***

«This is all I could buy you for your birthday». «Don't worry, it's the thought that counts». – «Esto es todo lo que pude comprarte por tu cumpleaños». «No te preocupes, lo que importa es el detalle».

dicho

Del dicho al hecho... (va un gran trecho) (ref.).

There's many a slip 'twixt (the) cup and (the) lip **

He says he will succeed, but there's many a slip 'twixt (the) cup and (the) lip - Dice que triunfará, pero del dicho al hecho...

diestro

A diestro y siniestro.

Right and left ***

The police started coshing demonstrators right and left – La policía empezó a golpear a los manifestantes con la porra a diestro y siniestro.

diferencia

Partir la diferencia.

To split the difference ***

Let's split the difference - Partamos la diferencia (véase tamb. *meet*).

Dinamarca

Algo huele a podrido en el reino de Dinamarca.

There's something rotten in the state of Denmark *

(Cita de *Hamlet*, de Shakespeare, usada como alusión a la corrupción en la administración, gobierno, etc.).

dinero

1) Dinero contante y sonante.

Hard cash ***

«*Will you pay by credit card?*» «*No, hard cash*». - «¿Pagará usted con tarjeta de crédito?» «No, en dinero contante y sonante».

2) Estar nadando en dinero, estar podrido de dinero, tener dinero para dar y regalar.

To be rolling in money **

The Smiths have bought a Rolls-Royce - they must be rolling in money- Los Smiths se han comprado un Rolls-Royce - deben de estar nadando en dinero.

Sins.= *To be stinking rich* **, *to have money to burn* **

3) Dinero tirado a la calle.

Money down the drain **

I know you've bought a new lawnmower, but in my opinion that's money down the drain – the old one worked perfectly - Sé que te has comprado una nueva cortadora de césped, pero, en mi opinión, eso es dinero tirado a la calle – la antigua funcionaba perfectamente.

4)   Gastar dinero a manos llenas/a mansalva, derrochar.

To spend money like water **

«His wife's a spendthrift». «Yes, she spends money like water». - «Su mujer es una manirrota». «Sí, gasta el dinero a manos llenas».

Sin.= *To splash out on sth* **

Dios

1)   A Dios gracias/gracias a Dios

Thank goodness ***

We had a car accident yesterday, but thank goodness nobody got injured – Ayer tuvimos un accidente de coche, pero gracias a Dios nadie resultó herido.

2)   A Dios rogando y con el mazo dando (ref.)

Put your trust in God, but keep your powder dry *

3)   A la buena de Dios/como Dios da a entender, de cualquier manera.

Any old how ***

He stuffed the papers into the drawer any old how and left in a hurry – Metió los papeles en el cajón como Dios le dio a entender/de cualquier manera y se fue corriendo.

4)   Dios aprieta, pero no ahoga (ref.).

God shapes the back for the burden *

5)   A Dios lo que es de Dios (y al César lo que es del César).

Render unto Caesar the things which are Caesar's *

6)   Estar de Dios.

To be meant to happen (trad.).

Sin.= *To be God's will.*

444

7) Dios mediante, si Dios quiere.

God willing **

See you in Venice in July, God willing – Te veo en Venecia en julio, si Dios quiere.

dividir

Divide y vencerás.

Divide and rule **

doble

Doble o nada.

Double or quits(IBr)/ *double or nothing* (IAm) ***

doctores

Doctores tiene la (Santa Madre) Iglesia.

"(That's not for me to say) there are competent/ wise people well able to pass an opinion on that." (trad.)

dos

Dos es compañía, tres es multitud.

Two's company, three's a crowd ***

«Would you like to come with Betty and me to the cinema ?» «No, I always say that two's company, three's a crowd». «¿Te gustaría venir con Betty y conmigo al cine?» «No, yo siempre digo que dos es compañía, tres es multitud».

E

embudo

La ley del embudo.

To have two yardsticks / a double standard ***

You are not being fair to the boy; you didn't mind it when your son did the same thing. That 's what I call having two yardsticks / a double standard - No estás siendo justo con el muchacho; no te importaba cuando tu hijo hacía lo mismo. Eso es lo que yo llamo la ley del embudo.

enemigo

A enemigo que huye, puente de plata (ref.).

Good riddance (to bad rubbish) ***

«*The Smiths, our neighbours next door, are moving away*» «*Good riddance...*» - «Los Smiths, nuestros vecinos de al lado, se mudan» «A enemigo que huye...». (La frase *good riddance* se usa frecuentemente para expresar satisfacción por librarse de algo o alguien que nos molesta: no se pierde nada / gran cosa, etc.).

escopeta

Estar con la escopeta cargada.

To be ready to pounce on sb **

Wife to grumbling husband: «You are always ready to pounce on me». - La esposa, al marido gruñón: «Estás siempre con la escopeta cargada».

espada

Estar entre la espada y la pared.

To be between the devil and the deep blue sea **

Well, this is really a difficult decision - you put me between the devil and the deep blue sea - Bueno, ésta es una decisión realmente difícil - me pones entre la espada y la pared (véase tamb. *back*, 6).

esperanza

Mientras hay vida hay esperanza.

While there's life there's hope **

Cf. *Never say die* ** - No te rindas, no te des nunca por vencido.

esquinazo

Dar esquinazo a alguien.

To give sb the slip ***

She's given him the slip - Le ha dado esquinazo.

Cf. *To lose sb* *** –despistar a alguien: *I lost him at last* – Por fin lo despisté.

estacada

Dejar a alguien en la estacada.

To leave sb in the lurch **

This is the second time your car leaves you in the lurch - Es la segunda vez que el coche te deja en la estacada (véase tamb. *let down*).

estómago

1)   Revolver el estómago a alguien.

To turn sb's stomach ***

Really all that violence turns my stomach - Realmente toda esa violencia me revuelve el estómago.

2) No tener estómago para ver algo (sangre, etc.).

Can't stand the sight of sth (blood, etc.) ***

I don't think he would make a good surgeon – he can't stand the sight of blood. – No creo que fuera un buen cirujano – no tiene estómago para ver la sangre.

estrella

1) Ver las estrellas (al darse/recibir un golpe).

To see stars ***

He hit me on the nose and I saw stars - Me dio un puñetazo en la nariz y vi las estrellas.

2) Nacer con buena estrella, nacer de pie.

To be born under a lucky star **

Cf. *To be born with a silver spoon in one's mouth* **- Nacer en (el seno de) una familia rica.

F

faena

Ya que estamos metidos en faena.

> *While we're about it* ***

> *We can also paint the garage, while we're about it* – Ya que estamos metidos en faena, podemos pintar también el garaje.

falda

Estar pegado a las faldas de la madre.

> *To be tied to one's mother's apron strings* ***

> *He's too old to be still tied to his mother's apron strings* – Es demasiado viejo para estar todavía pegado a las faldas de su madre.

fama

1) Cría mala fama... (y échate a morir), si alguien es calumniado, le es luego muy difícil recuperar su buen nombre, calumnia, que algo queda.

   Give a dog a bad name... (and hang him) **

   I'm worried about him. As the saying goes: Give a dog a bad name... - Estoy preocupado por él. Como dice el refrán: Cría mala fama...

   Sin.= *Mud sticks* **

2) Cría buena fama (y échate a dormir) (ref)

   Build up a good reputation and you can sit back and relax (trad.)

farol

Tirarse/marcarse un farol.

To be tied to one's mother's apron strings

To bluff (trad.).

I'm sure he would never do it - he's bluffing – Estoy seguro de que no lo haría nunca - se está tirando un farol.

farolillo rojo

Ser/llevar el farolillo rojo (en una competición, torneo, etc.), ir colista.

To hold the wooden spoon **

Surprisingly, Manchester United are now holding the wooden spoon – Sorprendentemente, el Manchester United lleva ahora el farolillo rojo.

felices

Y fueron/vivieron felices y comieron perdices.

And they lived happily ever after ***

Femando

1) Así se las ponían a Fernando VII, ¿qué más quieres? (más facilidades, ventajas, etc., imposible).

   D'you want jam on it? *

2) (Ir en) el coche de San Fernando (unos ratos a pie y otros andando).

   (*To go on*) *shanks's pony* *

   «*Did you come by bus?*» «*No, on shanks's pony*» - «¿Viniste en autobús?» «No, en el coche de San Fernando...».

flauta

Sonar la flauta por casualidad, de chiripa/de chorra.

To be a fluke/by a fluke ***

We won by a fluke – Ganamos de chiripa, sonó la flauta por casualidad; *their first goal was a fluke* – su primer gol fue de chorra.

flor

1) En la flor de la vida.

   In the prime of life ***

   Her husband was killed in the war in the prime of life – A su marido lo mataron en la guerra en la flor de la vida.

2) La flor y nata.

   The cream / pick of sth ***

   The cream of society – La flor y nata de la sociedad.

   Sin.= *The crème de la crème* *

3) Echarle flores a alguien.

   To pay sb compliments ***

   Cf. Echarse flores (véase «abuela», 1).

freír

¡Vete a freír espárragos / monas!

   Get lost! ***

   Sin.= *(Go) jump in a lake* ** (véanse tamb. «lárgate» y «porra», 1).

fresco

Sí crees que... estás fresco / muy equivocado / vas muy descaminado.

   If you think... you've got another think coming ***

   If you think I'm going to lend you more money, you've got another think coming – Si crees que te voy a prestar más dinero, estás fresco.

fuerte

1)   Es un poco fuerte (es intolerable).

It's a bit thick **

It's a bit thick that I can't sit quietly and read the newspaper in my own house -
Es un poco fuerte que no me pueda sentar tranquila mente a leer el periódico en
mi propia casa.

2)   ¡Qué fuerte! (es tremendo/ increíble) (esp en lenguaje juvenil)

This is heavy! ***

G

gallina

1) Matar la gallina de los huevos de oro.

   To kill the goose that lays the golden eggs **

   You must go on giving good service in your hotel if you don't want to kill the goose that lays the golden eggs – Debes continuar dando buen servicio en tu hotel, si no quieres matar la gallina de los huevos de oro.

2) Cantar la gallina, cantar de plano, confesar.

   To come clean ***

   He's come clean at last: he's confessed that he robbed the bank - Ha cantado de plano: ha confesado por fin que atracó el banco (véase tamb. *spill*).

3) Jugar a la gallina / gallinita ciega.

   To play blind man's buff **

gallito

El gallito del grupo.

The cock of the walk **

I can see you're the cock of the walk there - Ya veo que allí eres el gallito del grupo.

gallo

1) En menos que canta un gallo.

   Before one can / could say «Jack Robinson» / in less that it takes to say «Jack Robinson» *

   He'll be gone before you can say «Jack Robinson» - Habrá desaparecido en menos que canta un gallo (véanse tamb. «ojo», 5 y «periquete»).

2) Otro gallo me/te/le, etc. cantara si...

Things/sb's lot would be different if...(trad.).

My lot would be different if I had listened to him – Otro gallo me cantara si lo hubiera escuchado.

3) Salirle a alguien un gallo (al cantar).

To hit a false/wrong note (trad.).

4) Como el gallo de Morón (sin plumas y cacareando).

Beaten/thrashed but still proud/crowing (trad.).

5) Patas de gallo

Crow's feet ***

Don't worry, nowadays there are treatments to get rid of crow's feet – No te preocupes, hoy día hay tratamientos para eliminar las patas de gallo.

gatas

A gatas.

On all fours ***

She was walking on all fours looking for her earring – Estaba andando a gatas, buscando su pendiente.

gato

1) Haber gato encerrado, dar mala espina, oler mal/a chamusquina/a cuerno quemado.

To smell a rat ***

Apparently their business is legal, but I smell a rat somewhere – Aparentemente su negocio es legal, pero algo me huele mal/ahí hay gato encerrado.

Sins.= *There's something fishy here* ***, *there's more to it than meets the eye* **

2) Buscarle tres pies al gato, hilar demasiado fino, rizar el rizo.

To split hairs ***

Stop splitting hairs - that's irrelevant to the present case – No le busques tres pies al gato – eso es irrelevante en el caso que nos ocupa.

3) Dar gato por liebre.

To sell sb a pup / buy a pup / be sold a pup (IBr, antic).

Sins.= *To take sb in / to be taken in* ***, *to be had* ***, *to be done* *** (véanse tamb. «queso», 1 y *pig, 1*).

4) El gato escaldado, del agua fría huye (ref.).

Once bitten, twice shy **

I don't think he'll marry again – once bitten twice shy – No creo que se case otra vez – el gato escaldado del agua fría huye.

5) Cuatro gatos.

Hardly a soul ***

There was hardly a soul at the meeting – Había cuatro gatos en el mitin.

6) Tener (muchos) gatos en la barriga.

To have evil intentions (trad.).

Sin.= *To have a twisted mind* ***

7) Eso lo sabe hasta el gato.

Everybody knows that (trad.).

giro

Un giro de 90°, viraje inesperado, cambio radical de actitud.

About-turn ** (tamb. IAm *about-face*).

They were all surprised at the Government's about-turn concerning salaries – Se quedaron todos sorprendidos ante el viraje inesperado del Gobierno referente a salarios.

golondrina

Una golondrina no hace verano (ref.).

One swallow doesn't make a summer *

«*We're fully booked for the weekend*». «*Yes, but 'one swallow doesn't make a summer'*».– «Tenemos todo reservado para el fin de semana». «Sí, pero 'una golondrina no hace verano'».

golpe

1) (Dar) un golpe bajo.

   (To hit sb) below the belt ***

   I didn't like her remark about her husband's failure: that was a bit below the belt - No me gustó su comentario sobre el fracaso de su marido: fue un golpe bajo.

2) Dar el golpe, causar sensación.

   To set the world on fire **

   They are sure to set the world on fire with their new album - Es seguro que van a dar el golpe/causarán sensación con su nuevo «elepé».

3) No dar/pegar (ni) golpe.

   Not do a scrap/stroke of work **

   Sin.= *To be bone idle* * (véase tamb. «huevo», 6).

gota

Parecerse como dos gotas de agua/como un huevo a otro huevo.

To be as like as two peas (in a pod) ***

It's really difficult to tell one from the other - they're as like as two peas - Es realmente difícil distinguirlos - se parecen como dos gotas de agua.

goteras

Tener goteras.

To have aches and pains ***

At my age you have aches and pains all over - A mi edad se tienen goteras por todas partes.

granito

Aportar su granito de arena.

To do one's bit ***

We'll all do our bit to help her - Todos aportaremos nuestro granito de arena para ayudarle.

grano

1) Ir al grano.

    To come / get to the point *** (véase tamb. *bush*).

    Will you please get to the point? We haven't got all day - ¿Quieres ir al grano, por favor? No tenemos todo el día.

2) No te pongas el parche antes de que te salga el grano.

    Don't cry before you're hurt *

grillo

1) Tener la cabeza llena de grillos.

    To be crazy / nuts (trad.).

2) Pepito Grillo.

    Jiminy Cricket **

grito

1) Poner el grito en el cielo.

   To be up in arms ** (véanse tamb. *cut*, 2, *murder*, y *red*, 1).

2) Ser el último grito, lo último.

   To be the latest (craze/thing) ***

   This is the latest in videogames – Esto es lo último/el último grito en videojuegos.

guante

1) Arrojarle/tirarle el guante a alguien.

   To throw down the gauntlet **

   Arrojar el guante, desafiar, retar.

   The main opposition party has thrown down the gauntlet to the government by asking for the elections to be brought forward – El principal partido en la oposición ha arrojado el guante al gobierno, pidiendo un adelanto de las elecciones.

   Cf. Recoger el guante – *To take/pick up the gauntlet* **

2) Colgar los guantes

   To hang up one's gloves ***

   He was a great boxer, but he hung up his gloves two years ago – Era un gran boxeador, pero colgó los guantes hace dos años.

3) De guante blanco.

   Non-violent (trad.)

   An elegant non-violent thief - Un ladrón de guante blanco; *a non-violent match* - un partido de guante blanco [cf. *a friendly* (*match*) – un partido amistoso].

4) Echar el guante a alguien.

   To nail sb (trad.).

   Sins.= *To catch sb/to nab sb.*

5)   Tratar con guantes de seda

To handle/ treat sb with kid gloves **

She's very sensitive — you must handle her wiih kid gloves - Es muy sensible —debes tratarla con guantes de seda.

guardia

1)   Estar de guardia.

a)   (policías, médicos) *To be on duty* ***

Who's on duty today? - ¿Quién está de guardia hoy?

b)   (profesores) *To stand by/ to be on stand-by* **

Ms. Allen stands by today – Ms. Allen está de guardia hoy.

c)   (soldados, vigilantes, etc) *To be on guard* ***

Who's on guard tonight? - ¿Quién está de guardia esta noche?

2)   Estar en guardia.

To be on (one's) guard ***

Cf. *To be off guard* *** - estar desprevenido; *to catch sb off guard* - pillar desprevenido (véase *catch, 4*).

gusanillo

1)   Picar a alguien el gusanillo, cogerle gusto a algo.

To be bitten by the bug/ have got the....bug **

Now that her first book has been a success, she's been bitten by the bug and is busy writing another - Ahora que su primer libro ha sido un éxito, le ha cogido gusto, y ya está escribiendo otro; *he's got the travel bug* – Le ha cogido el gusto a viajar.

2) Matar el gusanillo.

    a)   (trago matutino) *To have a strong drink early in the morning* (trad.)

    b)   (tomar algo de comer) *(To have sth to eat) to keep sb going* **

gusto

Sobre gustos no hay nada escrito.

There's no accounting for taste ***

hábito

El hábito no hace al monje (ref.).

Clothes don't make the man *

hablar

1) Quien mucho habla mucho yerra (ref.).

   Who talks much errs much (trad.), the more you talk, the more mistakes you make (trad.).

2) No hablarse.

   Not be on speaking terms ***

   I don't know anything about him - we are not on speaking terms – No sé nada de él - no nos hablamos.

3) Hablando del rey de Roma... (por la puerta asoma).

   Talk of the devil... (and he's sure to appear) **

4) Hablar por los codos/más que siete/como una cotorra.

   To talk one's head off ***

   There he was talking his head off as usual - Allí estaba charlando por los codos como de costumbre.

   Sins.= *To be a chatterbox* ***, *to talk nineteen to the dozen* *

5) ¡Así se habla!

   Now you're talking! ***

6) De eso, ni hablar.

   That's out of the question ***

   Cf. ¡Ni hablar del peluquín! – *No way!* ***/ *not on your life/ in your dreams!* **

7) Hablando en plata / sin rodeos.

To put it bluntly *** (véase tamb. *point,* 3).

8) Hablar por boca de ganso.

To repeat other people's opinions / ideas parrot-fashion (trad.).

hambre

1) A buen hambre no hay pan duro (ref.).

Hunger is the best sauce **

Sin.= *Beggars can't be choosers* **

2) Tener más hambre que el perro de un ciego, morirse de hambre.

To be starving (trad.).

I'm starving - I could eat a horse - Tengo más hambre que el perro de un ciego - me comería un caballo.

Sin.= *To be as hungry as a hunter* *

Cf. Morir de hambre - *To starve / die of starvation / die of hunger.*

harina

Eso es harina de otro costal, eso es otro cantar.

That's a horse of a differen / another colour **

Sin.= *That's another story* ***, *that's a different kettle of fish* *

harto

Estar harto de algo / alguien.

To be sick of sth / sb ***

I'm sick of him – Estoy harta de él.

Sins.= *To have had enough (of sth / sb)* *** / *to be cheesed / browned off (with sth / sb)* ** / * (véase tamb. «coronilla»).

hecho

Dicho y hecho.

No sooner said than done ***

herrero

En casa del herrero, cuchara/cuchillo de palo (ref.).

None (who's) worse shod than the shoemaker's wife (arc.).

hielo

Romper el hielo.

To break the ice ***

He told them a joke to break the ice – Les contó un chiste para romper el hielo.

hierro

1)   Quien a hierro mata, a hierro muere (ref.).

They that live by the sword shall die by the sword (antic.).

2)   Quitarle hierro a algo.

To take the sting out of sth *

She smiled to take the sting out of her words – Sonrió para quitarle hierro a sus palabras.

hilo

1)   Pender de un hilo.

To hang by a hair/a (single) thread ***

His life is hanging by a single thread - Su vida pende de un hilo.

2) Perder el hilo.

To lose the thread ***

I'm sorry, I lost the thread of what you were saying – Lo siento, he perdido el hilo de lo que estabas diciendo.

hombre

1) Hombre prevenido vale por dos (ref.).

Forewarned is forearmed **

Before he sets off on that mission, I think we should inform him about the danger involved – forewarned is forearmed – Antes de partir para esa misión, creo que deberíamos informarle del peligro que conlleva – hombre prevenido vale por dos.

2) El hombre propone y Dios dispone (ref.).

Man proposes, God disposes *

3) El hombre de la calle.

The man in the street ***

I would like to know what the man in the street thinks about the new government - Me gustaría saber lo que el hombre de la calle opina sobre el nuevo gobierno.

4) Un hombre / una mujer de mundo.

A man / woman of the world ***

5) Un hombre de palabra.

A man of his word ***

6) Como un solo hombre, todos a la vez.

As one man **

They rose as one man when the king entered - Se levantaron como un solo hombre cuando entró el rey.

Cf. *To a man* ** Como un solo hombre, todos sin excepción: *The committee voted against the proposal to a man* – el comité, como un solo hombre, votó contra la propuesta.

hombro

1) Mirar por encima del hombro.

To look down on sb ***

Ever since he came by all that money he looks down on us - Desde que heredó todo ese dinero nos mira por encima del hombro.

Sin.= *To look down one's nose on sb* **

2) Arrimar el hombro.

To put one's shoulder to the wheel ***

There are hard times ahead - we'll all have to put our shoulders to the wheel - Se avecinan tiempos difíciles - tendremos todos que arrimar el hombro.

Cf. *All hands to the pump / on deck!* * ¡Todos a arrimar el hombro!

3) Manga por hombro, patas arriba, desordenado, revuelto.

(In) a mess ***

His room is (in) a mess - Su habitación está (toda) manga por hombro.

Sin.= *Topsy~turvy* **

hora

A buenas horas (mangas verdes).

This is a great time to... ***

Wife (at the theatre): «I think I left a tap on» Husband: «This is a great time to remember it» - La esposa (en el teatro): «Creo que me dejé un grifo abierto». El marido: «A buenas horas lo recuerdas».

horno

No estar el horno para bollos.

To be the wrong time/moment (to ask sb for sth, etc.) (trad.).

hortelano

Ser el perro del hortelano (que ni come ni deja comer).

To be a dog in the manger ***

Let him alone - don't be a dog in the manger - Déjalo en paz - no seas el perro del hortelano.

hueso

Ser un hueso duro de roer, ser duro,-a de pelar

a)   (Persona difícil de convencer/engañar, etc).

To be a tough customer/cookie ***

She's not easily deceived - she's a tough customer/cookie – No se deja engañar fácilmente - es un hueso duro de roer/es dura de pelar.

b)   (situación/problema difícil de resolver u oponente difícil de vencer).

To be a hard/tough nut to crack **

He's third in the world ranking - I reckon he's going to be a tough nut to crack -   Ocupa el tercer lugar en el ranking mundial - opino que va a ser un hueso duro de roer.

huevo

1)   Poner a huevo.

To make sth easy for sb (trad.) (véase tamb. «bandeja»).

470

2)   Andar pisando huevos.

To walk at a snail's pace **

Sin.= *To walk too slowly* (trad.).

3)   Tener huevos (para hacer algo) (vulg.).

To have(got) balls (to do sth) ***

He was the only one who had balls to oppose him – Fue el único que tuvo huevos para oponerse a él.

Sin.= *To have (the) guts (to do sth)* ***

4)   No es un huevo que se echa a freír.

It's not as easy as all that/as you think (trad.).

5)   Estar hasta los huevos de algo/alguien (vulg.)

To be fucking fed up with sth/sb ***

6)   No hacer ni el huevo (vulg.)

To do fuck all (tabú) ***

He's been sitting there all day doing fuck all – Lleva sentado ahí todo el día sin hacer ni el huevo.

7)   ¡Manda huevos/cojones! (vulg.)

What a bloody cheek! **

Sin.= *What a fucking cheek!* *** (tabú).

I

iceberg

La punta del iceberg, sólo una pequeña parte, lo que se ve (de un problema, una dificultad, etc., mayores).

The tip of the iceberg ***

About ten cases of rape are reported daily, but it might be only the tip of the iceberg - Unos diez casos de violación son denunciados diariamente, pero podría ser sólo la punta del iceberg,

indio

Hacer el indio / el tonto / el payaso / el ganso.

To act / play the fool ***

Stop playing the fool! – Deja de hacer el indio (véase tamb. «ridículo»).

J

jabón

1) Dar jabón a alguien, adular, dar coba.

To soft-soap sb **

Stop soft-soaping me – you're wasting your time – Deja de darme la coba - estás perdiendo el tiempo (véase tamb. «coba»).

2) Dar un (buen) jabón a alguien, regañar, echar una regañina/una bronca/un rapapolvo.

To tell sb off ***

She told me off for being so late - Me dio un buen jabón por llegar tan tarde (véanse tamb. *carpet*, 1 y «rapapolvo»).

jardín

Meterse en un jardín/berenjenal.

To get into a mess/jam/pickle ***/**/*

jueves

No ser nada del otro jueves/del otro mundo.

To be nothing to write home about ***

The festival was nothing to write home about – El festival no fue nada del otro jueves.

Sins.= *To be nothing to speak of* ***; *not set the world on fire* ***; *not set the Thames on fire* (IBr) **: «*What do you think of him as a singer?*» «*He won't set the world/the Thames on fire*» - «¿Qué te parece como cantante?» «No creo que sea nada del otro mundo».

jugar

Jugar con fuego.

To play with fire ***

Be careful, you're playing with fire - Ten cuidado, estás jugando con fuego.

L

labia

Tener mucha labia/un pico de oro.

To have the gift of the gab **

Your friend has the gift of the gab - Tu amigo tiene mucha labia.

lado

Dar de lado, hacer el vacío.

To give sb the cold shoulder ***

They all gave him the cold shoulder when he was dismissed – Todos le dieron de lado cuando fue destituido.

lana

Ir por lana y salir trasquilado, salirle a alguien el el tiro por la culata.

The biter bit ** (véase tamb. «tiro»).

larga

A la larga.

In the long run ***

It will be better for you in the long run - Será mejor para ti a la larga.

lárgate

¡Lárgate/largo!

Clear off ***

Sins.= *Get lost!* ***, *beat it!* ** (véase tamb. «porra», 1).

lástima

1)   ¡Qué lástima!

What a pity! ***

Sins.= *What a shame!* ***, *more's the pity* ***

2)   Es una lástima.

It's a pity ***

  Sin.= *It's a shame* ***

lata

1)   ¡Qué lata!

What a nuisance! ***

Sin.= *Bother!* ***

2)   Dar la lata, dar la vara.

a)   (molestando) *To bother sb* (trad.).

Stop bothering me - Deja ya de darme la lata.

b)   (insistiendo para conseguir algo) *To nag (at) sb* (trad,).

My wife keeps nagging (at) me to fix the lamp – Mi mujer no hace más que darme la lata para que arregle la lámpara.

laureles

Dormirse en los laureles.

To rest on one's laurels **

Be careful, it's not a good thing to rest on one's laurels - Ten cuidado, no es bueno dormirse en los laureles [camarón que se duerme, se lo lleva la corriente (ref.)].

leche

1) Ser la leche (fenómeno, genial, estupendo)

   To be the business! **

   Dave's new bike is the business! - La nueva moto de Dave es la leche.

2) Ir echando / cagando leches

   To run / drive like the clappers **

   Sins.= *To run hell for leather* *

3) Estar de mala leche.

   To be in a filthy mood ***

   Sin.= *To be crabby* **

4) Tener mala leche.

   To be a nasty piece of work *** (véase tamb. «bicho», 1).

5) Dar / pegarse una leche.

   To crash (trad.).

   He was driving drunk when he crashed the car – Iba conduciendo borracho cuando se pegó una leche con el coche.

lengua

1) Irse de la lengua, descubrir el pastel.

   To let the cat out of the bag ***

   It was supposed to be a secret between Alex and me, but someone has let the cat out of the bag – Se suponía que era un secreto entre Alex y yo, pero alguien se ha ido de la lengua.

   Sins.= *To give the game away* ***, *to spill the beans* ***, *to blow the gaff* *

2)   Con la lengua fuera, jadeante.

Out of breath ***

Sin.= *Panting.*

3)   Tirar a alguien de la lengua.

To draw sth out of sb ***

The suspect refused to talk, but the the chief inspector finally managed to draw it out of him – El sospechoso se negaba a hablar, pero el inspector jefe finalmente consiguió tirarle de la lengua.

4)   *To have sth on the tip of one's tongue ****

Tener algo en la punta de la lengua.

What was his name now? I have it on the tip of my tongue - A ver, ¿cómo se llamaba? Lo tengo en la punta de la lengua.

letra

Al pie de la letra.

To the letter ***

I followed your instructions to the letter – Seguí tus instrucciones al pie de la letra.

ley

Quien hace la ley, hace la trampa (ref.).

Every law has its loophole **

ligar

Ligar.

To chat sb up ***

Dan's trying to chat up Liz – Dan está intentando ligarse a Liz.

Sin.= *To pick sb up ****

lila

Ser un lila, un infeliz harto de sopa.

To be a sucker ***

lío

¡Qué lío!

Whal a mess! ***

listo

Pasarse de listo.

To be too clever by half *** (véase tamb. «raya»).

llaga

Poner el dedo en la llaga, dar donde más duele.

To hit / touch a raw nerve **

You touched a raw nerve when you said he's broke - Pusiste el dedo en la llaga cuando dijiste que está sin blanca.

llave

Guardar bajo siete llaves.

To keep sth under lock and key **

llorar

Llorar a lágrima viva / raudales.

To cry one's eyes out ***

At the funeral, she cried her eyes out – En el funeral, lloró a lágrima viva.

Sin.= *To sob one's heart out* **

llover

Llover a cántaros / a manta, diluviar, caer chuzos de punta.

To rain cats and dogs **

Take an umbrella, it's raining cats and dogs – Coge un paraguas, está lloviendo a cántaros.

Sins.= *To pour with rain* ***, *to rain buckets***, *the rain is coming down in buckets* **

lobo

1) Un lobo de mar.

    A sea dog (gen. liter. o hum.) *

2) Verle las orejas al lobo.

    To see the danger / realize that the danger is imminent (trad.)

    It was only when his father died of lung cancer that he saw the danger and gave up smoking – No fue hasta que su padre murió de cáncer de pulmón que le vio las orejas al lobo y dejó de fumar.

loco

1) Volver loco a alguien, sacar a alguien de sus casillas.

    To drive sb mad / crazy ***

    You're driving me mad - Me estás volviendo loco.

2) Estar loco por alguien / algo.

    To be crazy about sb / sth ***

    He's crazy about her - Está loco por ella; *she's crazy about rock* – está loca por la música rock.

    Sin.= *To be mad about / on / for sb / sth* ***

3)   Volverse loco.

To go mad *** (lit. y fig.)

He was a genius, but unfortunately he's gone mad – Era un genio, pero desgraciadamente se ha vuelto loco; *mum will go mad when she sees this mess* – mamá se va a volver loca cuando vea este desorden.

4)   Cada loco con su tema.

Each to his / her own ***

«*He collects empty bottles*». «*Well, each to his own*». – «Colecciona botellas vacías». «Bueno, cada loco con su tema».

lujo

Permitirse el lujo de...

To afford (con *can*) (trad.).

We can't afford to go abroad for our holiday this year – No podemos permitirnos el lujo de ir al extranjero de vacaciones este año.

M

madera

Tener madera para ser algo.

To have what it takes to be a ...***

The boy has what it takes to be a writer – El muchacho tiene madera de escritor.

maduras

Estar a las duras y a las maduras.

To take the rough with the smooth ***

These are bad times, true, but you must take the rough with the smooth – Corren malos tiempos, es verdad, pero hay que estar a las duras y a las maduras.

mal

1) No hay mal que cien años dure (ni cuerpo que lo aguante) (ref.).

   It's a long lane that has no turning *

   Cf..= *Nothing goes on for ever* - Nada dura eternamente.

2) Un mal menor.

   A lesser evil ***

Málaga

Salir de Málaga y entrar en Malagón (reg.), salir de Guatemala para entrar en «guatepeor», salir de Poncio y meterse en Pilatos.

Out of the frying pan into the fire **

«I don't work for Mr. Smith any longer, now I work for Mr. Brown» «That's out of the frying pan into the fire» - «Ya no trabajo para el Sr. Smith, ahora trabajo para el Sr. Brown» «Eso es salir de Salir de Guatemala para entrar en «guatepeor».

males

A grandes males, grandes remedios (ref.).

Desperate ills need desperate remedies *

malo

Más vale lo malo conocido... (que lo bueno por conocer) (ref.).

Better the devil you know (than the devil you don't know) *

malvas

Estar criando malvas.

To be pushing up the daisies **

That old tramp? —pushing up the daisies, I suppose - ¿Ese viejo vagabundo? — muerto y criando malvas, supongo.

mano

1) Estar mano sobre mano, no tener nada que hacer.

   To be idle (trad.) (véase tamb. *thumb*, 6).

2) Conocer como la palma de la mano.

   To know like the back of one's hand ***

   He knows London like the back of his hand - Conoce Londres como la palma de la mano.

Estar criando malvas

3) Tener las manos muy largas.

   a) (Para robar)

   To have light fingers** / to be light-fingered**

   The trouble with him is that he's a bit light-fingered – Su problema es que tiene las manos largas.

   b) (Para pegar, írsele a uno la mano.)

   To be free with one's fists**

   c) (Para tocamientos sexuales)

   Can't keep one's hand to oneself **

manta

Liarse la manta a la cabeza.

To go the whole hog **

We'll go the whole hog and re-decorate the living-room too - Nos liaremos la manta a la cabeza y redecoraremos el living también.

Cf. *To throw caution to the wind(s) *** - Lanzarse / arriesgarse a hacer algo, abandonando toda precaución.

manzana

1) La manzana de la discordia.

   The bone of contention **

   Sin. = *The apple of discord ***

2) Ser la manzana podrida (que estropea todo el cesto).

   To be a rotten apple **

mañana

No dejes para mañana lo que puedas hacer hoy (ref.).

Never put off till tomorrow what you can do today ***

marimorena

Armar la marimorena / la gorda / una bronca / un follón, liar el taco

To kick up a row ***

He kicked up a row when they brought him the bill - Armó la marimorena cuando le trajeron la cuenta (véase tamb. *raise*).

matar

Tirarse a matar, estar de uñas.

To be at daggers drawn **

They're at daggers drawn, those two - Se tiran a matar, esos dos.

Sin.= *To be at each other's throats* **

martes

Martes y trece.

Friday 13th *** (en Inglaterra éste es el día considerado como de mala suerte por los supersticiosos).

mayo

Hasta el cuarenta de mayo no te quites el sayo (ref.).

Till May be out, ne'er cast a clout (arc.)

Meca

De la Ceca a la Meca, de aquí para allí, de un lado para otro.

From pillar to post **

The refugees have been pushed from pillar to post in that area – Los refugiados han sido empujados de la Ceca a la Meca en esa zona.

mejorando

Mejorando la presente.

Present company excepted **

I've noticed that the women around here aren't very friendly - present company excepted, of course – He observado que las mujeres de por aquí no son muy amables – mejorando la presente, por supuesto.

menos

1) Menos mal que..., ¡gracias a Dios que...!

Thank goodness ***

Thank goodness you've come - Menos mal que has venido.

Sin.= *It's just as well...* **: *It's just as well he didn't hear you* - menos mal que no te oyó.

2) Menos da una piedra.

That's better than nothing (trad.).

«*Today we've collected £15 only*». «*Well, that's better than nothing*» – «Hoy sólo hemos recaudado 15 libras». «Bueno, menos da una piedra».

mentiroso

Antes se coge a un mentiroso que a un cojo (ref.).

Lies have short legs **

meter

Meter en cintura/en vereda.

To bring sb to heel ***

Don't worry, I'll bring them to heel - No te preocupes, yo los meteré en cintura.

metomentodo

Ser un metomentodo/entrometido.

To be nosy/nosey ***

That's none of your business. Don't be so nosey – Eso no es asunto tuyo. No seas tan entrometido.

Sins.= *A busybody ***, a nosy parker*(IBr) **

michelines

Tener michelines.

To have spare tyres **

Sin.= *To have love handles ***

misa

Lo que alguien dice va a misa.

What sb says goes **

Well, she's the person in charge, and what she says goes – Bueno, ella es la persona que está al mando, y lo que ella dice va a misa.

mochuelo

1) Largar a otro el mochuelo.

To pass the buck **

*Can't you see that they want to pass us the buck? - ¿*No ves que quieren largarnos el mochuelo?

2) Cargar con el mochuelo, pagar el pato

To carry the can **

Be careful – they're sure to make you carry the can, even if it wasn't your fault – Ten cuidado – seguro que te cargan el mochuelo, aunque no fuera culpa tuya

Sins.= *To take the blame ***, to take the rap ***

molar

Mola mazo.

To be really cool ***

Your tattoo is really cool – Tu tatuaje mola mazo.

Sin.= *To dig*: *I really dig your trainers –* Tus zapatillas de deporte molan mazo.

mona

Aunque la mona se vista de seda... (mona es y mona se queda) (ref.).

You can't make a silk purse out of a sow's ear *

mono

1) Estar con el mono (con el síndrome de abstinencia, por haber dejado o haberle quitado a alguien una droga de manera brusca).

To go cold turkey **

Sin.= *To be hurting (for sth)* (sl. droga, esp. IAm).

Cf. (fig.) Tener mono de algo *– to have a craving for sth – I've got a craving for chocolate –* tengo mono de chocolate.

2) Ser un mono de «imitación», un imitamonos / copión.

To be a copycat **

Willy's a copycat - he just does what his elder brother does - Willy es un mono de imitación - sólo hace lo que su hermano mayor hace.

3)   Ser el último mono.

   To be a nobody (trad.).

montaña

Hacer una montaña de un grano de arena, ahogarse en un vaso de agua.

To make a mountain out of a molehilll ***

It's not as bad as all that, you're making a mountain out of a molehill - La cosa no está tan mal (como dices), estás haciendo una montaña de un grano de arena.

moreno

1)   Ponerse moreno

   To get a tan ***

   She was longing to go to the beach to get a tan – Estaba deseando ir a la playa para ponerse morena.

2)   Muy moreno del sol, negro.

   As brown as a berry **

   We went to the South of Spain and after a week we were all as brown as berries - Fuimos al sur de España, y despúes de una semana estábamos todos negros del sol.

moros

O todos moros o todos cristianos, o jugamos todos o rompemos la baraja, café, café para todos.

What's sauce for the goose is sauce for the gander **

If my husband can go out nights to have a drink with his friends, why can't I? *– what's sauce for the goose is sauce for the gander* – Si mi marido puede salir por las noches a tomar una copa con sus amigos, ¿por qué yo no puedo? – o todos moros o todos cristianos.

mosca

1) Por si las moscas.

   Just in case ***

   Wear a bullet-proof vest – just in case – Lleva puesto un chaleco antibalas – por si las moscas.

2) Caer / morir como moscas.

   To die / drop / fall like flies ***

   We have to surrender – our men are falling like flies – Tenemos que rendirnos – nuestros hombres están cayendo como moscas.

3) No se oía ni una mosca.

   You could hear a pin drop ***

   There was a weird silence – you could hear a pin drop – Había un extraño silencio – no se oía ni una mosca.

mosquito

Tener menos seso que un mosquito.

   To be half-witted (trad.) (véase tamb. «cabeza», 10).

moto

1) Estar / ponerse como una moto.

   a) (sobrexcitado) *To be / get worked up* ***

   b) (sexualmente) *To be / get randy / horny* ***

   c) (con drogas) *To be / get high* ***

2) Vender la moto.

   To sell sb sth **

   Don't sell me that – No me vendas la moto.

movimiento

El movimiento se demuestra andando.

Handsome is as handsome does **

muerto

1) Cargar a alguien con/dejarle el muerto.

   To leave sb holding the baby/bag **

   His two pals ran away and left him holding the bag - Sus dos amigos salieron corriendo, y le dejaron el muerto.

2) No tiene donde caerse muerto.

   He/she hasn't got two pennies to rub together * (véase tamb. *broke*).

3) (Estar) completamente muerto (lit. y fig.).

   (To be) as dead as a dodo *

   Nobody likes that music —it's as dead as a dodo - A nadie le gusta esa música — está totalmente muerta.

N

nadar

Nadar y guardar la ropa.

To hedge one's bets **

Send an application to the other company as well – better hedge your bets – Manda una solicitud a la otra empresa también – mejor nadar y guardar la ropa.

Cf. *To play (it) safe* *** - No correr riesgos.

nariz

1) Dar con la puerta en las narices.

   To slam the door in sb's' face ***

   No luck. They slammed the door in my face – No hubo suerte. Me dieron con la puerta en las narices.

2) Delante de las narices de alguien.

   (Right) under sb's/ one's nose ***

   «Where are my matches?» «You have them right under your nose» - «¿Dónde están mis cerillas?» «Las tienes delante de tus narices».

3) Me da en la nariz que..., tengo el presentimiento/ la corazonada que...

   I have a hunch (that)... **

   I have a hunch he's not going to come today - Me da en la nariz que no va a venir hoy.

nervios

1) Poner los nervios de punta, crispar los nervios, poner negro, sacar de quicio.

   To get on one's/ sb's nerves ***

497

He's always joking - he really gets on my nerves / it gets on my nerves – Siempre está bromeando - la verdad es que me pone los nervios de punta; *that noise is getting on my nerves* - ese ruido me está crispando los nervios (véase tamb. *nose, 10*).

2)   Estar hecho un manojo de nervios.

To be a bundle / bag of nerves **

He's a bundle of nerves these days – he needs a holiday – Está hecho un manojo de nervios estos días – necesita unas vacaciones.

noche

De la noche a la mañana.

Overnight (trad.).

He became a rich man overnight - Se hizo rico de la noche a la mañana.

nubes

Bajar de las nubes.

To come down to earth **

Come down to earth, Frank, it's too late for that now - Baja de las nubes, Frank, es demasiado tarde para eso ahora.

Cf. *To come down to earth with a bang / bump* ** – Bajar de las nubes de golpe.

O

oído

1) Soy todo oídos.

I'm all ears ***

Tell me about the incident – I'm all ears – Cuéntame lo del incidente – soy todo oídos.

2) Entrar por un oído y salir por el otro.

To go in (at) one ear and out (at) the other ***

I warned him, but it went in one ear and out the other – Se lo advertí, pero le entró por un oído y le salió por el otro.

ojo

1) Tener/mantener los ojos bien abiertos.

To keep one's eyes open ***

Keep your eyes open, the police are after you – Mantén los ojos bien abiertos, la policía te anda buscando.

2) Cuatro ojos ven más que dos.

Two heads are better than one ***

Let me have a look at it – two heads are better than one – Deja que le eche un vistazo – cuatro ojos ven más que dos.

3) Caérsele a alguien la venda de los ojos.

The scales fell from sb's eyes **

Now that she has learnt more about his past, the scales have fallen from her eyes – Ahora que conoce más de su pasado, se le ha caído la venda de los ojos.

4) Poner los ojos en blanco.

To roll one's eyes **

She rolled her eyes when she heard such a silly joke – Puso los ojos en blanco al oír un chiste tan tonto.

5) En un abrir y cerrar de ojos, en un dos por tres, en un pis pas.

In the twinkling of an eye *** (véase tamb, «periquete»).

6) No pegar un ojo.

Not sleep a wink ***

I haven't slept a wink – No he pegado ojo.

7) Ojo por ojo, diente por diente.

An eye for an eye (and a tooth for a tooth) *

I must take my revenge on him –you know, an eye for an eye and a tooth for a tooth – Tengo que vengarme de él – ya sabes, "ojo por ojo y diente por diente".

8) Costar un ojo de la cara / un riñon / un huevo, salir por un pico.

To cost the earth ***

Be careful with that vase, it's very valuable - it cost me the earth – Ten cuidado con ese jarrón, es muy valioso - me costó un ojo de la cara.

Sins.= *To cost a packet* ** / *to cost an arm and a leg* *

9) Ser el ojito derecho de alguien.

To be the apple of sb's eye ***

She's the apple of her father's eye - Es el ojito derecho de su padre.

Sin.= *To be sb's blue-eyed boy / girl* ***

10) El ojo del amo engorda al caballo (ref.).

The master's eye makes the horse fat (arc.).

11) A ojo de buen cubero.

At a rough estimate/guess ***

There were some eighty people, at a rough guess - Había unas 80 personas, a ojo de buen cubero.

órdago

De órdago, de padre y muy señor mío, de aúpa.

A hell of a... (escrito a veces en su forma hablada: *a helluva*) ***

It's been a hell of a week – Ha sido una semana de aupa; *a hell of a fever* – una fiebre de órdago/de caballo; *a hell of a car* – un coche de aupa.

Cf. *A hell of a lot* – mucho: *a hell of a lot better/worse* – mucho mejor/peor.

oro

1) Pedir el oro y el moro.

To ask for the moon **

Be reasonable – you're asking for the moon – Sé razonable- estás pidiendo el oro y el moro.

2) Prometer el oro y el moro.

To promise the moon **

Before we got married, he promised me the moon – Antes de casarnos, me prometió el oro y el moro.

oscuro

Oscuro como boca de lobo.

Pitch-dark ***

It was pitch-dark in the cave - Estaba oscuro como boca de lobo en la cueva.

Sin.= *Pitch-black* **

oveja

1) La oveja negra.

    The black sheep ***

    He's the black sheep of the family - Es la oveja negra de la familia.

2) Contar ovejas (para poder conciliar el sueño).

    To count sheep ***

    If you can't go to sleep, try counting sheep – sometimes it works – Si no puedes quedarte dormido, prueba a contar ovejas – a veces, funciona.

P

pagar

Pagar con/en la misma moneda.

> *To pay sb back in their own coin* **
>
> *You were cruel to him once and now he's paying you in your own coin* - Una vez fuiste cruel con él y ahora te está pagando con la misma moneda.
>
> Sin.= *To give sb a taste of their own medicine* **

página

Pasar página, borrón y cuenta nueva.

> *To turn over a new leaf* ***
>
> *Forget about the past - now is the time to turn over a new leaf* – Olvida el pasado - ahora es el momento de pasar página.
>
> Sin.= *To wipe the slate clean* *

pájaro

Más vale pájaro en mano (que ciento volando) (ref.), más vale un toma que dos te daré (ref.).

> *A bird in the hand (is worth two in the bush)* ***
>
> (A veces, se usan independientemente las expresiones:
>
> *A bird in the hand* - Pájaro en mano, algo que se tiene seguro.
>
> *A bird in the bush* - Algo que no está seguro, algo problemático).

pan

1)   A falta de pan, buenas son tortas (ref.).

> *Half a loaf is better than no bread* ***

Well, it isn't a big sum, but half a loaf is better than no bread – Bueno, no es una gran suma, pero a falta de pan, buenas son tortas.

2)   Al pan, pan, y al vino, vino, las cosas claras y el chocolate espeso, llamar a las cosas por su nombre.

To call a spade a spade ***

Sorry, if you think I was impolite, but I call a spade a spade – Lo siento si piensas que fui descortés, pero yo llamo a las cosas por su nombre / yo llamo al pan, pan y al vino, vino.

pantalones

Llevar los pantalones.

To wear the trousers (IBr) / *the pants* (IAm) ***

It's my mother who wears the trousers at home - Es mi madre la que lleva los pantalones en casa.

paño

1)   En paños menores

In one's underclothes (trad.).

I don't think it's correct of him to answer the door in his underclothes- No creo que sea correcto por su parte ir a abrir la puerta en paños menores.

2)   Paños calientes

Half measures ***

I think we should solve the problem once and for all – I don't believe in half measures – Creo que deberíamos solucionar el problema de una vez por todas – no creo en 'paños calientes'.

papista

Ser más papista que el Papa.

To out-Herod Herod (liter.)**

Frankly, I think you out-Herod Herod. If the teacher punished our boy at school, why should we punish him again? - Francamente, creo que eres más papista que el Papa. Si el profesor castigó a nuestro niño en el colegio, ¿por qué íbamos a castigarlo nosotros otra vez?

Sin.= *To be more Catholic than the Pope* *

paredeꝫ

Las paredes oyen.

Walls have ears **

Be careful what you say - walls have ears – Ten cuidado con lo que dices - las paredes oyen.

parienta

La parienta, la media naranja, la costilla (la mujer propia).

One's better half ***

My better half is having some beers with her old schoolmates - La parienta está tomándose unas cervezas con sus antiguas compañeras de colegio.

paꝫar

1) Pasarlo bien, divertirse.

   To have a good time ***

   Have a good time at the opera! - ¡Que lo paséis bien en la ópera!

   Sin.= *To have fun* ***: *We had fun at the party yesterday* - lo pasamos muy bien en la fiesta ayer (véase tamb. *whale*).

2) Pasarlo mal, pasarlas «moradas»/«canutas».

   To have a hard/rough time (of it) ***

   They had a hard time of it, the poor boys - Las pasaron «canutas», los pobres muchachos.

   Sin.= *To go through hell* **

3)   Pasar.

To pass ***

«*Want to try my mother's cake?*» «*I pass*»- «¿Quieres probar el pastel de mi madre?» «Paso».

paseo

Dar un paseo.

To go for a walk ***

Let's go for a walk - Demos un paseo (véase tamb. «vuelta», 2c).

pasta

La pasta, la mosca, la tela, el dinero.

The dough ***

pata

1)   Estirar la pata, palmarla, diñarla, espicharla.

To kick the bucket ***

He kicked the bucket two weeks ago - Estiró la pata hace dos semanas.

Sins.= *To croak* **, *to kick off* (esp IAm) **, *to pop off* **, *to turn up one's toes* *** (véase tamb. *pass away*).

2)   Meter la pata.

To put one's foot in it ***

You've put your foot in it again - Otra vez has metido la pata.

Sins.= *To make a blunder* ***, *to drop a brick* (IBr) **, *to pull a boner* (IAm) ***

Cf. *To make a howler* *** - Cometer un error garrafal.

pauta

Marcar la pauta.

To set the pace ***

The Japanese set the pace in electronics – Los japoneses marcan la pauta en electrónica.

pavo

1) Comer/tragar como los pavos.

To gobble (up) ***

He gobbled up his soup and went away - Se comió/tragó la sopa como los pavos y se marchó.

2) Subírsele a alguien el pavo, ponerse colorado.

To go red in the face **

She went red in the face when he told her she was pretty - Se le subió el pavo cuando él le dijo que era bonita.

Sin.= *To blush* - Ruborizarse

3) La edad del pavo.

The/ that awkward age ***

Be patient with our son – he's going through that awkward age – Ten paciencia con nuestro hijo - está atravesando la edad del pavo.

pelearse

Dos no se pelean si uno no quiere.

It takes two to make a quarrel **

pelo

1) Librarse por los pelos, faltar poco, faltar el canto de un duro.

   To be/have a close shave ***

   Liverpool had a close shave when Chelsea almost scored – Liverpool se libró por pelos cuando el Chelsea casi marca un gol; *the car didn't hit him, but it was a close shave* - el coche no lo atropelló, pero faltó poco.

   Sins.= *To escape by the skin of one's teeth* ***, *to have a narrow escape* ***, *to have a hair's breadth escape* **, *to be a near miss***

2) Soltarse el pelo, sacar los pies del tiesto/plato.

   To let one's hair down ***

   She let her hair down at the party - Se soltó el pelo en la fiesta.

3) Tomarle el pelo a alguien.

   To pull sb's leg ***

   Can't you see they're pulling your leg? - ¿No ves que te están tomando el pelo?

4) No dejarse ver el pelo.

   To make oneself scarce **

   You're making yourself scarce these days - No te dejas ver el pelo estos días.

   Cf. *To keep oneself to oneself* ** - No dejarse ver mucho, salir poco, ser poco sociable: *She likes to keep herself to herself* - no le gusta mucho salir, no es muy sociable.

5) Con pelos y señales, hasta el último detalle/con todo lujo de detalles.

   Chapter and verse **

   I want to know what happened yesterday afternoon in your office – chapter and verse – Quiero saber lo que pasó ayer por la tarde en tu oficina – con pelos y señales (véase tamb. *quote*).

   Cf. *Warts and alll* ** Con todos sus defectos, con todas sus imperfecciones(usado generalmente en descripciones de algo feo o desagradable); *in gory detail* – con todos los detalles morbosos (usado en descripciones de hechos sangrientos).

6) No tener un pelo de tonto.

To be nobody's fool ***

She's nobody's fool - No tiene un pelo de tonta.

Sin.= *There no flies on him/her* *

7) No fiarse (ni) un pelo de alguien.

Not trust sb an inch **

I don 't trust him an inch - No me fío de él ni un pelo.

8) Venir al pelo.

To be just the job ***

That weekend break was just the job for me – Esa escapada de fin de semana me vino al pelo (véase tamb. *ticket, 2*).

9) Tirarse de los pelos (desesperado por algo, arrepentido de algún error cometido, etc.).

To tear one's hair (out) (in desperation/frustration, etc) **

He tore his hair (out) in desperation when he realized what a bad mistake he had made – Se tiró de los pelos desesperado, cuando se dio cuenta del grave error que había cometido (véanse tamb. *hair, 5* y *kick, 5*).

pelota

1) En pelota.

Stark naked ***

There he was stark naked on the front page – Ahí estaba en pelota en primera página.

Sin.= *Starkers* ** (véanse tamb. *birthday* y *stitch, 2*).

2) Un pelota.

A toady ***

Sins.= *A bootlicker* **/*crawler* **/*creep* ***/*flatterer* ***/*an arse licker* (IBr)/*ass kisser* (IAm) (tabú) *** - lameculos.

Cf. Hacer la pelota (véase «coba»).

pera

Pedirle peras al olmo.

To ask the impossible (trad.).

You're asking the impossible –Bruce willl never change – Estás pidiéndole peras al olmo – Bruce nunca va a cambiar.

Sin.= *To blame the cat for failing to bark* * (véase tamb. *blood,* 6).

periquete

En un periquete, en un santiamen, en menos que canta un gallo, en un dos por tres, en un segundo, en un pis pas.

In a jiffy ***

I'll be back in a jiffy – Vuelvo en un periquete.

Sins.= *In a trice* **, *in the twinkling of an eye* (véase «ojo», 5), *in less than it takes to say «Jack Robinson»* (véase «gallo», 1).

pero

Poner peros.

To pick holes in sth **

You're always picking holes in whatever I say - Siempre estás poniendo peros a todo lo que digo.

perra

Coger una perra / rabieta.

To throw a tantrum ***

The child threw a tantrum when her mother refused to buy her an ice-cream - La niña cogió una perra / rabieta cuando la madre se negó a comprarle un helado.

perras

Por cuatro perras / cuartos, casi regalado.

For a song ***

I bought my house for a song three years ago – Compré mi casa por cuatro perras hace tres años.

perro

1) Llevarse como el perro y el gato.

   To fight like cat and dog ***

   The twins are always fighting like cat and dog – Los gemelos se llevan como el perro y el gato.

2) Atar los perros con longaniza.

   To live off the fat of the land *

   If you believe that they live off the fat of the land there, you couldn't be more wrong – Si crees que allí atan los perros con longaniza, no podrías estar más equivocado.

3) Llevar una vida de perro.

   To lead a dog's life ***

4) Muerto el perro se acabó la rabia (ref.).

   A dead dog cannot bite (antic).

5) A perro flaco todo son pulgas (ref.).

   Misfortunes rain upon the wretched *

6) Día de perros (muy mal tiempo).

   Lousy weather ***

pesado

Ser un pesado/un pelma/un paliza/una lata/un rollo/un muermo/(un) plomo.

To be a bore***

That teacher is a bore - Ese profesor es un pesado.

Sins.= *To be a pain in the neck **/a pain in the arse* (IBr)/*in the ass* (IAm) (vulg.) – Ser un coñazo (véase tamb. «aburrir»).

Cf. *To be a crashing bore ** - Ser más pesado que el arroz con leche/que una vaca en brazos.

peso

1) Quitarse un peso de encima.

To take a load off one's mind ***

So she's back - what a load you've taken off my mind - ¿Así que ella ha vuelto? - ¡qué peso me has quitado de encima!

2) Tener peso (influencia).

To carry weight **

Her opinion carries weight with the President – Su opinión tiene peso con el Presidente.

pez

1) Un pez gordo (persona importante).

A big cheese/gun/shot **

He knows a big gun in the Pentagon – Conoce a un pez gordo en el Pentágono.

2) Estar pez/pegado (sl. estudiantil).

To be clean ***

3)   Como pez en el agua, en su elemento.

In one's element ***

It was a very good talk on Ancient Egypt - of course he was in his element there - Fue una charla muy buena sobre el antiguo Egipto - naturalmente estaba en su elemento.

4)   Como pez fuera del agua, como gallina en corral ajeno.

Like a fish out of water **

He felt like a fish out of water in his new post - Se sentía como gallina en corral ajeno en su nuevo puesto.

picadillo

Hacer picadillo a alguien.

To make mincemeat of sb ***

If he goes near my family again, I'll make mincemeat of him - Si se acerca a mi familia otra vez, lo voy a hacer picadillo.

Picio

Más feo que Picio, feo con ganas.

As ugly as sin ***

Our new neighbour's as ugly as sin – Nuestro nuevo vecino es más feo que Picio.

pico

¡Cierra el pico!

Shut up! ***

Cf. En lenguaje más cortés: *Be quiet! ***, be/keep silent! ****- Cállate!, ¡silencio!

pie

1) Parar los pies.

   To tell sb where to get off **

   He made a pass at the girl, but she told him where to get off- Le tiró los tejos, pero ella le paró los pies.

   Cf. *To put sb in their place* *** - Poner a alguen en su sitio.

2) A pie.

   On foot ***

   I didn't come by bus, I came on foot - No vine en autobús, vine a pie.

3) Andarse con pies de plomo.

   To watch one's step ***

   You'd better watch your step – she's in a foul mood today – Mejor será que te andes con cuidado – hoy está de muy mal humor.

   Cf. *To leave nothing to chance* *** - No dejar nada al azar; *to take no risks* *** / *to play (it) safe* *** - no correr riesgos, ir sobre seguro.

4) No dar pie con bola, salirle todo mal a alguien.

   Not get anything right ***

   I can't get anything right today - Hoy no doy pie con bola.

5) Dar pie a, dar lugar a algo.

   To give rise to sth ***

   His odd behaviour gave rise to a diplomatic incident – Su extraño comportamiento dio lugar a un incidente diplomático.

6) Estar al pie del cañón.

   To be hard at it / hard at work / where you're needed / at one's post (trad.).

   All the others had already left, but we were still hard at it – Los otros se habían marchado todos, pero nosotros estábamos todavía al pie del cañón.

piedra

1) Tirar piedras contra su propio tejado, echarse tierra encima.

To foul one's own nest **

Stop speaking evil of your partner. That's fouling your own nest - Deja de hablar mal de tu socio. Eso es tirar piedras contra tu propio tejado

Sins.= *To shoot oneself in the foot* *, *to cry stinking fish* (antic.) (véase tamb. *nose*, 2).

2) La gotera cava la piedra (ref.).

Constant dropping wears (away) the stone (antic.).

píldora

Dorar la píldora.

To gild / sugar / sweeten the pill **

They intend to give him the sack, but they're trying to sugar the pill for him - Quieren echarlo, pero están tratando de dorarle la píldora.

pillar

¿Lo pillas?

Get it?

The chief inspector must have known about it all the time – get it? – El inspector jefe debe de haberlo sabido todo el tiempo - ¿lo pillas?

pino

En el quinto pino, donde Cristo perdió el gorro, en el culo del mundo.

Miles from anywhere ***

He lives in the country, miles from anywhere - Vive en el campo, en el quinto pino.

Sins.= *At / in the back of beyond* ***, *in the middle of nowhere* **

pintar

No pintar nada, ser un cero a la izquierda,. «ni pincha ni corta.»

To count for nothing ***

He counts for nothing in this matter - Él no pinta nada en este asunto.

pintura

No poder ver a alguien ni en pintura.

Can't stand the sight of sb ***

He can't stand the sight of his first wife's mother – No puede ver ni en pintura a la madre de su primera mujer.

pirárselas

Pirárselas, largarse, abrirse.

To clear off ***

Sins.= *To buzz off* ***, *to hop it* ** (véase tamb. *heel*, 2).

pito

Me importa un/ pito/tres pitos/un bledo/un comino/un rábano, me trae sin cuidado.

I don't give a damn ***

Sins.= *I couldn't care less* ***, *I don't care two hoots* **

Cf. *I don't give a shit****/*a monkey's* ** (vulg.)/ *I don't give a toss* (tabú) ** = me importa una mierda/un huevo/un carajo.

plantar

Dejar (a alguien) plantado.

a)   (no acudir a una cita, dar plantón) *To stand sb up* ***

I was going to the concert with Diana, but she stood me up – Iba a ir al concierto con Diana, pero me dió plantón.

b)   (dejar, romper relación sentimental) *To jilt/dump sb* ***

His girlfriend has jilted/dumped him – Su novia lo ha dejado plantado/lo ha dejado.

c)   (abandonar la compañía de alguien) *To walk out on sb* ***

She got up and walked out on me – Se levantó y me dejó plantado.

platillo

Anunciar a bombo y platillo.

To bang/beat the drum for sth/sb *

And this is the great car they've been beating the drum for all this time? - ¿Y éste es el coche que tanto han anunciado a bombo y platillo?

plato

1)   Lavar/fregar los platos.

To wash up (IBr)/*to do the dishes* (IAm) ***

I'll help you (to) wash up – Te ayudaré a fregar los platos.

2)   Estar en el plato y en la tajada.

To have a finger in every pie ***

He's sure to be listening to our conversation - he likes to have a finger in every pie – Seguro que está escuchando nuestra conversación - le gusta estar en el plato y en la tajada.

3)   Ser plato de segunda mesa.

To play second fiddle (to sb) ***

She wants to be the boss. She doesn't like playing second fiddle to anyone -
Quiere ser la jefa. No le gusta ser plato de segunda mesa de nadie.

pluma

Ligero como una pluma.

> *As light as a feather* ***
>
> Sin.= *As light as air* **

plumazo

De un plumazo.

> *With one stroke of the pen* ***
>
> *He would like to finish his enemies off with one stroke of the pen* - Le gustaría
> acabar con sus enemigos de un plumazo.

plumero

Vérsele a alguien el plumero.

> *To know/see what sb is up to* ***/ *what sb's (little) game is* **
>
> *It's no use lying to me any longer, I know/I can see what you're up to/what your
> game is* – No sirve de nada que sigas mintiéndome – se te ve el plumero.
>
> Sin.= *To see through sb* *** (véase tamb. *axe, 1*).

pobre

Más pobre que las ratas/que una rata.

> *As poor as a church mouse* **

poco

1)   Poco a poco hila la vieja el copo (ref.).

Many a little make a mickle (arc.)

2)   Poco a poco.

Little by little ***

Sins.= *By and by* **, *bit by bit* **

polvo

Echar un polvo (tabú).

To have a fuck ***

poner

'Poner' (gustar, atraer, excitar).

To turn sb on ***

That music turns me on – Esa música me 'pone'; *the prof turns me on* – el profe me 'pone'.

porra

1)   ¡Vete a la porra!/¡vete a paseo!

(Go) jump in a lake! **

Sin.= *Go to hell!* *** (véanse tamb. «lárgate» y «cuerno», 2).

2)   Mandar a la porra/a paseo/a tomar viento.

To send sb packing ***

«*What did you tell him?*» «*I sent him packing*» - «¿Qué le dijiste?» «Lo mandé a la porra».

prestar

Quien presta a un amigo... (pierde dinero y amigo).

Lend your money and lose your friend (trad.).

Cf. *Neither a borrower nor a lender be... (for loan oft loses both itself and friend)* (Shakespeare: *Hamlet*).

proclamar

Proclamar algo a los cuatro vientos.

To shout sth from the rooftops / housetops ** (aplicable sólo a noticias alegres).

profeta

Nadie es profeta en su tierra (ref.).

No man is a prophet in his own land / country *

Sin.= *A prophet is not without honour save in his own country* *

prometido

Lo prometido es deuda.

Promise is debt ***

Here's your ticket for the rock festival - promise is debt – Aquí tienes tu entrada para el festival de rock – lo prometido es deuda.

propósito

A propósito.

a)   (Por cierto) *By the way* ***

By the way, have you read the book? - A propósito, ¿has leído el libro?

b)   (Intencionadamente, a caso hecho, a posta) *On purpose* ***

I'm sure he did it on purpose - Estoy seguro de que lo hizo a propósito.

puertas

Estar a las puertas de la muerte, estar con/tener un pie en la tumba.

To be at death's door ***

The old man is at death's door – El anciano está a las puertas de la muerte.

Sin.= *To have one foot in the grave* ***

punta

1)   A punta (de) pala.

Loads of sth ***

I've got loads of friends – Tengo amigoa a punta pala.

Cf. *There are loads to do/see, etc* – Hay montones/mogollón de cosas que hacer/ver, etc: *There are loads to see in Malaga* – hay mogollón de cosas que ver en Málaga.

2)   De punta a cabo.

From beginning to end ***

Cf. De pe a pa – *From A to Z* ***

3)   De punta en blanco.

Dressed up to the nines **

They were all dressed up to the nines for the wedding ceremony – Estaban todos de punta en blanco para la ceremonia de la boda.

4)   Estar de punta.

To be grumpy (trad.).

Sin.= *To be irritable.*

5) Sacarle punta a algo

To twist sb's words ***

I never said that – don't twist my words – Nunca dije eso – no le saques punta a mis palabras.

quemar

Quemar las naves.

*To burn one's boats/bridges ***

There's no going back now - we've burnt our boats - Ya no se puede retroceder - hemos quemado las naves.

querer

1) Querer es poder.

*Where there's a will there's a way ****

2) Quien bien te quiere te hará llorar (ref.).

*You've got to be cruel to be kind ***

queso

1) Dársela a alguien con queso, quedarse con alguien, llevar al huerto, engañar como a un chino.

*To take sb for a ride ******

I'm afraid you've been taken for a ride - Me temo que te la han dado con queso

Sins.= *To be had ******, to be done ******, to take sb in ******, to pull a fast one on sb ****, to lead sb up the garden path ** (véase tamb. «gato», 3).

2) Estar como un queso/mejor que un queso.

*To be a dish/to be dishy ******

Your cousin's a dish – Tu prima está mejor que un queso (véase tamb. *hot, 5b* y «camión»).

quicio

Sacar las cosas de quicio.

To blow things (up) out of all proportion ***

R

rábano

Tomar el rábano por las hojas.

> *To get hold of the wrong end of the stick* **
>
> *People who think this is a protest song have got the wrong end of the stick* – La gente que cree que esto es una canción protesta están tomando el rábano por las hojas.

rabiar

Hacer rabiar, meterse con alguien.

> *To tease sb* (trad.)
>
> *Stop teasing your brother* - Deja ya de hacer rabiar a tu hermano.

rabo

Irse con el rabo entre las piernas.

> *To go away with one's tail between one's legs* *

rabona

Hacer la rabona/hacer novillos/pellas.

> *To play truant* (IBr) ***
>
> *Jim is playing truant again* - Jim está haciendo la rabona otra vez.
>
> Sin.= *To play hookey* *** (IAm).

raíces

Echar raíces.

To put down roots **

After so many years travelling the world, he now wants to get married, buy a house and put down roots in this little village - Después de tantos años viajando por todo el mundo, ahora quiere casarse, comprar una casa y echar raíces en este pequeño pueblo.

rana

1) Salir rana.

To be a real disappointment (trad.).

2) Hasta que las ranas críen pelo, mucho tiempo, eternamente, toda la vida.

Till the cows come home **

You can keep talking till the cows come home – nobody will listen to you – Puedes seguir hablando hasta que las ranas críen pelo – nadie te escuchará..

rapapolvo

Echar un rapapolvo, echar una bronca.

To tear sb off a strip / tear a strip off sb (IBr) **

Sins.= *To have sb on the carpet* (véase *carpet*, 1), *to rap sb on / over the knuckles* (véase *rap*), *to tick sb off* (véase *tick*, 2), *to give sb a good dressing-down / talking-to* *, *to haul sb over the coals* *

ratón

1) Más vale ser cabeza de ratón que cola de león (ref.).

Better be the head of a mouse / dog than the tail of a lion *

2) Ser un ratón de biblioteca.

To be a bookworm **

raya

Pasarse de la raya, pasarse de rosca, ir demasiado lejos.

To go too far ***

I think you've gone too far in your criticism of the royal family – Creo que te has pasado de la raya en tus críticas a la familia real.

Sin.= *To overstep the mark* **

rayo

1) Como un rayo, como una bala/las balas.

Like lightning ***

Sins.= *(As) quick as a flash* **, *double-quick* ***

2) Oler/saber a rayos.

To smell/taste awful/foul (trad.).

3) ¡Que lo/la parta un rayo!

Damn him/her (trad.).

Sins.= *Blast him/her* *, *confound him/her* (antic.).

regla

Por la misma regla de tres.

By the same token **

I agree that employees should respect their employer, but by the same token, employers should respect their employees – De acuerdo que los empleados deben respetar al empresario pero, por la misma regla de tres, los empresarios deben respetar a sus empleados.

remedio

1) Es peor el remedio que la enfermedad.

   The remedy is worse than the disease *

2) No hay más remedio.

   It can't be helped ***

   We have to close down the factory – it can't be helped – Tenemos que cerrar la fábrica – no hay más remedio.

resaca

Tener resaca.

   To have a hangover ***

   He drank too much last night and has a terrible hangover this morning - Bebió demasiado anoche y tiene una resaca tremenda esta mañana.

ridículo

1) Hacer el ridículo.

   To make a fool of oneself ***

   He made a fool of himself at the meeting - Hizo el ridículo en la reunión.

2) Poner a alguien en ridículo.

   To make a fool of sb ***

   They made a fool of him in front of his wife - Lo pusieron en ridículo delante de su mujer.

río

1) De perdidos, al río.

   In for a penny... (in for a pound) **

We may as well buy a new refrigeralor - in for a penny... - Ya podíamos comprar un nuevo frigorífico - de perdidos, al río.

Sin.= *(One might) as well be hanged for a sheep as a lamb* *

2) Cuando el río suena... (piedras/agua lleva), no hay humo sin fuego.

(There's) no smoke without fire **

3) A río revuelto... (ganancia de pescadores) (ref.).

There's good fishing in troubled waters *

Cf. *To fish in troubled waters* *** - Pescar en río revuelto.

risa

1) Mondarse/troncharse/partirse/descojonarse de risa.

To double up with laughter *** / *to split one's sides (laughing/with laughter)* **

Everybody doubled up with laughter at the little girl's funny joke – Todo el mundo se partió de risa con el divertido chiste de la pequeña; *they split their sides (with laughter) when they saw him dressed like that* - Se partieron de risa cuando lo vieron vestido de esa manera.

Sins.= *To roar with laughter* **, *to die/kill oneself laughing* *, *to be in stitches* **, *to be rolling in the aisles* **, *to fall about (laughing)* (IBr) *

2) Muerto de risa (criando polvo/sin hacer caso o uso de ello).

Gathering dust **

There was his old typewriter in the lumber room gathering dust – Allí estaba su vieja máquina de escribir en el trastero muerta de risa/criando polvo.

rollo

1) Un rollo/una pesadez/un aburrimiento/un tostón/un muermo.

A bore ***

What a bore! - ¡qué rollo!; *the film's a bore* – la película es un rollo.

2)   Tener buen/mal rollo con alguien.

To get on well/badly with sb ***

Cf. *Good feeling-* buen rollo: *there's good feeling between us* – hay buen rollo entre nosotros; *good/bad vibes* – buen/mal rollo: *there are bad vibes at work* – hay mal rollo en el trabajo.

3)   Tener un rollo (con alguien).

To have an affair (with sb) ***

She's having an affair with the boss – Tiene un rollo con el jefe.

4)   Y todo ese rollo.

And all that jazz **

I hated history at school – *having to remember the names of kings and queens, battles, dates and all that jazz* – Odiaba la historia en la escuela – tener que recordar los nombres de los reyes y reinas, las batallas, las fechas y todo ese rollo.

Roma

Todos los caminos conducen a Roma.

All roads lead to Rome **

ruedas

Marchar sobre ruedas, ir como la seda, como un reloj.

To go like clockwork **

I had my doubts about the family get-together, but thank goodness everything went like clockwork – Tenía mis dudas sobre el encuentro familiar, pero gracias a Dios todo fue como la seda (véase tamb. *run, 2*).

ruido

Mucho ruido y pocas nueces.

Much ado about nothing ***

S

sábanas

Pegársele a uno las sábanas.

To oversleep ***

It's almost lunchtime. You overslept this morning – Es casi la hora del almuerzo. Esta mañana se te han pegado las sábanas.

saco

1) No echar en saco roto.

To keep sth in mind ***

Keep in mind what I told you - No eches en saco roto lo que te dije.

2) Conocer a alguien (hasta) metido en un saco.

To read sb like a book ***

You can't deceive me - I can read you like a book – No me puedes engañar - te conozco metido en un saco.

salirse

Salirse con la suya.

To get / have one's (own) way ***

She had her (own) way as usual - Se salió con la suya, como de costumbre.

salto

Perder el salto (reg.), perder la oportunidad / la ocasión / el tren .

To miss the train / boat / bus ***

He missed the train when he turned down their offer two years ago - Perdió el salto cuando rechazó su oferta hace dos años.

sangre

1) A sangre y fuego.

    By fire and sword *

    There was no mercy - they attacked the city by fire and sword – No hubo piedad – atacaron la ciudad a sangre y fuego.

2) No llegar la sangre al río.

    Not come to anythimg serious (trad.).

Santa Bárbara

No nos acordamos de Santa Bárbara hasta que truena (ref.).

We never miss the water tilll the well runs dry *

santo

1) No ser santo de su devoción, no ser lo que más le gusta a uno.

    Not be sb's cup of tea ***

    Kevin's not my cup of tea - Kevin no es santo de mi devoción; *football is just not my cup of tea* - El fútbol no es precisamente lo que más me gusta.

2) Quedarse para vestir santos, sentarse en el poyetón.

    To be/ get left on the shelf (antic.).

    His aunt Brunhilda got left on the shelf – Su tía Brunhilda se quedó para vestir santos.

3) Desnudar un santo para vestir a otro.

    To rob Peter to pay Paul *

Borrowing from the bank to pay off your credit card bill is like robbing Peter to pay Paul - Pedir un préstamo al banco para poner al día tu tarjeta de crédito es como desnudar un santo para vestir a otro.

4) Írsele a alguien el santo al cielo, olvidarse por completo de algo que había que hacer.

Sth goes right out of one's mind ***

Sorry, I forgot to phone you – it went right out of my mind – Lo siento, se me olvidó llamarte por teléfono – se me fue el santo al cielo.

5) Ser un incrédulo (como Santo Tomás), que necesita pruebas para creer algo.

To be a doubting Thomas **

6) (Fue) llegar y besar el santo, lograr algo a la primera / al primer intento.

To pull it off at the first attempt / on the first try (trad.).

He had a difficult task before him, but he pulled it off at the first attempt – Se enfrentaba a una difícil tarea, pero fue llegar y besar el santo.

sartén

Tener la sartén por el mango.

To have the upper hand ***

In the next elections, the liberals will have the upper hand – En las próximas elecciones los liberales tendrán la sartén por el mango.

semáforo

Saltarse un semáforo.

To jump a light / the lights (IBr) *** / *to shoot the lights* (IAm) ***

You can cause a serious accident by jumping a light like you've just done – Puedes causar un grave accidente saltándote un semáforo como acabas de hacer.

Sin.= *To go through a red light* ***

sentar

1) Sentar bien a alguien.

  a) (colores, ropa) To suit sb (trad.).

  Red suits her – El color rojo le sienta bien.

  b) (algo, hacerle bien) To do sb good (trad.).

  Drink this, it'll do you good – Bébete esto, te sentará bien.

2) Sentar mal / como un tiro.

  a) (comida) Not agree with / disagree with sb ***

  Spicy food doesn't agree with me – La comida picante me sienta como un tiro.

  b) (acto ajeno) To be miffed that... (trad.).

  I was really miffed that he was going out with her – Me sentó como un tiro que estuviera saliendo con ella.

  c) (ropa, peinado) To look terrible on sb / not suit sb at all (trad.).

  You look terrible on that dress – Ese vestido te sienta como un tiro / estás horrible con ese vestido.

soga

1) Siempre se parte la soga / cuerda por el lado más endeble.

  The weakest goes to the wall *

2) No mientes la soga en casa del ahorcado (ref.).

  Don't speak of rope in the house of the hanged (arc.).

sol

1) Estar / arrimarse al sol que más calienta, saber lo que le conviene a uno, el que a buen árbol se arrima, buena sombra le cobija (ref.).

   To know which side one's bread is buttered on ***

   He keeps flattering the old man - he certainly knows which side his bread is buttered on - No hace más que adular al viejo. Ciertamente sabe estar al sol que más calienta (sabe lo que le conviene).

2) No hay nada nuevo bajo el sol.

   There's nothing new under the sun ***

   The Egyptians already knew how to embalm human bodies – there's nothing new under the sun – Los egipcios ya sabían cómo embalsamar cuerpos humanos – no hay nuevo bajo el sol.

3) No dejar ni a sol ni a sombra.

   To pester sb (trad.).

   I wish to goodness he would stop pestering me - No me deja ni a sol ni a sombra - ¡ojalá me dejara en paz de una vez!

   Sins= *Not leave sb alone for a minute / not give sb a moment's peace.*

sopa

1) Hasta en la sopa.

   All over the place *** / *everywhere* (trad.).

   Lately I run into him all over the place – Últimamente me lo encuentro hasta en la sopa.

2) Dar sopas con onda a alguien.

   To knock spots off sb ***

   This hotel knocks spots off the one we stayed at last year – Este hotel da sopas con onda al que estuvimos el año pasado.

3)   Comer la sopa boba.

*To live at sb else's expense (*trad.*) / to be on the scrounge* **

4)   Quedarse sopa.

To crash out **

He was so tired he crashed out on the sofa – Estaba tan cansado que se quedó sopa en el sofá (véase tamb. *world, 5*).

sordo

1)   Más sordo que una tapia / sordo como un tapia.

As deaf as a post ***

The old lady was as deaf as a post - La anciana señora estaba más sorda que una tapia.

Sin.= *Stone deaf* **

2)   No hay peor sordo que el que no quiere oír (ref.).

None so deaf as those who will not hear *

suerte

1)   ¡Qué mala suerte!

Rotten luck! ***

2)   Tener mas suerte que un «quebrao», tener mucha potra, ser un potroso.

To be as lucky as they make them **

Sin.= *To have the luck of the devil* *

susto

1)   Darle / pegarle un susto a alguien.

To startle sb (trad.).

You startled me – Me has dado un susto.

Cf. *To scare / frighten the (living) daylights out of sb / to scare the hell out of sb* *** – Darle a alguien un susto de muerte.

2)   Llevarse un susto de muerte / de padre y muy señor mío.

To get a hell of a fright *** (véase tamb. *scared,* 1).

T

tajado

Estar tajado/«colocao»/«mamao»/ciego/como una cuba, haber pillado una trompa/«pea»/merluza/tajada/cogorza/curda/mona/un tajón.

To be pissed ***

Sins.= *To be tight* *** / *to be loaded*** / *blind*/ *dead drunk*** / *pickled*/ *sozzled*/ *plastered*/ / *stewed*/ *zonked* *, *well oiled*/ *drunk as a lord* (IBr)* / *drunk as a skunk* * (IAm).

Cf. *Tipsy* (IBr)/ *tiddly* (IAm) – alegre, bebidillo.

tangente

Salir por la tangente.

To go off at a tangent **

Let's stay with the topic. I don't like it when you go off at a tangent – Sigamos con el tema. No me gusta que te salgas por la tangente.

Sin.= *To wander from the point* *** (véase tamb. *beg*, 1).

tanto

Apuntarse un buen tanto, poner una pica en Flandes.

To be a feather in one's cap ***

Inspector Caulder has tracked the criminal down. That's a feather in his cap - El inspector Caulder ha encontrado al criminal. Se ha apuntado un buen tanto.

tardar

1) Tardar mucho tiempo.

To be long ***

Why have you been so long? - ¿Por qué has tardado tanto?

2) Tardar un verano/llevar una eternidad.

To take a month of Sundays **

To repair that old building will take a month of Sundays – Reparar ese viejo edificio llevará una eternidad (véase tamb. *ages, 1*).

tarde

1) Nunca es tarde si la dicha es buena.

It's never too late (trad.)

«Don't you think he's too old to get married?» «*It's never too late».* - «¿No crees que es demasiado viejo para casarse?» «Nunca es tarde si la dicha es buena».

2) Más vale tarde que nunca.

Better late than never ***

You were supposed to be here two hours ago, but better late than never, I suppose – Tenías que estar aquí hace dos horas, pero más vale tarde que nunca, supongo.

3) Tarde o temprano.

Sooner or later ***

Let's be patient – sooner or later he's bound to make a false step – Seamos pacientes – es seguro que tarde o temprano dará un paso en falso.

4) Llegar tarde, retrasarse.

To be late ***

You're late - Llegas tarde; *sorry I'm late* – siento llegar tarde.

telefonazo

Dar un telefonazo a alguien.

To give sb a ring ***

Give me a ring from the office - Dame un telefonazo desde la oficina.

Sin.= *To ring sb up* ***: *Ring me up as soon as you get to the airport* - dame un telefonazo tan pronto como llegues al aeropuerto.

tempestad

Una tempestad en un vaso de agua.

A storm in a teacup ***

Don't worry,it was all a storm in a teacup - No te preocupes, todo fue una tempestad en un vaso de agua.

terco

Terco como / más terco que una mula, cabezota.

As stubborn / obstinate as a mule ***

You're wasting your time. You'll never convince him – he's as stubborn as a mule – Estás perdiendo el tiempo. Nunca lo convencerás – es más terco que una mula.

terreno

Tantear el terreno.

To see how the land lies **

I suggest you go and see how the land lies – Sugiero que vayas a tantear el terreno.

Sin.= *To get the lie of the land* ** (véase tamb. *feelers*.)

tiempo

Al mal tiempo, buena cara.

Grin and bear it ***

I don't like it either, but there's nothing we can do for the moment except grin and bear it - A mí tampoco me gusta, pero lo único que podemos hacer por el momento es poner 'al mal tiempo, buena cara' (véase tamb. *job*, 1).

tierra

1) Echar tierra a un asunto.

   To hush sth up ***

   They tried to hush up the matter - Intentaron echar tierra al asunto (véase tamb. *carpet, 3*).

2) Poner tierra de por medio.

   To beat it quick **

   You'd better beat it quick – they're intent on killing you – Será mejor que pongas tierra de por medio – están decididos a matarte.

   Cf. *To beat a hasty retreat* *** - Retirarse en desorden: *As soon as they spotted the enemy's tanks, they beat a hasty retreat* – tan pronto como divisaron los tanques del enemigo, se retiraron en desorden.

tieso

Estar tieso / sin blanca / a dos velas.

To be hard up ***

«*Can you lend me ten pounds?*» «*No, I happen to be more than usually hard up at the moment*» - «¿Puedes prestarme diez libras?» «No, resulta que en este momento estoy más tieso que de costumbre» (véase tamb. *broke*).

tintas

Cargar las tintas, exagerar.

To lay it on (thick) ***

It's true that the country is going through an economic crisis, but the papers are laying it on thick – Es verdad que el país está atravesando una crisis económica, pero los periódicos cargan las tintas.

tira

Tira y afloja.

Give and take ***

They came to an agreement after a lot of give and take - Llegaron a un acuerdo después de mucho tira y afloja.

Sin.= *Hard bargaining* ***

tiro

Salir el tiro por la culata, repercutir en uno mismo, volverse contra uno mismo.

To backfire (on sb) ***

Her plan to discredit the boss by slandering him backfired, and she lost her job- Su plan de desacreditar al jefe calumniándolo se volvió contra ella y perdió el empleo.

Sins.= *To be hoist with one's own petard* **, *to blow up in sb's face* ** (véase tamb. «lana»).

tonto

Tonto del bote / de la haba / de capirote / de remate / del culo.

A total / complete idiot (trad.).

She's charming, but her boyfriend is a complete idiot – Ella es encantadora, pero su novio es tonto del bote.

Sin.= *An utter fool* (véase tamb. *ass,* 1).

topo

Un topo (espía infiltrado en los servicios secretos, etc.).

A mole ***

They suspected there was a mole in the Foreign Office - Sospechaban que había un 'topo' en el Ministerio de Asuntos Exteriores.

tornaȣ

Se han cambiado las tornas.

The boot's on the other foot **

Up to now, luck has been on your side, but now the boot's on the other foot - Hasta ahora la suerte ha estado de tu parte, pero ahora se han cambiado las tornas.

tornillo

Faltarle a alguien un tornillo.

To have a screw loose ***

If he said that, he must have a screw loose – Si dijo eso, debe de faltarle un tornillo.

Sin.= *To lose one's marbles* *

toro

Ver los toros desde la barrera.

To sit / stand on the sidelines **

You have to take a decision – you can't stand on the sidelines for ever – Tienes que tomar una decisión – no puedes ver los toros desde la barrera toda la vida.

torre

Vivir / encerrarse en una torre de marfil (aislado de la realidad).

To live in an ivory tower (liter.) **

The professor doesn't know anything about the real world - he lives in an ivory tower – El profesor no sabe nada del mundo real – vive encerrado en su torre de marfil.

tragar

1) No poder tragar, no caer ni chispa de bien, tener sentado en la boca del estómago, caer gordo, dar cien patadas.

Can't stand sb ***

I can't stand him either – Yo tampoco lo puedo tragar / a mí también me da cien patadas (véanse también *rub*, 3, y *skin*, 1).

2) Tragarse (una mentira, etc.).

To swallow it (hook, line and sinker) * (véase tamb. *fall*, 2).

Bingo! He's swallowed it hook, line and sinker - ¡Bingo! Se lo ha tragado.

trago

Ser un trago amargo / un mal trago (para alguien).

*To be a bitter pill (for sb) (to swallow)***

Admitting he was wrong must have been a bitter pill to swallow for such a proud man – Admitir que estaba equivocado debe haber sido un mal trago para un hombre tan orgulloso.

trepa

Ser un trepa.

To be a social climber **

«He's the manager now». «Well, no wonder, he's always been a social climber» – «Ahora es el gerente». «Bueno, no me extraña, siempre ha sido un trepa».

tripas

Hacer de tripas corazón, armarse de valor.

To take one's courage in both hands (and do sth) ***

She took her courage in both hands and faced him - Hizo de tripas corazón / se armó de valor y le hizo frente.

Sin.= *To pluck up (the) courage (to do sth)* ***

tumba

Silencioso como una tumba.

(As) quiet as a tomb **

The house was quiet as a tomb – La casa estaba silenciosa como una tumba.

U

unión

La unión hace la fuerza (ref.).

Many hands make light work *

Cf. *United we stand, divided we fall* ** – Unidos venceremos, divididos fracasaremos.

uña

1) Ser uña y carne, estar a partir un piñón.

   To be as thick as thieves **

   They're as thick as thieves, those two – Son uña y carne, esos dos.

2) Defender/luchar con uñas y dientes, defenderse como gato panza arriba.

   To fight tooth and nail **

   They fought tooth and nail to win the prize – Lucharon con uñas y dientes para ganar el premio.

vaca

1) Los años de vacas flacas/gordas

   The lean/fat years **

   Unfortunately, the fat years for the building industry are over – Desgraciadamente, los años de vacas gordas para la industria de la construcción se han terminado.

2) Vaca sagrada (algo o alguien venerado/reverenciado y contra lo que no se admiten críticas) (usado generalmente en tono humorístico o despectivo).

   A sacred cow *

   Don't criticize him – he's a sacred cow in this village – No lo crtitiques – es una vaca sagrada en este pueblo.

vela

¿Quién te dio vela en este entierro?

Who asked you to butt in? *

This is something between him and me – who asked you to butt in? – Esto es algo entre él y yo - ¿quién te dio vela en este entierro?

vencido

Darse por vencido.

To give up ***

OK, I give up – De acuerdo, me doy por vencido.

vender

Venderse (algo) como rosquillas.

To sell like hot cakes ***

«*Her latest single is selling like hot cakes*» - «Su último single se está vendiendo como rosquillas».

verde

1) Un libro/chiste/una película, etc. verde.

    A blue book/joke/film, etc.) ***

    He only tells blue jokes – Sólo cuenta chistes verdes.

2) Poner verde a alguien, poner de vuelta y media, poner a alguien a caer de un burro.

    To slag sb off **

    You seem to take pleasure in slagging him off – Parece que disfrutas poniéndolo verde (véase tamb. *run down*).

3) Un viejo verde.

    A dirty old man ***

    Stop going out with him – he's a dirty old man – No salgas más con él – es un viejo verde.

viento

1) Beber los vientos por alguien, estar colado por alguien.

    To be crazy about sb ***

    She's crazy about him - Bebe los vientos por él/está colada por él.

    Sins.= *To be madly in love with sb* ***, *to be stuck on sb* **

2) Contra viento y marea, llueva o truene.

    Come hell or high water **

    Don't worry, we'll rescue them, come hell or high water - No te preocupes, los rescataremos contra viento y marea.

3)   Corren/soplan malos vientos.

These are bad times ***

These are bad times for the shipyards – Corren malos tiempos para los astilleros.

4)   Quien siembra vientos recoge tempestades (ref.).

Sow the wind and reap the whirlwind (antic.)

virtud

La virtud está en el término medio (ref.).

Virtue is found in the middle (mean) (antic.) (véase tamb. *golden*, 1).

vista

1)   Hacer la vista gorda.

To turn a blind eye (to sth) ***

We'll turn a blind eye to it for once - Haremos la vista gorda por una vez (véase tamb. *look,* 6).

2)   Tener alguien vista de lince.

To have (got) eyes like a hawk **

Sins.= *To have an eagle eye/to be eagle-eyed* **, *to be lynx-eyed* *

vivir

1)   Vivir al día.

To live from hand to mouth ***

Our son lives from hand to mouth- he's never saved a penny in his life - Nuestro hijo vive al día - nunca ha ahorrado un penique en su vida (véase tamb. *day,* 16).

2)   Vivir para ver.

You live and learn **

Another politician accused of corruption – you live and learn – Otro político acusado de corrupción – vivir para ver.

vuelta

1) Darle vueltas a un mismo tema.

To labour the point **

I understood the first time – there's no need to labour the point – Lo entendí la primera vez – no hay ninguna necesidad de darle vueltas al mismo tema.

2) Darse una vuelta.

a) (*andando*) *To go for a walk* ***

b) (*en bici/moto*) *To go for a ride* ***

c) (*en coche*) *To go for a drive/a spin* ***

3) Estar de vuelta de todo.

To have seen it all before **

It isn't the first time I've met a man with four wives – I've seen it all before – No es la primera vez que conozco a un hombre con cuatro esposas – estoy de vuelta de todo.

4) Las vueltas que da la vida.

The ups and downs of life ***

See that man begging on the corner? He used to be a millionnaire – the ups and downs of life – ¿Ves a ese hombre mendigando en la esquina? Era millonario – las vueltas que da la vida.

5) Me da vueltas la cabeza.

My head is spinning ***

I was pouring with sweat and my head was spinning – Estaba chorreando de sudor y me daba vueltas la cabeza.

6) Andar/estar a vueltas con algo.

To be always going on about sth **

He's always going on about that ghost story – Siempre anda dándole vueltas a esa historia de fantasmas.

7) Buscar las vueltas a alguien.

To try to catch sb out **

The inspector is very clever at catching suspects out – El inspector es muy listo en buscarle las vueltas a los sospechosos.

Z

Zamora

No se ganó Zamora en una hora (ref.).

> *Rome wasn't built in a day* **

> *Don't be so impatient – Rome wasn't built in a day* – No seas tan impaciente – no se ganó Zamora en una hora.

zancadilla

Ponerle la zancadilla a alguien.

> *To trip sb up* (lit. y fig.) ***

> *He cheated – he tripped me up* – Hizo trampa – me puso la zancadilla.

zapatero

Zapatero, a tus zapatos.

> *A cobbler should stick to his last* (antic.).

zapato

Cada uno sabe dónde le aprieta el zapato.

> *No one knows where the shoe pinches like the wearer* (antic.).

> Sin.= *Everyone knows where their own problems lie* (trad.).

Ejercicios

EJERCICIOS

1. Completa los siguientes modismos con el nombre de animal adecuado:

    1. I know it straight from the ....mouth.

    2. Today he's like a ....with a sore head.

    3. Take the ....by the horns.

    4. When you take the ....share, you take the largest part of sth.

    5. To let the ....out of the bag is to tell sth that should have been kept secret.

    6. Don't count your ....before they're hatched.

    7. He doesn't really need it, but he won't let anybody else have it – he's a .... in the manger.

    8. Did you have fun at the party? Oh, yes, I had a ....of a time.

    9. There's something wrong here. I smell a ....

    10. He's as poor as a church ....

2. Tomando como base las frases del primer bloque de ejemplos, coloca los nombres de pila que faltan en el segundo bloque:

    1. Henry thinks he's the cat's whiskers.

2. Peter is a dog in the manger.

3. Frank is doing bird.

4. Steve is planning to have his stag night on Friday.

5. Fred is like a bull in a china shop.

6. Norman got the bird yesterday.

7. Jack often gets butterflies in his stomach.

8. Bill has got ants in his pants.

9. Oliver is like the cat that got the cream.

10. Jerry is an odd fish.

a. .... is in prison.

b. .... is clumsy.

c. .... is conceited.

d. .... is nervous.

e. .... is strange.

f. .... is very happy.

g. .... is getting married soon.

h. .... is selfish.

i.   .... is restless.

j.   .... is an actor.

3.   Rellena los huecos con nombres de partes del cuerpo humano.

    1.   She murdered him in cold ....

    2.   I have a ....to pick with you.

    3.   Stop racking your ....

    4.   Her advice fell on deaf ....

    5.   I'm up to my ....in work.

    6.   She finished her homework in the twinkling of an ....

    7.   It's incredible! He has a ....in every pie.

    8.   I never know whether to believe him or not, he's always pulling my ....

    9.   The situation has got out of ....

    10. What beautiful roses! I can see you have green ....

4.   Rellena los huecos con una de las palabras dadas entre paréntesis:

    1.   What a beautiful sole! It makes my ....water (mouth/tongue).

    2.   Get it off your ...., then you'll feel better (breast/chest)

    3.   Mark can't feign – he wears his ....on his sleeve (head/heart).

    4.   Winston is an Englishman to the ....(backbone/cheekbone).

5. The other candidate had a ....in his cupboard too (body/skeleton)

6. Her husband is the murderer – I feel it in my ....(knuckles/bones).

7. It's the third glass you've broken this week – you're a butter-..............
    (fingers/hands).

8. I think they're up to something – keep your ....to the ground (ear/eye).

9. She discovered that her idol had ....of clay (legs/feet).

10. Why did you have to say that? You should have bitten your................
    (nails/tongue).

5. Encuentra los colores que completan los siguientes modismos:

    1. The old power station has become a ....elephant.

    2. They rolled out the ....carpet for the distinguished visitor.

    3. It's a dilemma. I'm between the devil and the deep ....sea.

    4. We have no money left in our bank account. We are in the ....

    5. Tonight we're going to paint the town ....

    6. Sorry I didn't hear what you said. I was in a ....study.

    7. My grandfather has been ill, but now he's in the .... again.

    8. The stuff can be imported from Russia, but there's a lot of ....tape.

    9. The money came as a bolt from the ....

    10. Those lawyers are bleeding me ....

6. Completa las frases con los siguientes nombres de alimentos: *milk, egg, bread, carrot, salt, biscuit, cherry, potato, peas, jam.*

    1. After their team lost the match 5-0, the fans were left with..........on their face.

    2. You really take the ....for making a fool of yourself with women.

    3. He was lucky – they let him have another bite at the ....

    4. He's been unemployed for over two years, so it's his wife who's the .... winner now.

    5. The pay is good and what you have to do couldn't be simpler - it's money for ....

    6. I admit it was a mistake, but it's no use crying over spilt ....

    7. He's a liar- You should take whatever he says with a pinch of ....

    8. The question of pensions is a hot .... for both the unions and the government.

    9. It's really difficult to tell one from the other – they're as like as two ....

    10. To get the best out of your workforce it's probably better to use the .... rather than the stick.

7. Completa las frases con los siguientes nombres propios: Thames, Spain, China, Tom, McCoy,thomas, parker, riley, adam, joneses

    1. It's a Harley Davidson – the real ....

    2. I don't know him from ....

3.   Now that the neighbours has bought a Mercedes, my wife wants me to buy one too. To keep up with the ....- that's all she cares about.

4.   Stop complaining. You're living the life of ....

5.   Our new neighbour is a nosy ....

6.   I wouldn't sell it for all the tea in ....

7.   Stop building castles in ....

8.   It isn't a bad show, but it won't set the ....on fire.

9.   He's always been a doubting ....

10. I don't like him. He's a peeping ....

8.   Une las frases de los números con las de las letras

1.   A prophet is without honour in his own country

2.   There's more ways than one to skin a cat

3.   D'you want jam on it?

4.   There but for the grace of God go I

5.   Good riddance to bad rubbish

6.   After death, the doctor

7.   Nothing to write home about

8.   To lead sb up the garden path

9.   To kick a man when he's down

10. Miles from anywhere

    a)   Cuando las barbas de tu vecino veas pelar, pon las tuyas a remojar

    b)   Así se las ponían a Fernando VII

    c)   Donde Cristo dio las tres voces

    d)   A enemigo que huye, puente de plata

    e)   Del árbol caído todos hacen leña

    f)   Nadie es profeta en su tierra

    g)   Llevar a alguien al huerto

    h)   Muerto el burro, cebada al rabo

    i)   Nada del otro jueves

    j)   Cada maestrillo tiene su librillo.

9. Elige la opción correcta

    1. If somebody "joined the great majority", they

      a)   died

      b)   voted for the majority party

      c)   got married

    2   «The year dot» is

      a)   a long time ago

b)   a prosperous year

c)   the year the world crisis began

3.   If somebody asks you: «What's the damage?" you probably are

a)   a teacher

b)   a doctor

c)   a waiter

4.   If somebody calls you «a square», he's calling you

a)   fat

b)   old-fashioned

c)   a dirty ol man.

5.   If a friend tells you «to shake a leg», he's asking you

a)   to mix him a drink

b)   to go to sleep

c)   to hurry up

6.   If you were left «out on a limb», you'd be

a)   delighted to be alone with your girlfriend

b)   annoyed because nobody was backing you

c)   dead.

7. If you're at a loose end

    a)   you're far from home

    b)   you have nothing to do

    c)   you are all by yourself

8. A tall order is

    a)   a real pleasure

    b)   a nasty trick

    c)   somehing very difficult to do

9. If something is not on the cards

    a)   it isn't likely to happen

    b)   it isn't for sale

    c)   it's too dangerous to do

10. If you're on the ball

    a)   you're playing football

    b)   you're sound asleep

    c)   you're alert

10. Coloca las siguientes palabras donde corresponda:

time, rains, packed, spoon, cakes, eye, tongue, packet, beeline, bill

1. Can you keep an ....on the oven? I'm going to answer the door.

2. Our children were starving - as soon as they came home from school, they made a ....for the fridge.

3. I overslept this morning, my car broke down and I was late for work. It never ....but it pours.

4. I can't remember her late husband's name, but it is on the tip of my ....

5. It's about ....the children went to bed.

6. How lucky he is! You could say he was born with a silver ....in his mouth.

7. The doctor has given me a clean ....of health.

8. We were .... like sardines on the dance floor.

9. That watch must have cost you a ....

10. Her new single is selling like hot..........

11. Completa los siguientes refranes

    1. Actions speak louder than ....

    2. Birds of a feather flock ....

    3. A watched pot never ....

    4. A bird in the hand is worth two in the ....

    5. Don't look a gift horse in the ....

    6. Prevention is better than ....

7.   All that glitters is not ....

8.   When the cat's away the mice will.........

9.   A stitch in time saves...........

10. People who live in glasshouses shouldn't throw ....

12. Completa las siguientes estructuras paralelas (binomials)

1.   Alive and ....

2.   .... and sundry.

3.   Hale and ....

4.   .... and void

5.   Face to ....

6.   Safe and ....

7.   .... and off.

8.   Hand in ....

9.   Odds and ....

10. (not see) eye to ....(with sb).

13. Une los modismos españoles con sus equivalentes en inglés

1.   Eso es harina de otro costal.

2.   A falta de pan buenas son tortas.

3.   Arrimarse al sol que más calienta.

4. El que se pica, ajos come.

5. Dar calabazas.

6. Ser un mosquita muerta.

7. A quien madruga Dios le ayuda.

8. Matar dos pájaros de un tiro.

9. Buscarle tres pies al gato.

10. De casta le viene al galgo.

a) Half a loaf is better than no bread.

b) The early bird catches the worm.

c) A chip off the old block.

d) That's a horse of a different colour.

e) Butter wouldn't melt in somebody's mouth.

f) To know which side one's bread is buttered on.

g) To turn somebody down.

h) To split hairs.

i) If the cap fits, wear it.

j) To kill two birds with one stone.

14   Elige entre las expresiones que te damos más abajo la más adecuada en cada caso para calificar a las siguientes personas:

1.   someone who stops being your friend when you are in trouble

2.   someone who seems to want to spoil other people's fun

3.   someone who seems to be a powerful enemy but actually isn't

4.   someone who has had many experiences and is not easily shocked

5.   someone who seems friendly or harmless but is in fact dangerous

6.   a politician with no real power because their period of office will soon end

7.   someone who is likely to steal things

8.   someone who is not easily offended by other people's criticism or insults

9.   someone who is very active and has a lot of energy

10. someone who is little known and whose abilities or potential for success are hidden

a dark horse, a wet blanket, light-fingered, a live wire, a fair-weather friend, a wolf in sheep's clothing, a paper tiger, thick-skinned, a lame duck, a man/woman of the world.

15. Elige entre las expresiones que te damos más abajo la más adecuada en cada caso para las siguientes definiciones:

1.   to ignore something bad that is happening without trying to stop it

2.   a discovery that seems important but is actually of no value

3.   the basic and practical facts of a subject or activity

4. to make sure you don't get into trouble

5. a remark or reply that you make without thinking about it first

6. the best in a group

7. to be very popular or fashionable

8. to get angry very easily

9. to be in a very good or favourable position.

10. to be clumsy in one's actions

to be all the rage, the nitty-gritty, to be all fingers and thumbs, to look the other way, to be sitting pretty, the pick of the bunch, to keep your nose clean, a mare's nest, off the cuff, to have a short fuse

16. Tomando como base las frases del primer bloque de ejemplos, coloca los nombres de pila que faltan en el segundo bloque:

1. Doris is dead to the world.

2. Jenny is a smasher.

3. Alice is at the crossroads.

4. Andrea is in a fix.

5. Palmira is out of sorts.

6. Gloria is under a cloud.

7. Tamara is knackered.

8. Paloma is hot stuff.

9.   Adela is a bit touchy.

10. Marion is on edge.

a. ....is feeling a little ill.

b........................ is very sexy.

c........................ is easily offended.

d. ....is fast asleep.

e........................ is in trouble.

f. .... is in disgrace.

g. .... is undecided.

h. .... is very tired.

i. .... is expecting somehing bad to happen.

j. .... is very pretty.

Tests de autoevaluación

TESTS DE AUTOEVALUACIÓN

test de primer nivel

1. Those twins are as like as two..........

2. He's always biting his fingernails - it gets on my ....

3. Stop beating that drum, you're .... me mad.

4. "Where are my keys?" "You have them right under your ...."

5. His ....is worse than his bite.

6. "Are we going to the cinema on Saturday?" "No, I ....my mind."

7. Better late than..........

8. As ....as a hatter.

9. Soaked to the ....

10. Let's play cards to ....away the time.

11. He was as white as a ....

12. Turn your pockets inside ....

13. I haven't the faintest............

14. We are all...........forward to seeing you.

15. That has nothing to do ....me.

16. Think it ....and let me know your decision.

17. Come to the point - stop beating about the ....

18. It'll be very difficult to find her in London. It's like looking for a ....in a haystack.

19. What on..........do you mean by that?

20. He's as blind as a ....

21. The old man is as deaf as a ....

22. It'll be better for you in the ....run.

23. The poor boy was shaking like a ....

24. Her dreams have ....true.

25. Keep calm, don't ....your temper.

26. Sorry I'm late - I was in a traffic ....

27. He elbowed his ....to the bar and ordered a whisky.

28. Can you ....me a lift?

29. I had a lump in my ....

30. It was love at first ....

31. Mind your ....business.

32. As old as the ....

33. He knows London like the back of his ....

34. The proof of the ....is in the eating.

35. I slept .... a log.

36. He learnt his lesson ....heart.

37. Things were going too far, so I had to put my ....down.

38. You're right, you hit the nail on the ....

39. Look at the bright ....of life.

40. In for a penny, in for a ....

test de nivel intermedio

1. I agree with you that we must tell him at once, but who's going to ....the cat?

2. It's the third time this week you've been late - really this is ....a joke.

3. "I can't understand why she prefers that awful pink dress." "Well, you know there's no   ....for taste."

4. The car didn't hit him, but it was a .... shave.

5. It was very cheap, I bought it for a ....

6. "Did she keep the date?" "No, she ....me up."

7. He looked so funny. We split our ....when we saw him.

8. He has set his ....on becoming a doctor.

9. They all gave him the ....shoulder when they heard he had jilted her.

10. He's not good enough for her. Actually, he can't hold a ....to her.

11. He kicked up a ....when they brought him the bill.

12. It isn't as bad as all that - you're making a mountain out of a...........

13. Father never scolds her - she's the ....of his eye.

14. "How's he today?" "Fit as a ......".

15. I don't like it either, but there's nothing we can do but grin and ....it..

16. "Have you ever heard of it'" "Yes, it ......a bell."

17. It's no use crying over ....milk.

18. I only see her once in a..........moon.

19. But all this is absurd, I can't make head or........... of it.

20. I could ....with a cup of tea.

21. I won't put......with it any longer.

22. I know it was wrong of me to do that, but please stop ....it in.

23. Don't spend it all, we must save for a ....day.

24. As slippery as an ....

25. Be careful! He's getting hot under the ....

26. It's true he doesn't like me. He seems to bear me a ....

27. If we do that, we'll kill the goose that lays the...............eggs.

28. He went out of his ....to please us.

29. "How do they get on'" " Like a house on.........."

30. I shouldn't have said that. I realize I put my..........in it.

31. Never ......a pal down.

32. My aunt Agatha doesn't like me very much. I'm in her black.........since I lost my job.

33. Don't put the ....before the horse.

34. It's too late now to change anything. The ....is cast.

35. My heart ....when I heard the bad news.

36. By midnight the party was in ....swing.

37. Charity begins at...........

38. I hope the murderer doesn't ....away with it.

39. That change of date completely ....the applecart.

40. He's so conceited - he thinks he's the ....whiskers.

test de nivel avanzado

1. I don't like him at all - he ....me up the wrong way.

2. We'd better go. We can't wait till the.............come home.

3. If he can go out with his friends, why can't I? What's ....for the goose is sauce for the gander.

4. You never know where you stand with him. He ....hot one day and cold the next.

5. Don't tell anyone- ....the word.

6. The next day the boss ....me on the carpet.

7. You can thank your lucky ....you didn't get killed

8. He'll laugh on the other side of his..............when he learns that he'll be the one to foot the bill.

9. Don't worry if your girlfriend left you- there are plenty more ....in the sea.

10. "He's obviously hen-pecked" "Yes, his wife keeps him ....her thumb".

11. Ask him for the money now- you have to strike while the ....is hot.

12. Ignorance is ....

13. Even Homer sometimes ....

14. They sent him away with a ....in his ear.

15. He blew his ....when she walked out on him.

16. The news spread like ....

17. Uncle Fred has a bee in his........ about punctuality.

18. If you think he's the murderer, you're ....up the wrong tree.

19. He's too conceited. We'll have to take him down a ....or two.

20. I told him a few ....truths.

21. You're entirely wrong. I have no ....to grind in that matter.

22. Forewarned is ....

23. Haste makes...............

24. Waste not, ...not.

25. That was a wise decision. I knew you had your head ....on the right side.

26. He knows everything is lost, but he will clutch at ....

27. He's still tied to his mother's ....strings.

28. It's a long ....that has no turning.

29. His two friends ran away and left him ....the bag.

30. You're always picking ....in everything I say.

31. Inspector Caulder has tracked the criminal down. That's a ....in his cap.

32. We're back to ....one.

33. Blood is ....than water.

34. There are thirty miles to the castle as the.........flies.

35. You're wasting your time with him - it's like flogging a ....horse.

36. Grandfather always has ....winks in his armchair after lunch.

37. Brevity is the ....of wit.

38. In the country of the blind, the ....man is king.

39. He learnt how to dance very quickly. He took to it like a ....to water.

40. Don't be so drastic, you're throwing the baby out with the bath ....

Clave de los ejercicios

CLAVE DE LOS EJERCICIOS

ejercicio 1

1-horse's; 2-bear; 3-bull; 4 –lion's; 5-cat; 6-chickens; 7-dog; 8-whale; 9-rat; 10-mouse

ejercicio 2

a- Frank; b- Fred; c-Henry; d-Jack; e- Jerry: f- Oliver, g- Steve; h- Peter, i- Bill; j-Norman

ejercicio 3

1-blood; 2-bone; 3-brains; 4-ears; 5-eyes; 6-eye; 7-finger; 8-leg; 9-hand; 10-fingers

ejercicio 4

1-mouth; 2-chest; 3-heart; 4-backbone; 5-skeleton; 6-bones; 7-fingers; 8-ear; 9-feet, 10-tongue

ejercicio 5

1-white; 2-red; 3-blue; 4-red; 5-red; 6-brown; 7-pink; 8-red; 9-blue; 10-white

ejercicio 6

1-egg; 2-biscuit; 3-cherry, 4-bread; 5-jam; 6-milk; 7-salt, 8-potato, 9-peas; 10-carrot

ejercicio 7

1-McCoy; 2-Adam; 3-Joneses; 4-Riley; 5-Parker; 6-China; 7-Spain; 8-Thames; 9-Thomas; 10-Tom ejercicio 8

    1-f; 2-j; 3-b; 4-a; 5-d; 6-h; 7-i; 8-g; 9-e; 10-c

ejercicio 9

    1-a: 2-a; 3-c; 4-b; 5-c; 6-b; 7-b; 8-c; 9-a; 10-c

ejercicio 10

    1-eye; 2-beeline; 3-rains; 4-tongue; 5-time; 6-spoon; 7-bill; 8-packed; 9-packet; 10-cakes

ejercicio 11

    1-words; 2-together; 3-boils; 4-bush; 5-mouth; 6-cure; 7-gold; 8-play; 9-nine; 10-stones

ejercicio 12

    1-kicking; 2-All; 3-hearty; 4-Null; 5-face; 6-sound; 7-On; 8-hand; 9-ends; 10-eye

ejercicio 13

    1-d; 2-a; 3-f; 4-i; 5-g; 6-e; 7-b; 8-j; 9-h; 10-c

ejercicio 14

    1- a fair-weather friend; 2- a wet blanket; 3-a paper tiger; 4-a man/woman of the world; 5- a wolf in sheep's clothing; 6-a lame duck; 7- light-fingered; 8- thick-skinned; 9- a live wire; 10- a dark horse

ejercicio 15

    1- to look the other way; 2- a mare's nest; 3- the nitty-gritty; 4- to keep your nose clean; 5- off the cuff; 6- the pick of the bunch; 7- to be all the rage; 8- to have a short fuse; 9- to be sitting pretty; 10- to be all fingers and thumbs

ejercicio 16

    a-Palmira; b-Paloma; c-Adela; d-Doris; e-Andrea; f-Gloria; g-Alice; h-Tamara; i- Marion; j- Jenny

Clave de los tests de autoevaluación

CLAVE DE LOS TESTS DE AUTOEVALUACIÓN

test de primer nivel

1-peas; 2-nerves; 3-driving; 4-nose; 5-bark; 6-changed; 7-never; 8-mad; 9-skin; 10-while; 11-sheet; 12-out; 13-idea; 14-looking; 15-with; 16-over; 17-bush; 18-needle; 19-earth; 20-bat; 21-post; 22-long; 23-leaf; 24-come; 25-lose; 26-jam; 27-way; 28-give; 29- throat; 30-sight; 31-own; 32-hills; 33-hand; 34-pudding; 35-like; 36-by; 37-foot; 38-head; 39-side; 40-pound

test de nivel intermedio

1-bell; 2-beyond; 3-accounting; 4-close; 5-song; 6-stood; 7-sides; 8-heart; 9-cold; 10-candle; 11-row; 12-molehill; 13-apple; 14-fiddle; 15-bear; 16-rings; 17-spilt; 18-blue; 19-tail; 20-do; 21-up; 22-rubbing; 23-rainy; 24-eel; 25-collar; 26-grudge; 27-golden; 28-way; 29-fire; 30-foot; 31-let; 32-books; 33-cart; 34-die; 35-sank; 36-full; 37-home; 38-get; 39-upset(s); 40-cat's

test de nivel avanzado

1-rubs; 2-cows; 3-sauce; 4-blows; 5-mum's; 6-had; 7-stars; 8-face; 9-fish; 10-under; 11-iron; 12-bliss; 13-nods; 14-flea; 15-top; 16-wildfire; 17-bonnet; 18-barking; 19-peg; 20-home; 21-axe; 22-forearmed; 23-waste; 24-want; 25-screwed; 26-straws; 27-apron; 28-lane; 29-holding; 30-bones; 31-feather; 32-square; 33-thicker; 34-crow; 35-dead; 36-forty; 37-soul; 38-one-eyed; 39-duck; 40-water

BAREMO

0-9	respuestas correctas	mal
11-20	respuestas correctas	regular
21-30	respuestas correctas	bien
31-38	respuestas correctas	excelente
39-40	respuestas correctas	¡genial!

Apéndices

APÉNDICE 1

A PORTRAIT OF THE AVERAGE SPANIARD

The average Spaniard sleeps like a log, eats like a horse and has got eyes like a hawk, but leads a dog's life. In order to be able to take the rough with the smooth, he has to be as cunning as a fox. Though love, which is often his hobbyhorse, can make him walk on air, happy as a lark, he doesn't like to be taken for a sucker, or be led up the garden path. So, if the «birds» stand him up too often, especially when it is cold enough to freeze the balls off a brass monkey, he soon gets hot under the collar, and far from beating about the bush, he will take the bull by the horns, because, if he sometimes plays dumb to get what he wants, he's nobody's fool. He may get as sick as a dog, with a hell of a fever, but he will manage to keep a stiff upper lip, for if he can talk his head off, he also knows how to remain, if need be, as quiet as a tomb. Admit he's a queer fish.

APÉNDICE 2

LISTA DE EXPRESIONES MALSONANTES

An arse (IBr)/ass (IAm) kisser - Un lameculos, un pelota.

An arsehole (IBr,)/asshole (IAm)/ a jackass - Un gilipuertas, un gilipollas.

A pain in the arse (IBr)/ass (IAm) - Un incordio.

The balls - Las pelotas, los cojones.

Balls! - ¡Leche!, ¡cojones!

A bloody/fucking bastard - Un hijo de puta.

An eager beaver – Una mujer caliente o su vagina.

A blow job – Una mamada.

The boobs/boobies - Las tetas.

To bugger it up - Liarlo/jorobarlo/joderlo todo.

Bugger off! - ¡Vete a tomar por (el) culo!

To come/cum - Correrse.

Come/cum – Leche, semen.

A condom - Un condón.

To take a crap - Cagar.

The cock – La polla.

Cockteaser – Calientapollas.

The cunt – El coño.

The curse - El periodo/la regla.

The dork – El capullo.

To fart/to cut one - Tirarse un pedo.

To fuck - Follar.

To be a good fuck- Follar bien

Fuck! - ¡coño!

Fuck off! - ¡Vete a tomar por culo!

Fuck you! - ¡Que te follen!

To have a fuck – Echar un polvo.

To get a boner/a hard-on – Empalmarse.

Get stuffed! - ¡Que te den por culo/saco!

Getting any? - ¿Te comes una rosca?

Not be getting any – No comerse una rosca.

To go down on sb. – Hacer una mamada.

To have sb. by the balls - Tener a alguien cogido por las pelotas.

A hard-on - Una erección.

Horny - «Caliente», cachondo,-a.

To jack/jerk off (IAm) – Hacerse una paja.

To jump the gun - Eyacular prematuramente.

Kiss my ass! - ¡Bésame el culo!

To lay - Follar.

To be a lousy lay – No follar bien.

A lay/shot - Un polvo.

To take a leak - Echar una meada.

The little man in the boat – El clítoris

Piss off! - ¡Vete al cuerno/ a la mierda!

The prick – La polla.

To be a prick – Ser un capullo

The pussy – El conejito/el coño

A pushover - Una chica fácil, que traga.

A roll in the hay - Un revolcón.

To screw - Follar.

Shit! - ¡Mierda!

To have/take a shit - Cagar

A shag – Un polvo.

Sod off! - ¡Que te den por culo/saco!

A son of a bitch/sonofabitch – Un hijo de puta.

You can stuff/shove/stick it up your arse (IBr)/ass(IAm) - Puedes metértelo donde te quepa/en el culo. (abrev. a menudo a «stuff it»,«shove it,»«stick it»).

The tits/titties – Las tetas.

A good tumble - Un buen revolcón.

A wank (IBr) – Una paja.

To have a wank (IBr) – Hacerse una paja.

A whore/a hooker/a tart - Una puta.

To work one's balls off on a job - Dejarse las pelotas en un trabajo.

Up to the hilt - Hasta las cachas.

up yours! - ¡que te den!

Índice

Inglés - español

at all costs – costa, sin.
at any cost – costa
at any price – costa, sins.
at any rate – at, 1
at best - at, 2
at daggers drawn, to be at – matar
at death's door, to be – puertas
at each other's throats, to be – matar, sin,
at hand – hand, 12
at heart – heart, 11
at its height – apogeo, a
at length - at, 3
at once – once, 5
at one's own risk, to do sth – risk, 1
at one's wits' end, to be – wit, 3
at sb's beck and call – at, 6
at sb's/ one's feet – feet, 3
at stake – stake
at that, at – at, 4
at the drop of a hat – hat, 3
at the eleventh hour – eleven
at the end of one's tether – end, 1
at the end of the day – day, 21
at the last moment – eleven, sins.
at the most – at, 7
at/ in the back of beyond – pino, sins.
avoid like the plague, to – avoid
awkward age, the/ that – pavo, 3
bachelor party, a – stag
back the wrong horse, to – horse, 10
back to square one – back, 1
backfire (on sb), to – tiro
bad lot, to be a – lot
bad trip, a – trip
bag of bones, a – bone, 4
bag of nerves, a – nervios, 2
bald as a baby's bottom, as – calvo, 2
bald as a coot, as – as, calvo, 2
bald as a cue ball, as – calvo, 2
ball is in your court, the – ball, 1
bananas, to be/ go – bananas, 1
bang/ beat the drum for sth/ sb, to – platillo
bang/ beat/ knock one's head against a
brick wall, to – head, 7
bare one's/ its teeth, to – tooth/ teeth, 4
bark is worse than their bite, sb's – bark, 1
barking up the wrong tree, to be – bark, 2
bats in the belfry, to have – bat, 1
be (still) green, to – green, 1
be a cry baby, to – baby, 2
be a trial to sb, to – trial
be ages, to – ages, 1
be all grist to sb's mill, to – grist

be anybody's/ anyone's guess, to – guess, 1
be as good as one's word, to – good, 1
be at a loss, to – loss, 2
be at a loss for words, to – loss, 3
be cheeky, to be – caradura
be done, to – queso, 1
be done for, to – done for
be even (with sb), to – even, 1
be for it, to – neck, 2, sin.
be going through a bad patch, to – bad, 1
be had, to – had
be here to stay, to – be, 1
be in, to – in, 1
be in a good/ bad mood, to – mood, 2
be in a good/ bad temper, to – temper, 1
be in a hurry, to – hurry
be in for sth, to – be, 2
be in sb's good/ bad/ black books, to be –
book, 1
be in seventh heaven, to – heaven, 2
be in the bag, to – bote
be in the mood for sth, to – mood, 1
be in two minds about (doing) sth, to –
mind, 3
be into sth – into
be just the job, to – pelo, 8
be just the ticket, to – ticket, 2
be left/ have sth left, to – left
be missing, to – missing
be my guest – guest
be of one mind, to – mind, 4
be of the essence, to – essence
be of/ under age, to – age, 2
be on sb, to – cuenta, 4
be sold a pup, to – gato, 3
be quiet! – pico
be sb's baby, to – baby, 1
be sb's for the asking, to – ask, 3
be sb's pigeon, to – pigeon
be taken ill, to – ill, 2
be the business, to – leche, 1
be up with the lark, to – lark, 2
be...missing, to – missing
be/ come within an ace of sth, to- ace, 2
be/ get in a fix, to – fix
be/ have done with sth, to – have, 6
bear in mind, to – cuenta, 6
bear sb a grudge, to – grudge
beard the lion in his den, to – lion, 2
beat a hasty retreat, to – tierra, 2
beat about the bush, to – bush
beat it! – lárgate, sins.
beat it quick, to – tierra, 2

born with a silver spoon in one's mouth, to be – estrella, 2
boss sb about, to – boss
bowled over, to be – feather, 1.
brace oneself for sth, to – brace
brainwash sb, to – comer, 2
brass monkey weather – monkey, 4
brave as a lion, as – as, 1
bread and butter, one's/sb's – bread
bread winner, to be the – carro, b
break a leg – leg, 6
break down, to – break down
break even, to – even, 2
break one's/sb's back, to – back, 5
break sb's heart, to – heart, 1
break the back of sth, to – back, 4
break the bad news gently, to – break
break the ice, to – hielo
break wind, to – wind, 6
breathe down sb's neck, to – neck, 3
breathing space, a – breathing
breed like rabbits, to – rabbit
brevity is the soul of wit – brevity
bright as a button, as – as, 1
bring home the bacon, to – bring, 4
bring sb to book, to – book, 4
bring sb to heel, to – meter
bring sth home to sb, to – bring, 1
bring the house down, to – bring, 3
bring/take sb down a peg or two, to – peg
broadly speaking – broadly
broke, to be – broke
brown as a berry, as – moreno, 2
browned off, to be – harto, sins.
Brownie points – point, 8
brush sth up, to – brush up
brush/sweep sth under the carpet, to – carpet, 3
buck stops here, the – buck
build castles in the air/in Spain, to – castles
bum sth off sb, to – sponge, sin.
bump sb off, to – bump off
bundle of nerves, to be a – nervios, 2
burn one's boats/bridges, to – quemar
burn one's fingers/get one's fingers burnt, to – dedos
burn the candle at both ends, to – burn, 1
burn the midnight oil, to – burn, 2
burst into tears, to – burst
bury one's head in the sand, to – avestruz
bury the hatchet, to – bury
business is business – business, 3

busman's holiday, a – busman
busy as a bee, as – bee, 2
busy bee, a – bee, 2
busybody, a - metomentodo
but for sth/sb – but
butcher, the baker and the candlestick maker, the – butcher, 1
butter sb up, to – butter, 1
butter-fingers, to be a – butter, 2
buy a pig in a poke, to – pig, 1
buy a pup, to – gato, 3
buy sth, to – buy, 1
buy time, to – buy, 2
buzz off, to– pirárselas, sins.
by a long chalk – by, 9
by a long way/shot – by, 9
by all means – by, 1
by and by – poco, 2, sins.
by fair means or foul – by, 2
by fire and sword – sangre, 1
by fits and starts – by, 3
by heart – heart, 3
by hook or by crook – by, 4
by leaps and bounds – by, 5
by no means – by, 6
by one's own – by, 7, sin.
by oneself – by, 7
by the same token – regla
by the way – propósito, a
by way of – by, 8
by word of mouth – word, 3
cakes and ale – cake, 3
calf love – love, 1
call a spade a spade, to – pan, 2
call it a day, to – day, 1
call it quits, to – quits
call sb names , to – call, 1
call sb's bluff, to – call, 4
call/take the roll/register, to – call, 2
call the tune, to – call, 3
calm as a millpond, as – as, 1
can/could not help (doing) sth – help
can take a joke – correa, 2
can't hold a candle to sb – candle, 1
can't make head or tail of sth – cabeza, 9
can't stand sb – tragar, 1
can't stand the sight of sb, to – pintura
can't stand the sight of sth, to – estómago, 2
can't take a joke – correa, 1
can't wait to do sth – wait, 1
cannon fodder – cannon
cannot believe one's ears/eyes – ear, 3
cap/hat in hand – cap, 3

confirmed bachelor, a – *old, 2*
contrary, to be – *contraria*
cook sb's goose, to – *cook, 2*
cook the books, to – *cuenta, 10*
cool – *cool, 2*
cool as a cucumber, as- *cool, 1*
cool one's heels, to – *heel, 5*
cope with sth , to – *cope*
copycat, a – *mono, 2*
cost a packet, to – *ojo, 8, sins.*
cost an arm and a leg, to – *ojo, 8, sins.*
cost sb a pretty penny, to – *penny, 1*
cost the earth, to – *ojo, 8*
couch potato, a – *couch*
cough up, to – *cough*
count for nothing, to – *pintar*
count me in – *contar, c*
count me out – *contar, c*
count on one's fingers, to – *cuenta, 14*
count on sb, to – *contar, b*
count sheep, to – *oveja, 2*
count your blessings – *blessing, 1*
cover one's back, to – *back, 11*
crabby , to be – *leche, 3*
crack a joke, to – *crack*
cracker, to be a –*camión*
crash out, to – *sopa, 4*
crashing bore, to be a - *pesado*
crazy about sth/sb , to be – *loco, 2*
creaking door/gate hangs long/longest on its hinges, a – *creaking*
cream of sth, the – *flor, 2*
creep (up) to sb, to – *coba, sins.*
crème de la crème, the – *flor, 2, sin.*
crocodile, a – *crocodile, 2*
crocodile tears – *crocodile, 1*
cross as two sticks, as – *as, 1*
cross my heart and hope to die – *heart, 15*
cross one's mind, to – *mind, 5*
crow's feet – *gallo, 5*
cry one's eyes out, to – *llorar*
cry one's heart out, to – *heart, 7*
cry out for sth, to – *cry out for*
cry stinking fish, to – *piedra, 1, sins.*
cry wolf, to – *wolf, 3*
cry/laugh/shout, etc one's head off, to – *head, 12*
crying shame, to be a – *crying*
crystal clear – *agua, 3*
cuckold sb, to – *cuerno, 1*
culture vulture, a – *culture*
cunning as a fox, as – *fox*
cup of tea, not be sb's – *santo, 1*

curiosity killed the cat – *cat, 9*
curl one's lip, to – *lip, 2*
cushy number, a - *cuchy*
cut a fine/good figure, to – *cut, 4*
cut a poor/sorry figure, to – *cut, 5*
cut and dried – *cut, 9*
cut both ways, to – *cut, 10*
cut corners, to – *cut, 11*
cut in line, to – *colarse, 1*
cut no ice (with sb), to – *cut, 3*
cut one's losses, to – *loss, 4*
cut one's teeth on sth, to – *tooth/teeth, 2*
cut sb dead, to – *cut, 6*
cut sb off without a penny, to – *cut, 7*
cut sb to the quick, to – *quick, 1*
cut the cackle – *cut, 8, sin.*
cut the crap – *cut, 8*
cut the ground from under sb's feet , to – *cut, 1*
cut up rough, to – *cut, 2*
cutt off one's nose to spite one's face, to – *nose, 2*
damn! – *damn, 1*
damn it all – *damn, 1*
damn with faint praise, to – *damn, 2*
dance attendance on sb, to – *dance, 1*
dance to sb's tune, to – *dance, 2*
Darby and Joan, to be like – *Darby and Joan*
dark horse, a – *dark*
day in, day out – *day, 6*
day off, a – *day, 3*
dead as a dodo, as – *muerto, 3*
dead as a doornail, as – *as, 1*
dead dog cannot bite, a – *perro, 4*
dead duck, a – *duck, 5*
dead loss, a – *loss, 1*
dead right, to be – *blanco, 2b*
dead tired – *tired, sins.*
dead to the world, to be- *world, 5*
deaf as a post, as – *sordo, 1*
desperate ill needs desperate remedies – *males*
devil looks after his own, the – *bicho, 3*
devil makes work for idle hands, the – *devil, 4*
die in harness/with one's boots on, to – *botas, 1*
die is cast, the – *die*
die like a dog, to – *dog, 10*
die/drop/fall like flies, to – *mosca, 2*
die/kill oneself laughing, to – *risa, sins.*
different as chalk and cheese, as – *different*

dying for sth / to do sth, to be – wait, 1
d'you want jam on it? – Fernando, 1
each to his own – loco, 4
eagle eye, to have an – vista, 2, sins.
eagle-eyed, to be – vista, 2, sins.
early bird catches the worm, the – bird, 9
early bird, an – bird, 9
early to bed, early to rise, makes a man healthy, wealthy and wise – early
earn barely enough to keep body and soul together, to – body
easy as ABC, as – easy, 1
easy as falling off a log, as – easy, 1
easy as pie, as – easy, 1
easy as winking, as – easy, 1
easy come, easy go – easy, 2
easy does it – easy, 3
eat crow, to – eat, 4
eat humble pie, to – eat, 5
eat like a bird, to – eat, 3
eat like a horse, to – comer, 1
eat one's fill, to – eat, 2
eat one's head off, to – comer, sin.
eat one's heart out (for sth / sb), to – heart, 8
eat one's words, to – word, 4
elbow one's way through / into / to sth, to – elbow
end of (story) – end, 3
engage in heavy petting, to – botas, 2c
enough is enough – bueno
enough to make the angels weep – angels
err is human (to forgive divine), to – err
escape by the skin of one's teeth, to – pelo, 1, sins.
even Homer sometimes nods – boca, 1, sin.
every cloud has a silver lining – cloud, 1
every dog has his / its day – dog, 5
every law has its loophole – ley
(every) now and then – now, 1
every other / second day – day, 5
every Tom, Dick and Harry – bicho, 5
exception that proves the rule, the – rule, 1
excuse / pardon my French – French, 1
eye for an eye (and a tooth for a tooth), an – ojo, 7
eyes like a hawk, to have – vista, 2
face the music, to – face, 5
face to face – face, 8
face up to sth / face it / things, to – cara, 3
facts of life, the – facts
fair and square – fair, 1
fair game, to be – fair, 2

fair's fair – fair, 3
fair-weather friend, a – friend, 3
fall about (laughing) – risa, 1, sins.
fall back on sth / sb, to – fall, 1
fall between two stools, to – fall, 6
fall flat, to – fall, 5
fall flat on one's face, to – face, 10
fall for it, to – fall, 2
fall off the wagon, to – wagon, 2
fall on deaf ears, to – ear, 4
fall short of sth, to – fall, 3
fall to pieces, to – fall, 4
fall / land on one's feet, to – caer, 2
familiarity breeds contempt – asco, 1
far be it from me to... – far
far cry from sth, to be a – be, 3
fart / let out a fart, to – wind, 7, sin.
fast as a deer / hare, as – as, 1
fast asleep, to be – world, 5, sin.
fat as a pig – pig, 6
fat cat, a – cat, 18
fat is in the fire, the – fat
feather in one's cap, a – tanto
feather one's nest, to – botas, 2a
fed up (with sth / sb), to be – coronilla
fed up to the back teeth, to be – coronilla
feel blue, to – blue, 2
feel funny, to – feel, 2
feel it in one's bones, to – bone, 6
feel like sth / doing sth, to – feel, 1
feel one's ears burning, to - ear, 1
feel rotten, to – feel, 3
feel the pinch, to – pinch, 2
few and far between – few
fight like cat and dog, to – perro, 1
fight tooth and nail, to – uña, 2
fill a gap, to – fill, 1
fill her up – fill, 2
fill it up – fill, 2, sin.
filthy, to be – asco, 5a
find one's tongue, to – tongue, 4
find / meet one's match, to – match
finders keepers (losers weepers) – finders
fine / pretty kettle of fish, a – fish, 5
fingers were made before forks – finger, 2
first and foremost – first, 5
first come, first served – first, 4
first thing in the morning – first, 3
first things first – first, 2
fish for compliments, to – fish, 2
fit as a fiddle, as – fit, 1
fit sb like a glove, to – fit, 2, anillo, 1
fit to drop, to be – alma, 4

get on like a house on fire, to – get on, 3
get on one's feet again/ get back on one's feet, to – cabeza, 12
get on one's high horse, to – burro, 1
get on one's/ sb's nerves, to – nervios, 1
get on the gravy train, to – train
get on well/ badly with sb, to – rollo, 2
get on with you – get on, 4
get one's comeuppance, to – comeuppance
get one's knickers in a twist, to – knickers
get one's own back (on sb), to – get one's own
get one's teeth into sth, to – tooth/ teeth, 5
get out of bed on the wrong side, to –side, 2
get over sth, to – get over
get rid of sth/ sb, to – get rid
get sb out of trouble, to – apuros, 2
get sb's goat, to – goat
get sth/ sb out of one's mind, to – cabeza, 22
get sth/ sb wrong, to – wrong, 2
get the axe, to – axe, 2
get the bird, to – bird, 10
get the knack of sth, to- knack, 1
get the lie of the land, to – terreno, sin.
get the point of sth, to – point, 10
get the sack, to – sack, 2
get the short end of the stick, to – straw, 2, sin.
get the wind up, to – get the wind
get under sb's skin, to – skin, 1
get up in smoke, to – smoke, 2
get up on the wrong side of the bed, to – side, 2
get up sb's nose, to – nose, 10
get wind of sth, to – get wind
get/ come to grips with sth, to – get to grips
get the boot, to – boot, 2
get/ give the green light, to – green, 3
get/ have itchy feet, to – feet, 7
get/ have one's (own) way, to – salirse
get/ put one's skates on, to – skate, 2
get/ put sb's back up, to – back, 9
ghost writer, a – ghost
give sb a black eye/ black sb's eye, to – eye, 3
gild/ sugar/ sweeten the pill, to – píldora
gird (up) one's loins, to – gird
give a dog a bad name...- fama
give and take – tira
give carte blanche, to – hand, 22, sin.
give him an inch and he will take a yard – give, 10

give him enough rope and he'll hang himself – rope, 1
give in (to sth), to – give, 4
give me five – put, 5, sin.
give notice, to – notice
give oneself airs – airs
give rise to sth, to – pie, 5
give sb a break, to – give, 8
give sb a free hand, to – hand, 22
give sb a good dressing-down/ talking-to, to – rapapolvo, sins.
give sb a lift, to – lift
give sb a piece of one's mind, to – give, 2
give sb a ring, to – telefonazo
give sb a splitting headache, to – cabeza, 20
give sb a taste of their own medicine, to – pagar, sin.
give sb a ticket, to – ticket, 1
give sb food for thought, to – thought
give sb the benefit of the doubt, to – give, 3
give sb the bird, to – bird, 14
give sb the boot, to – boot, 2
give sb the bum's rush, to – give, 6
give sb the cold shoulder, to – lado
give sb the creeps, to – hair, 4, sin.
give sb the evil eye, to – eye, 10
give sb the finger, to – finger, 6
give sb the gate, to – give, 7
give sb the heebie-jeebies – have, 12
give sb the sack, to – sack, 1
give sb the slip, to – esquinazo
give sb the thumbs up/ down, to – thumb, 4
give sb the willies, to – have, 12
give sb/ sth a clean bill of health, to – clean, 3
give sth up, to – give, 1
give sth up as a bad job, to – job, 3
give the game away, to – give, 5
give the lie to sth, to – lie, 1
give up the ghost, to – pass away, sins.
give vent to one's feelings, to – vent
give way, to – way, 6
give/ get gooseflesh, to - gooseflesh
give/ lend sb a hand, to – hand, 8
give/ throw out a sprat to catch a mackerel, to – sprat
glad to see the back of sb, to be – back, 2
go, to – go, 7
go a long way towards doing sth, to – go, 2
go against the grain, to – go, 8
go along/ on (with you) – go, 9
go ape, to – go, 10
go (a)round, to – go, 13
go at sth hammer and tongs, to – hammer, 2

hard and fast – *hard, 3*
hard as nails, as – *nail, 1*
hard bargaining – *tira, sin.*
hard cash – *dinero, 1*
hard cheese – *cheese, 2*
hard on sb's heels – *hard, 2*
hard up, to be – *tieso*
hard up for sth, to be – *hard up*
has the cat got your tongue? – *cat, 15*
haste makes waste – *correr, 2, sin.*
hate sb's guts, to – *guts, 2*
haul sb over the coals, to – *rapapolvo, sins.*
have (got) another think coming, to – *think, 6*
have (got) balls (to do sth), to – *huevo, 3*
have a ball, to – *ball, 4*
have a big mouth, to – *mouth, 1*
have a bit on the side, to – *side, 1*
have a bone to pick with sb – *cuenta, 2*
have a cheek, to – *caradura*
have a chip on one's shoulder, to – *chip*
have a cold, to – *cold, 4*
have a craving for sth - *mono*
have a crush on sb, to – *have, 7*
have a drink, to – *copa, 1*
have a finger in every pie, to – *plato, 2*
have a free a hand, to –*hand, 22*
have a fuck, to – *polvo*
have a go at (doing) sth, to – *have, 8*
have a good eye /have an eye for sth, to – *eye, 2*
have a good head for sth – *cabeza, 25*
have a good head on one's shoulders, to – *cabeza, 4, sins.*
have a good time, to – *have, 1, pasar, 1*
have a green thumb, to – *finger, 3*
have a hangover, to – *resaca*
have a hard/ rough time (of it) – *pasar, 2*
have a heart – *heart, 13*
have a heart of gold, to – *heart, 10*
have a hide/ skin like a rhinoceros, to – *rhinoceros*
have a lot of/ too many irons in the fire, to – *iron, 2*
have a lot/ enough on one's plate, to – *have, 10*
have a lump in one's throat, to – *lump*
have a memory like a sieve, to – *memory, 1*
have a memory like an elephant, to – *elephant, 1*
have a nasty turn, to – *turn, 4*
have a nice little nest egg, to – *egg, 5*
have a nose for sth, to – *nose, 7*
have a rough time (of it), to – *pasar, 2*

have a screw loose, to – *tornillo*
have a sharp tongue, to – *tongue, 5*
have a short fuse, to – *short, 1*
have a soft spot for sb, to – *spot, 2*
have a splitting headache, to – *cabeza, 20*
have a sweet tooth, to – *have, 9*
have a thick skin, to – *skin, 2*
have a way with sb/ sth, to – *way, 2*
have a way with words, to – *word, 8*
have a whale of a time, to – *whale*
have a word with sb – *word,*
have an ace/ trick/ a few tricks up one's sleeve, to – *sleeve*
have an affair (with sb), to – *rollo, 3*
have an axe to grind, to – *axe, 1*
have an off day, to – *day, 2*
have another string/ more than one string/ more strings to one's bow, to – *string, 1*
have been around (a lot), to – *cocinero*
have blue blood in one's veins, to – *blue, 4*
have clean hands, to – *hand, 23*
have egg on one's face, to – *egg, 7*
have feet of clay, to – *feet, 2*
have forty winks, to – *forty*
have friends in high places, to – *friend, 1*
have fun, to – *have, 3*
have/ get butterflies in one's stomach/ tummy, to – *butterfly*
have got a nerve, to – *cool 1b*
have got it bad, to – *bad, 3*
have got the ....bug, to – *bug, 1*
have green fingers, to – *finger, 3*
have had enough, to – *harto, sins.*
have had one too many, to – *copa, 2*
have half a mind/ a good mind to do sth, to – *mind, 2*
have it coming, to – *come, 1*
have it in for sb, to – *have, 11*
have it out with sb, to – *have, 4*
have kittens, to – *kittens*
have known/ seen better days, to – *day, 9*
have light fingers, to – *mano, 3a*
have money to burn, to – *money, 5*
have nine lives like a cat, to – *cat, 14*
have no choice, to – *Hobson, sin.*
have no...left, to – *run out, sin.*
have nothing to do with sth/ sb, to –*have, 5*
have one's back to the wall, to – *back, 6*
have one's foot in the grave, to – *puertas, sin.*
have one's hands full, to – *hand, 1*
have one's head in the clouds, to – *head, 9*
have one's head screwed on the right way,

house-warming party, a – party, 2
how about...? – what, 1
how come – come, 6
how disgusting – asco, 4
how right you are – right, 6
how/who/what, etc. on earth – earth, 1
humour sb, to - corriente, 1
hunger is the best sauce – hambre, 1
hungry, to be – hungry
hungry as a hunter, as – hambre, 2, sin.
hunk, to be a/ hunky, to be – hunk
hurry up! – make, 3
hurting, to be - mono, 1
hush sth up, to – tierra, 1
I can't place him/her – place
I could kick myself – kick, 5
I couldn't care less – pito, sins.
I don't care two hoots – pito, sins.
I don't give a damn – pito
I don't give a monkey's/a toss – pito
I don't give a shit – pito, sins.
I give up – vencido
I have a hunch (that)... – nariz, 3
I haven't the foggiest/faintest (idea) – foggiest
I think so – think, 1
I wasn't born yesterday – born
I wouldn't put it past him/her – past, 1
I'll be hanged (if...) – hanged
I'll eat my hat – hat, 5
I'm all ears – oído, 1
I'm all right, Jack – Jack, 1
I'm not that gullible - comulgar
I've got you under my skin – skin, 1
icing on the cake, the – cherry, 2
if at first you don't succeed, try, try, try again – try
if my memory serves me right/correctly – memory, 2
if the cap fits (wear it) – cap, 1
if the worst comes to the worst – worst
if you can't beat them, join them – join
if you think...you've got another think coming – fresco
ignorance is bliss - ignorance
ill at ease – ill, 1
in a bad way, to be – capa, a
in a tight spot/corner, to be - apuro, 1
in a brown study – brown
in a filthy mood, to be – leche, 3
in a jam, to be – apuro, 1, sins.
in a jiffy – periquete
in a pickle, to be – apuro, 1, sins.

in a row – running, sin.
in a trice – periquete, sins.
in a way – way, 3
in a word – word, 2
in apple-pie order – in, 6
in at one ear and out at the other – oído, 2
in black and white – black, 1
in broad daylight – broad
in clover, to be/ live –clover
in cold blood, blood, 4
in deep water, to be – water, 1
in for a penny...(in for a pound) – río, 1
in full swing – apogeo, b
in good/ bad odour (with sb) – in, 10
in gory detail – pelo, 5
in hot water – hot, 3
in less that it takes to say Jack Robinson – gallo, 1
in (next to) no time – time, 11
in no mood for jokes, to be – broma, 5
in on it, to be – ajo
in one's birthday suit – birthday
in one's element – pez, 3
in one's Sunday best – Sunday
in sb's shoes, to be – shoes
in short – cuenta, 3
in stitches, to be – risa, 1, sins.
in the air – air, 2
in the bag, to be – bote
in the black – red, 2
in the country of the blind the one-eyed man is king – blind, 3
in the doghouse, to be – doghouse
in the family way - way, 7
in the know, to be – ajo
in the limelight – in, 7
in the long run – larga
in the middle of nowhere – pino, sins.
in the nick – nick, 1
in the nick of time – nick, 2
in the offing – in, 8
in the open air – air, 1
in the pink – in, 2
in the pipeline - pipeline
in the prime of life – flor, 1
in the red – red, 2
in the shit/ in deep shit, to be – shit, 2
in the soup – in, 3
in the swim – in, 9
in the thick of sth – in, 4
in the twinkling of an eye – ojo, 5
in the way, to be – way, 1
in this day and age – day, 18

kill time, to – time, 14
kill two birds with one stone, to – bird, 3
knackered, to be – tired, sins.
knit one's brow, to – knit
knock off, to – knock, 2
knock sb off their perch, to – knock, 4
knock sb off, to – cargarse
knock sb up, to - knock, 5
knock sb's block/ head off, to – knock, 1
knock spots off sb, to – knock, 6
know a thing or two, to – colorado, 1
know better than..., to – know, 1
know like the back of one's hand, to- mano, 2
know one's onions, to – know, 4
know sb by sight, to – sight, 1
know the ropes, to – know, 2
know what sb's game is/ what sb's up to - plumero
know which side one's bread is buttered on, to – sol, 1
labour of love, a – love, 6
labour the point, to – vuelta, 1
lame duck, a – duck, 1
large as life, as – life, 1
last but not least – last, 2
last but one, the – last, 1
last straw breaks the camel's back, the – straw, 1, sin.
late, to be – tarde, 4
late in the day, day, 10
latest (craze/ thing), to be the – grito, 2
laugh and the world will laugh/ laughs with you, weep and you weep alone – laugh, 4
laugh on the other side of one's face, to – laugh, 3
laugh up one's sleeve, to – laugh, 1
lay down the law, to – law, 1
lay it on (thick), to – tintas
lay one's hands on sb, to - hand, 5
lay sth at sb's door, to – door
lazybones, a – lazybones
lead a dog's life, to – perro, 3
lead sb by the nose, to – nose, 3
lead sb up the garden path, to – queso, 1, sins.
leaf through sth, to – leaf
lean/ fat years, the – vaca, 1
least said, soonest mended –least
leave a lot/ much to de desired, to – desear
leave cold, to – cold, 2
leave no stone unturned, to – leave, 1
leave nothing to chance, to – chance, 2
leave out in the cold, to – cold, 3

leave sb alone – leave, 5
leave sb high and dry, to – high, 2
leave sb holding the baby/ bag, to – muerto, 1
leave sb in the lurch, to – estacada
leave word, to – leave, 6
leave/ let sb stew (in their own juice), to – stew
leg it, to – leg, 5
leopard can't change its spots, a – once, 4, sin.
lesser evil, a – mal, 2
let alone...- let, 1
let bygones be bygones – bygones
let it drift – correr, 1
let off steam, to – let, 2
let one's hair down, to – pelo, 2
let sb alone – leave, 5
let sb down, to – let down
let sb/ sth slip through one's fingers, to – finger, 5
let sleeping dogs lie, to – dog, 3
let the cat out of the bag, to – lengua, 1
let's face it – face, 3
let's toss for it – cara, 1, sins.
lick and a promise, a – lick
lick sb's boots, to - boot, 4
lie in state, to – lie, 3
lie low, to – lie, 4
lie through one's teeth, to – lie, 2
lies have short legs – mentiroso
lift/ take the lid off sth, to - lid
light as a feather, as – pluma
light as air, as – pluma, sin.
light-fingered, to be – mano, 3a
like a bat out of hell, to run – bat, 3
like a bear with a sore head, to be – bear
like a bull in a china shop, to be – bull, 2
like a cat on a hot tin roof – cat, 1
like a cat on hot bricks, to be – cat, 1
like a dog with two tails – dog, 7
like a drowned rat – rat, 2
like a fish out of water – pez, 4
like a million dollars, to feel/ look – look, 8
like a pig, to eat/ sweat – pig, 5
like a red rag to a bull - bull, 4
like a stuck pig, to bleed, etc – pig, 4
like father, like son – astilla, sin.
like getting blood out of a stone, to be – blood, 6
like lightning – rayo, 1
like sheep – sheep
like talking to a brick wall – flog, sin.
like the cat that got/ stole the cream, to be – cat, 17

make / earn money hand over fist, to – hand, 16
make faces at sb, to – face, 1
make free with sth, to – make, 15
make friends with sb, to – make, 12
make hay (while the sun shines), to - make, 19
make it a rule to do sth, to – rule, 2
make it big, to – make, 16
make it snappy – make, 3
make it up, to – make, 4
make it, to – make, 9
make light of sth, to – make, 17
make matters worse, to – desgracias, 2, sin.
make mincemeat of sb, to – picadillo
make no bones about sth, to – bone, 1
make old bones, to – bone, 2
make one's mouth water, to – agua, 2
make one's point, to – point, 1
make oneself at home, to – make, 6
make oneself scarce, to – pelo, 4
make sb sick, to – make, 10, asco, 2
make sb's hair stand on end, to – hair, 4
make sb's / one's blood boil, to – boil, 2
make sb's / one's day, to – day, 11
make sheep's eyes at sb, to – eye, 5
make the best of a bad job, to – job, 1
make the front page, to – headlines, sin.
make the most of sth, to – make, 11
make up for sth, to – make, 7
make up one's mind, to – make, 8
make up to sb, to – coba, sins.
make yourself at home, to – casa, 2
make / lose on the swings what you lose / make on the roundabouts, to – make, 5
male chauvinist pig, a – pig, 3
man in the street, the – hombre, 3
man of his word, a – hombre, 5
man proposes, God disposes – hombre, 2
man / woman of the world, a – hombre, 4
manage to do sth, to – manage
many a little make a mickle – poco, 1
many hands make light work – unión
many happy returns (of the day) – happy, 1
mare's nest, a – mare
master's eye makes the horse fat, the – ojo, 10
mean business, to – mean, 1
mean well, to – mean, 2
meant to happen, to be – Dios, 6
meek as a lamb, as –as, 1
meet one's maker, to – pass away, sins.
meet one's match, to – match
meet sb halfway, to – meet

mess, to be a – asco, 5b
miles from anywhere – pino
mind your own business – mind, 10
miss is as good as a mile, a – miss
miss the train / boat / bus, to – salto
Monday morning feeling, the – Monday, 2
Monday / Tuesday, etc week – Monday, 1
money doesn't grow on trees – money, 1
money down the drain – dinero, 3
money for jam – money, 6
money for old rope – money, 6, sin.
money is no object – money, 2
money is the root of all evil – money, 3
money makes the world go round – money, 4
monkey business – monkey, 3
monkey with sth, to – monkey, 2
moon, to – calvo, 4
more Catholic than the Pope, to be – papista, sin.
more fool you / him, etc – more, 1
more haste, less speed – correr, 2
more often than not – often
more's the pity – more, 2
move heaven and earth, to – earth, 2
move the goalposts, to – goalposts
Mr Right – right, 4
Mr So-and-so – so-so, 2
much ado about nothing - ruido
much of a muchness – six, sins.
mud sticks – fama, sin.
muddle along / through, to – muddle
muffled cats catch no mice – cat 20
mule, a – mule
mum's the word – mum
music to one's ears, to be – music
mutton dressed (up) as lamb – mutton
my heart bleeds for you – heart, 16
my heart goes out to sb – heart, 17
my heart sank – alma, 1
my lips are sealed – lip, 5
nag at sb, to – lata, 2b
nail in sb's coffin, a – nail, 2
naked eye, to / with – eye, 11
naked truth, the – naked, 1
name the day, to – name, 3
narrow escape, to have a – pelo, 1, sins.
nasty piece of work, to be a – bicho, 1, leche, 4
near miss, to be – pelo, 1, sins.
near the knuckle – bone, 8, sin.
neck and neck – neck, 1
needs must when the devil drives – devil, 1
neither fish, nor fowl – fish, 6

off and on – on, 8
off guard, to be – guardia, 2
off one's head, to be – cabeza, 5
off one's rocker – rocker
off the beaten track – off, 2
off the cuff – off, 3
off the peg – off, 5
off the record – record, 2
off-colour – off, 1
off-hand / offhand – off, 4
oh dear – dear
oil the wheels, to – wheel, 1
okey-dokey – right, 2, sins.
old as Methuselah, as – old, 1, sin.
old as the hills, as – old, 1
old bull, the – bull, 3
old fogey / fogy, an – carroza
old habits die hard – once, 4, sin.
old hand, an – hand, 24
old hat – hat, 6
old maid, an – old, 2
old trout, an – trout
old wives' tale, an – old, 3
on a shoestring – shoestring
on all fours, to go – gatas
on and off – on, 8
on and on – on 10
on cloud nine, to be – cloud, 2
on duty, to be – guardia, 1a
on edge – edge, 1
on foot – pie, 2
on leave – leave, 2
on no account – on, 1
on (one's) guard, to be – guardia, 2
on one's last legs – leg, 2
on one's toes – toe, 3
on pins and needles – pin, 2
on purpose – propósito, b
on second thoughts – on, 2
on sick leave – leave, 3
on tap – on, 3
on tenterhooks, to be – ascuas
on the air – air, 3
on the ball, to be – ball, 2
on the cards – on, 4
on the crest of the wave, to be – crest
on the dot – dot, 2
on the edge of one's seat – edge, 2
on the face of it – face, 7
on the house – on, 5
on the level, to be – on, 9
on the make – make, 18
on the nose – nose, 9

on the one hand – hand, 2
on the other hand – hand, 2
on the point of doing sth, to be – point, 5
on the rocks, to be – rocks
on the ropes – rope, 2
on the safe side, to be – side, 3
on the scrounge – sopa, 3
on the shelf, to be / get left – santo, 2
on the sick list – leave, 3, sin.
on the sidelines, to sit / stand – toro
on the spot – spot, 1
on the spur of the moment – on, 6
on the streets, to be / walk – down, 2
on the stroke of... – on, 7
on the up and up – up, 3
on the way / on one's way, to be – way, 1
on time – time, 2
on top of the world – top, 2
once a ...always a... – once, 4
once and for all – once, 3
once bitten, twice shy – gato, 4
once in a blue moon – once, 1
once in a while – while, 3
once upon a time – once, 2
one good turn deserves another – turn, 1
one in the eye for sb – eye, 12
one of these days – day, 7
one of these days is none of these days –
day 17
one of those things – thing, 1
one swallow doesn't make a summer –
golondrina
one's better half – parienta
one's good deed for the day – day, 20
one's man's meat is another man's poison
– meat
open one's / sb's eyes, to – eye, 9
open secret, an – secret
open (up) a can of worms, to – worm, 2
open (up) Pandora's box, to – worm, 2, sin.
or else – or
order of the day, the – day, 13
other way round, the – way, 5
out, to be – out, 1
out of breath – lengua, 2
out of hand – hand, 11
out of one's depth, to be – depth
out of one's mind, to be – mind, 11
out of sight, out of mind – sight, 3
out of sorts – out, 3, capa, b
out of the blue – blue, 1
out of the frying pan into the fire – Málaga
out of this world – out, 2

pour with rain, to – *llover, sins.*
powers that be, the – *powers*
practice makes perfect – *practice*
praise sb / sth to the skies, to – *sky, 3*
preach to the converted, to – *preach*
present company excepted – *mejorando*
pretty as a picture, as – *as, 1*
prevention is better than cure – *prevention*
prick up one's ears, to – *prick*
pride comes before a fall – *pride, 2*
pride of place – *pride, 1*
promise is debt – *prometido*
promise the moon, to – *oro, 2*
proof of the pudding is in the eating, the – *proof*
prophet is not without honour save in his own country, a – *profeta, sin.*
proud as a peacock, as – *peacock*
pull a boner, to – *pata, 2, sins.*
pull a face, to – *asco, 3*
pull a fast one on sb, to – *queso, 1, sins.*
pull a long face, to – *face, 11*
pull one's socks up, to – *pull, 5*
pull oneself together, to – *pull, 1*
pull out all the stops (to do sth), to – *pull, 9*
pull sb's leg, to – *pelo, 3*
pull strings, to – *pull, 2*
pull the chestnuts out of the fire, to – *pull, 6*
pull the rug (out) from under sb / sb's feet, to – *pull, 7*
pull the strings, to – *pull, 3*
pull the wool over sb's eyes, to – *wool*
pull through, to – *pull, 4*
pull / tug at sb's heartstrings, to – *heartstrings*
pure as the driven snow, as – *as, 1*
push one's luck, to – *luck, 2*
push the boat out, to – *boat, 2*
pushing up the daisies, to be – *malvas*
put a spoke in sb's wheel(s), to – *spoke*
put all your eggs in one basket, to – *egg, 2*
put down roots, to – *raíces*
put heart and soul into sth, to – *heart, 20*
put in a good word for sb, to – *put, 2*
put it there – *put, 5*
put off, to – *put, 3*
put on airs, to – *airs*
put on an act, to – *put, 11*
put on one's thinking cap, to – *put, 15*
put on weight, to – *weight*
put one in mind of sth / sb, to- *mind, 9*
put one over on sb, to – *gato, 3, sins.*
put one's cards on the table, to – *carta, 1*

put one's best foot forward, to – *foot, 3*
put one's feet up, to – *feet, 6*
put one's foot down, to –*foot, 1*
put one's foot in it, to – *pata, 2*
put one's shoulder to the wheel, to – *hombro, 2*
put oneself in sb else's shoes, to – *shoes*
put oneself out for sb, to – *put, 4*
put out feelers, to – *feelers*
put paid to sth, to – *put, 14*
put sb in the picture (about sth), to – *picture, 1*
put sb in their place, to – *pie, 1*
put sb on the spot, to – *spot, 5*
put sb through the mill, to – *put, 13*
put sb up, to – *put, 8*
put sb's nose out of joint, to – *nose, 12*
put sb / sth in the shade, to – *shade*
put sth down to sth, to – *put, 1*
put sth into a person's head, to – *head, 4*
put sth on ice, to – *ice*
put sth on, to – *put, 10*
put sth / sb to the test, to- put, 7
put that in your pipe and smoke it – *pipe*
put the cart bedore the horse, to – *cart*
put the srews on sb, to - *put, 12*
put two and two together, to – *atar, 2*
put up with sth / sb, to – *put, 9*
put words into sb's mouth, to - *word, 11*
put your trust in God, but keep your powder dry – *Dios, 2*
put / set sb's mind at rest, to – *mind, 6*
put / set the cat among the pigeons, to – *cat, 12*
put / set your (own) house in order, to – *house, 1*
put / turn sth to good account, to – *account, 1*
Pyrrhic victory, a – *Pyrrhic*
queer fish, to be a – *bicho, 2*
quick as a flash, as – *rayo, 1, sins.*
quick as lightning, as – *as, 1*
quick on the uptake – *quick, 3*
quick-tempered – *quick, 2*
quiet as a mouse, as – *mouse*
quiet as a tomb, as – *tumba*
quote chapter and verse, to – *quote*
rack / cudgel one's brains, to – *rack*
rain buckets, to – *llover, sins.*
rain cats and dogs, to – *llover*
rain is coming down in buckets – *llover, sins.*
raise a stink, to – *raise, sins.*

scatterbrained, to be – *cabeza, 16*
scream blue murder, to – *murder*
sea dog, a – *lobo, 1*
search me – *search*
see how the land lies, to – *terreno*
see no further than the end of one's nose/ not see beyond/past the end of one's nose- nose, 8
see red, to – *red, 1*
see sb off, to – *see off*
see stars, to - *estrella, 1*
see sth through rose-coloured spectacles, to – *see, 4*
see sth through/ see sb through sth, to – *see through, 2*
see the colour of sb's money, to - *money, 7*
see the light, to – *see, 2*
see through sb, to – *plumero, sin.*
see through sth/ sb, to – *see through, 1*
see what sb's (little) game is, to – *plumero, sin.*
see which way the wind is blowing, to – *wind, 3*
see you (later) – *see, 3*
see/ tell sth a mile off, to – *mile*
see/ think fit (to do sth), to – *see, 1*
sell like hot cakes, to – *vender*
sell sb a pup, to – *gato, 3*
sell the story, to – *moto, 2*
send sb away with a flea in their ear, to – *flea*
send sb packing, to – *porra, 2*
send sb to Coventry, to – *send*
separate the sheep from the goats, to – *separate*
separate the wheat from the chaff, to – *separate, sin.*
set foot in, (not) – *set, 3*
set one's heart on (doing) sth, to – *heart, 5*
set sb's teeth on edge, to – *set, 2*
set the pace, to – *pauta*
set the world on fire, to – *golpe, 2*
set tongues wagging, to – *tongue, 6*
set/ put/ turn the clock back, to – *set, 1*
settle accounts with sb, to – *cuenta, 8*
settle an old score, to – *cuenta, 8, sin.*
settle down, to – *cabeza, 24*
seven-year itch, the – *seven*
shadow of one's former self, to be a – *shadow*
shaggy dog story, a – *dog, 11*
shake a leg, to – *leg, 3*
shake hands with sb, to – *hand, 6*

shake like a leaf, to – *azogado*
shame on you/ him, etc – *shame*
shank's pony – *Fernando, 2*
sharp as a needle, as – *as, 1*
shit happens – *shit, 9*
shit hot, to be – *shit, 3*
shoot oneself in the foot, to – *shoot, 2*
shoot sth up, to – *shoot up*
shoot the breeze, to – *shoot, 1*
shoot the lights, to – *semáforo*
short cut, a - *atajo*
shot in the dark, a – *shot*
shotgun wedding – *shotgun*
shoulder to cry on, a – *shoulder, 3*
shout sth from the rooftops/ housetops, to – *proclamar*
show off, to – *show off*
shut up shop, to – *shop, 1*
shut up! – *pico*
sick as a dog, as – *dog, 4*
sick as a parrot, as – *as, 1*
sick of sth/ sb, to be – *harto*
sight for sore eyes, a – *eye, 7*
sight unseen – *sight, 4*
silence gives consent – *callar*
silence is golden – *golden, 4*
silent as the grave, as – *as, 1*
silly ass, a – *ass, 1*
silver-tongued, to be – *tongue, 8*
sit on the fence, to – *agua, 6*
sit tight, to – *tight*
sitting duck, a – *duck, 4*
sitting pretty, to be –*sitting*
six of one and half a dozen of the other – *six*
size sb up, to – *size up*
skate on thin ice, to – *skate, 1*
skeleton in the cupboard/ closet, to have a – *skeleton*
skin and bones, nothing but/ all – *skin, 5*
sky is the limit, the – *sky, 1*
slag sb off, to – *verde, 2*
slam the door in sb's face, to – *nariz, 1*
slap in the face, a – *face, 9*
sleep it off, to – *sleep, 2*
sleep like a log/ top, to – *sleep, 1*
sleep on it, to – *almohada*
sleep rough, to – *rough, 1*
slip one's mind, to – *cabeza, 18*
slippery as an eel, as – *slippery*
slog one's guts out, to – *callo, 1*
slow as a tortoise, as - *as*
slow down, to – *slow down*

straight on/ahead – straight, 1
streets ahead (of sb) – street, 2
stretch a point, to- stretch
stretch one's legs, to – leg, 4
strictly for the birds - bird, 13
strike a discordant note, to – strike, 3
strike gold/ oil, to – strike, 1
strike it rich, to – strike, 2
strike while the iron is hot, to – iron, 1
strong as a horse, as – horse, 3
stubborn/ obstinate as a mule, as – terco
stuck on sb, to be – viento, 1, sins.
stuff oneself (with sth), to – botas, 2b, carrillos
stuffed shirt, a – shirt
suck up to sb, to – coba, sins.
suit sb to a T/ tee, to – fit, 2
sure as eggs is eggs, as – egg, 1
sure as fate, as – as, 1
sure as hell, as – hell, 4
swallow it (hook, line and sinker), to – tragar, 2
swallow one's pride, to – swallow, 1
swallow the bait, to – swallow, 2, rise, 2
swear like a trooper, to – like
swear off sth, to – swear off
sweat blood, to – blood, 7
sweep sb off their feet, to – sweep
sweet as honey, as – as, 1
swim against the tide, to – swim
swim with the tide, to – swim
sword of Damocles, the – Damocles
swot sth up, to – swot up
tail wagging the dog, the – tail, 2
tailor made – off, 5
take a chance/ no chances, to – chance, 4
take a dim/ poor view of sth/ sb, to – take, 5
take a fancy to sb/ sth, to – fancy
take a hint, to – take, 6
take a load off one's mind, to – peso, 1
take a month of Sundays, to – tardar, 2
take a turn for the better, to – turn, 9
take by storm, to – take, 13
take French leave, to – leave, 4
take heart, to – heart, 18
take it easy, to – take, 1
take it into one's head to do sth, to – cabeza, 1
take it lying down, to – take, 11
take it out on sb, to – take, 12
take no risks, to – pie, 3
take off/ raise one's hat to sb, to – hat, 1
take offence, to – take, 8

take one's breath away, to – take, 7
take one's courage in both hands, to – tripas
take one's leave, to – leave, 7
take one's time, to – take, 9
take pot luck, to – pot, 1
take sb for a ride, to – queso, 1
take sb in, to – take, 14
take sth in, to – take, 15
take sides, to – take, 10
take sth back – eat, 4
take sth for granted, to – take, 3
take sth in one's stride, to – take, 2
take sth into account, to- account, 2
take sth to heart, to – heart, 9
take the bull by the horns, to – bull, 1
take the edge off one's appetite/ hunger, to – edge, 3
take the edge off sth, to – edge, 3
take the law into one's own hands, to – hand, 13
take the piss out of sb, to – piss
take the plunge, to – plunge
take the rough with the smooth, to – maduras
take the shine off sth, to – shine
take the sting out of sth, to – hierro, 2
take the wind out of sb's sails, to – wind, 1
take the words out of sb's mouth, to – word, 5
take to one's heels, to – heel, 2
take to sth like a duck to water, to – duck, 3
take turns, to – turn, 2
take with a pinch of salt, to – take, 4
take/ pick up the gauntlet, to – guante, 1
taken aback, to be – aback
talk at cross purposes, to – talk, 1
talk double Dutch, to – Dutch, 3
talk nineteen to the dozen, to – hablar, 4, sins.
talk of the devil...- hablar, 3
talk of the town, to be the – town, 2
talk one's head off, to – hablar, 4
talk sb out of sth, to – cabeza, 21
talk shop, to – shop, 2
talk the hind leg(s) off a donkey, to – donkey, 3
talk through one's hat, to – talk, 2
talk to the hand – talk, 4
talk turkey, to – talk, 3
tall order, a – order
tall story, a – story, 2
tarred with the same brush – tarred
tear a strip off sb, to – rapapolvo

– falda
tighten one's belt, to – cinturón
till May be out, ne'er cast a clout – mayo
time and again – time, 9
time and tide wait for no man – time, 7
time flies – time, 18
time is a great healer – time, 6
time's money – time, 3
time's up – time, 8
timid as a rabbit, as – as, 1
tin ear, to have a – tin
tip of the iceberg, the –iceberg
tired out – tired
tit for tat – tit for tat
to a man – hombre, 6
to cap it all – cap, 2, desgracias, 2
to cut a long story short – cuenta, 3, sins.
to one's fingertips – backbone, sin.
to one's heart's content – boca, 2
to put it bluntly – hablar, 7
to put it in a nutshell – cuenta, 3, sins.
to put it mildly – put, 6
to say the least – say, 1
to sb's face - face, 6
to the backbone – backbone
to the letter – letra
toady to sb, to – coba, sins.
toe the line, to – toe, 1
too bad – bad, 2
too big for one's boots, to be – boot, 1
too clever by half, to be – listo
too full of oneself, to be – full, 5
too good to be true – true
too many chiefs and not enough Indians – Indian, 2
too many cooks spoil the broth – cook, 1
toot one's own horn, to – abuela, sin.
top dog – dog, 13
top of the ladder, the – top, 1
touch bottom, to – touch, 3
touch sb for sth, to – touch, 2
touch wood, to – wood, 2
touchy , to be – touchy
tough as leather, as – as, 1
tough customer/cookie,to be a – hueso, a
tough/hard nut to crack, to be a – hueso, b
tough shit – cheese, 2, sin.
traffic jam, a – jam, 2
tread/step on sb's toes, to – toe, 4
trip sb up, to – zancadilla
Trojan horse/the Wooden Horse of Troy – horse, 8
trouble is…(the) – trouble, 1

troubles never come singly – desgracias, sin.
true as steel, as – as, 1
try one's hand at sth, to – hand, 3
turkey, to be a – turkey
turn a blind eye (to sth), to – vista, 1
turn a deaf ear (to sth), to – turn, 7
turn on one's heels, to – heel, 7
turn one's back on sb/sth, to – turn, 8
turn one's nose up at sth, to – turn, 6
turn over a new leaf, to – página
turn sb down, to – calabazas
turn sb on, to – poner
turn sb's head, to – cabeza, 2
turn sb's stomach, to – estómago, 1
turn sth over in one's mind, to – cabeza, 17
turn tail, to – tail, 1
turn the other cheek, to – cheek, 1
turn the tables (on sb), to – turn, 10
turn things to one's own advantage, to – agua, 5
turn turtle, to – turtle
turn up one's toes, to – toe, 5
turn/tip the scales (against sb/in sb's favour), to – turn, 5
turncoat, to be a – camisa
twice as much – twice
twiddle one's thumbs, to – thumb, 6
twist sb round one's little finger, to – twist
twist sb's words, to – punta, 5
twisted mind, to have a – gato, 6, sin.
two days, etc running – running
two heads are better than one – head, 6, ojo, 2
two wrongs don't make a right – wrong, 5
two's company, three's a crowd – dos
two-faced, to be – cara, 6
ugly as sin, as – Picio
unable to look sb in the eye/face – look, 5
under a cloud, to be – cloud, 3
under sb's thumb, to be – thumb, 2
under sb's/one's nose- nariz, 2
under the weather, to be – weather, 2
under way, to be – way, 9
united we stand, divided we fall – unión
unknown quantity, an – unknown
up and about, to be – up, 2
up in arms, to be – grito, 1
up one's sleeve – sleeve
up shit creek (without a paddle), to be – shit, 4
up to one's ears in sth, to be – culo, 1
up to one's eyes (in sth), to be – eye, 1
up to one's neck in sth, to be – agua, 4

which came first the chicken or the egg? –
chicken, 5
while away the time, to – while, 1
while there's life there's hope – esperanza
while we're about it – faena
whipping boy, a – cabeza, 11
whistle for it, to – whistle, 1
white as a sheet, as – blanco, 1
white elephant, a – elephant, 2
white lie, a – white
who's going to bell the cat? – cascabel
wild-goose chase, a – goose / geese, 2
win hands down, to – win, 1
win the day, to – win, 2
wipe the floor with sb, to – wipe
wipe the slate clean, to – página, sin.
wise after the event, to be – wise
witch-hunt – witch-hunt
with it, to be – with, 1
with one stroke of the pen – plumazo
with one's nose in the air – nose, 11
with the best of them – with, 2
with the naked eye – eye, 11
without rhyme or reason – rhyme
wolf in sheep's clothing, a – wolf, 1
wolf whistle, a – wolf, 5
work like a slave / a Trojan, to – work, 3
work one's fingers to the bone, to – work, 1
work / do wonders, to – work, 4
worked up, to be / get – moto, 1a
world is sb's oyster, the – oyster
worm turns / will turn, a – worm, 1
worn out – tired, sins.
worse than useless, to be – carabina
worse things happen at sea – Cuba
worth + gerundio, to be – while, 4, sin.
worth one's while, to be – while, 4
worth one's / its weight in gold, to be –
worth
would not hurt a fly, he / she –goose / geese,
3, sin.
wouldn't say boo to a goose – goose / geese, 3
wrong, to be – wrong, 3
year dot, the – año
yearning for sth / to do sth, to – wait, 1
yellow press, the – yellow
you can dispense with formalities –
cumplidos, sin.
you can say that again – say, 3
you can stuff it (up your arse / ass) – culo, 3
you can take a horse to water, but you can't
make him / it drink – horse, 9
you can't have it both ways – way, 8

you can't have your cake and eat it – cake, 1
you can't judge a book by its cover – book, 5
you can't make a silk purse out of a sow's
ear – mona
you can't make an omelette without
breaking eggs – egg, 3
you can't teach an old dog new tricks –
dog, 8
you can't teach your grandmother to suck
eggs – egg. 4
you could hear a pin drop – mosca, 3
you don't say – say, 4
you have a point there – point, 9
you live and learn – vivir, 2
you mark my words – mark, 1
you name it – name, 4
you never know – know, 56
you reap what you sow – reap
you scratch my back, I'll scratch yours –
scratch, 1
you see – see, 5
you're kidding / you must be kidding –
broma, 3
you're telling me – decir, 1
you've got to be cruel to be kind – querer, 2
your guess is as good as mine – guess, 2
yours truly – yours, 1

Español - inglés

acabar de una vez – have, 6
acojonar a alguien – scare, 2
acomodado (bien de dinero), estar – well off
acuérdate de lo que te digo – mark, 2
adios a... – much, 3a
adónde quieres ir a parar? – drive, 2
adónde vamos a parar? – world, 8
adoptar aires de superioridad - airs
aflojar el ritmo – slow down
aflojar la mosca – cough
agachar/bajar la cabeza – cabeza, 14
agarrarse a un clavo ardiendo – clavo, 1
agua pasada no mueve molino – agua, 1
aguafiestas, ser un – aguafiestas
aguantar carretas y carretones – take, 11
aguantar el chaparrón – face, 5
aguantar el tipo – keep, 4
aguantar impávido/sin inmutarse/con la sonrisa en los labios – keep, 3
aguantar la risa – face, 2
aguantar sin rechistar – take, 11
aguar la fiesta – applecart
aguzar el oído – prick
ahí está la pega – rub, 4
ahogar las penas en vino – drown
ahogarse en un vaso de agua – montaña
ahora o nunca – now, 2
ahora que caigo/que lo pienso – caer, 1
ahora te toca a ti – ball, 1
ahora una de vaqueros – pull, 8
ahorrar para el día de mañana – save, 1
ahuyentar el hambre – wolf, 2
ajustar cuentas con alguien – cuenta, 8
ajustar las cuentas a alguien – cuenta, 8
ajuste de cuentas – cuenta, 11
al aire libre – air, 1
al contado rabioso – cash, 1
al corriente, estar – in, 9
al dar las... (hora) – on, 7
al dedillo – dedillo
al día, estar – in, 10
al diablo con todo! – damn, 1, sin.
al freír será el reír – laugh, 3
al límite de la paciencia/resistencia – end, 1
al loro, estar – ball, 2, ear, 9
al mal tiempo, buena cara – tiempo
al pan, pan y al vino, vino – pan, 2
al pie de la letra – letra
al pie del cañón, estar – pie, 6
al pum pum – cash, 1
al revés – inside, a, upside, way, 5

al tanto, estar – ear, 9
alardear de algo – show off
alborotar/revolver el avispero – stir
alcanzar el dinero – make, 2
alcanzar la mayoría de edad – age, 3
alegrar el día – day, 11
alegre como unas castañuelas – happy, 2
algo huele a podrido en el reino de Dinamarca – Dinamarca
allá tú – up to, 1
allanar el camino – pave
allanar el terreno – wheel, 1
amañar las cuentas – cuenta, 10
amigo en la necesidad es un amigo de verdad, un – friend, 2
amor a primera vista – love, 3
amor con amor se paga – turn, 1
amor es ciego, el – blind, 4
anda ya! – get away, 3, go, 9
andar de cabeza – cabeza, 15
andar de capa caída – capa, weather, 2
andar escaso – hard up
andar pisando huevos – huevo, 2
andarse con pies de plomo – pie, 3
andarse por las ramas – bush
antes que te cases, mira lo que haces – look, 2
antes se coge a un mentiroso que a un cojo – mentiroso
añadir/echar leña al fuego – add, 2
año de la nana/de maricastaña/de la polca/del catapún. el – año
años de vacas flacas/gordas – vaca, 1
aparcar un asunto – ice
apariencias engañan, las – book, 5
apear/bajar a alguien del burro – peg
apearse/bajarse del burro – burro, 1
apetecer algo/hacer algo – feel, 1
apostar al perdedor – horse, 10
aprendiz de todo, maestro de nada – Jack, 2
apretar las clavijas – put, 12
apretarse el cinturón – cinturón
apretarse los machos – bite, 3, gird
apuntarse un buen tanto – tanto
aquí y ahora – here
árboles no dejan ver el bosque, los – wood, 1
arma de doble filo – arma
armado hasta los dientes – tooth/teeth, 1
armar gran revuelo – cat, 12
armar la de Dios es Cristo – raise
armar la marimorena/la gorda/una

2, skin, 4
calar a alguien – number, 1, see through, 1
calentito (dentro de casa) – as, 1 (as warm
as...)
caliente, estar / ponerse – horny
callarse la boca – tongue, 1
callejón sin salida – blind, 2
callo, ser un – callo, 2
calmar los ánimos – pour
calvo como una bola de billar – calvo, 2
calzonazos – hen-pecked
camarón que se duerme, se lo lleva la
corriente – laureles
cambiar de actitud – change, 4
cambiar de camisa / chaqueta – camisa
cambiar de mano / de dueño – change, 3
cambiar de opinión – change, 1
cambiar las reglas de juego en medio del
partido - goalposts
cambiar las tornas – turn, 10
cambiar para mejor – turn, 9
cambiarse las tornas – turn, 10
cambiársele la cara a alguien - face, 14
camello – camello
caminar por la cuerda floja - tightrope
cantar la gallina / de plano – gallina, 2
cantar las cuarenta a alguien – cuarenta,
give, 2
canto del cisne – cisne
capear el temporal – capear
cara a cara – face, 8
cara o cruz? – cara, 1
carabina de Ambrosio, la – carabina
caradura, ser un – caradura
carca, ser un – carroza
cargar a alguien con el muerto – muerto,
1, pin, 1
cargar con el mochuelo – mochuelo, 2
cargar las tintas – tintas
cargarse a alguien – cargarse, do, 2
cargársela – neck, 2
caridad bien entendida empieza por uno
mismo, la – caridad
carne de cañón – cannon
carroza, ser un – carroza
carta blanca – hand, 22
casarse de penalti – shotgun
cascarrabias, ser un – quick, 2
castillo de naipes – house, 3
castillos en el aire – castles, sky, 2
causar estragos – play, 3
cavarse su propia fosa – grave
caza de brujas – witch-hunt

cazarlas al vuelo – quick, 3
ceder el paso – way, 6a
centro de todas las miradas, ser el – steal, 3
cero a la izquierda, ser un – pintar
cerrar el kiosko – shop, 1
cerrar los ojos a la realidad – avestruz
chaquetero – camisa
chiflado, estar – bat, 1, nuts, 1, chiflado
chiflarle a uno algo – into
chivarse – chivarse
chivatazo, un – chivarse
chivato, un – chivato
chivo expiatorio – cabeza, 11
chócala! – put, 8
chocheando, estar – gaga
chollo, ser un – easy, 1, cushy
chorradas, decir – shit, 1
chupar del bote – train
chúpate esa! – pipe
chutarse – shoot up
cielos! – heaven, 1
cierra el pico! – pico
círculo vicioso – vicious
cita a ciegas, una – blind, 5
citar textualmente - quote
clamar al cielo - crying
clavado a alguien, ser – spitting
clavar a alguien – clavar
codearse con alguien – shoulder, 1
codo con codo – cheek, 2
coger al toro por los cuernos – bull, 1
coger en caliente – iron, 1
coger una perra / rabieta – perra
cogerle el tranquillo a algo– knack, 1
cogidos de la mano – hand, 9
cogidos del brazo – hand, 9
colado por alguien, estar – viento, 1, bad,
3, have, 7, head, 2
colarse – colarse
colgar las botas – boot, 3
colgar los guantes – guante, 2
colmar de atenciones – dance, 1
colocado, estar – high, 1
colorado como un tomate – colorado, 2
comer a dos carrillos – carrillos
comer como los pavos – pavo, 1
comer como un pajarito – eat, 3
comer como una lima – comer, 1
comer con la vista / por los ojos – eye, 4
comer de lo que haya – pot, 1
comer el coco / el tarro – comer, 2
comer la sopa boba – sopa, 3
comerse a alguien a besos – besos

coser y cantar – easy, 1
cosquilleo en el estómago, tener un –
butterfly
costar un ojo de la cara/ un riñón/ dineral/
pastón/ huevo – ojo, 8, nose, 1, penny, 1
costilla, la – parienta
cotillear – shoot, 1
creer con reservas – take, 4
creerse el ombligo del mundo – bee, 3, cat, 6
cresta de la ola, estar en- crest, top, 1
cría buena fama (y échate a dormir) –
fama. 2
cría cuervos (y te sacarán los ojos) –
cuervos
cría mala fama (y échate a morir) – fama, 1
criando malvas, estar – malvas
crispar los nervios – nervios, 1, back, 9,
hair, 2, wall, 1
cruzarse los cables – blow, 5
cuando el diablo no tiene nada que hacer...
– devil, 4
cuando el gato no está, los ratones bailan
– cat, 3
cuando el río suena (piedras lleva) – río, 2
cuando las barbas de tu vecino veas pelar...
– barbas, 2
cuando las ranas críen pelo – hell, 6, rana,
2, pig, 8
cuando quieres darte cuenta – next, 1
cuanto antes mejor – sooner
cuatro gatos – gato, 5
cuatro ojos ven más que dos – head, 6, ojo, 2
cubrir gastos – even, 2
cubrir las apariencias – apariencias
cubrirse las espaldas – back, 11
cuentas de la lechera, las – chicken, 2
cuentas de la vieja, las – cuenta, 14
cuéntaselo a tu abuela! - pull, 8
cuento chino – cock, story, 3
cuento de viejas – old, 3
culo/ culillo de mal asiento – culo, 2, feet,
7
cumplir la palabra – good, 1
curarse en salud – side, 3
curiosidad mata al hombre, la – cat, 9
dalo por hecho – as, 2
dar a alguien el beneficio de la duda- give, 3
dar asco – asco, 3
dar calabazas – calabazas
dar cien patadas – tragar, 1, rub, 3, skin, 1
dar coba – coba
dar coces contra el aguijón – kick, 3
dar con la puerta en las narices – nariz, 1

dar con queso – wool, queso, 1
dar cuarenta/ cien/ mil vueltas – knock, 6
dar de lado – lado
dar de mano – knock, 2a
dar dentera – set, 2
dar donde más duele – llaga
dar el callo – callo, 1
dar el golpe – golpe, 2, go, 20
dar el paso decisivo – plunge
dar el visto bueno a la salud de alguien –
clean, 3
dar en el blanco – blanco, 2
dar en el clavo – clavo, 2
dar esquinazo – esquinazo
dar gato por liebre – gato, 3, pig, 1
dar gracias a Dios por lo que se tiene –
blessing, 1
dar gracias a su buena estrella – stars
dar jabón – jabón, 1
dar la cara – cara, 3
dar la cara por alguien – cara, 4
dar la lata/ la vara – lata, 2
dar la mano y tomarse el brazo – give, 10
dar la nota discordante – strike, 3
dar la talla – mark, 2
dar la vuelta a la tortilla – turn, 10
dar las boqueadas - leg, 2
dar lo mismo – difference, 1
dar lugar – pie, 5
dar mala espina – gato, 1
dar marcha atrás – feet, 1
dar mucha guerra todavía – dog, 12
dar/ no dar el visto bueno a algo – thumb,
4
dar para el pelo – knock, 1
dar paso a... – way, 6e
dar plantón – plantar, a
dar por sentado/ supuesto – take, 3
dar por zanjado – quits, a
dar que hablar – tongue, 6
dar que pensar – thought
dar quince y raya- knock, 6
dar repelús – have, 12
dar rienda suelta a los sentimientos – vent
dar sopas con onda – sopa, 2
dar su brazo a torcer – way, 6d
dar todo su apoyo a algo/ alguien – throw,
4
dar un ataque (de nervios) – kittens
dar un baño a alguien – wipe
dar un buen repaso a alguien – wipe
dar un gallo para recibir un caballo – sprat

dejar que algo o alguien se escape de entre las manos/los dedos – finger, 5
dejar que alguien se las componga/arregle solo – stew
dejar recado – leave, 6
dejar sin habla/pasmado – take, 7
dejar tieso – bleed
dejar tirado – high, 2
dejarlo en empate – quits, b
dejarse la piel trabajando – work, 1
dejarse llevar por el instinto- nose 5b
dejarse llevar por la corriente – swim
dejarse llevar por la emoción – carried away
del agua mansa me libre Dios ... – agua, 7
del árbol caído todos hacen leña – árbol
del dicho al hecho (va un gran trecho) – easy, 4, dicho
delante de las narices de alguien – nariz, 2
demasiados cocineros estropean el caldo – cook, 1
dentro de nada – time, 11
derrumbarse – break down
desatar la lengua – draw, 6
descargar la conciencia – breast
descubrir el juego – call, 4, see through, 1
descubrir el pastel – give, 5, spill, lengua, 1
descubrirse ante algo – hat, 1
desgracias nunca vienen solas, las – desgracias, 1
deslomarse – back, 5
desinflar a alguien completamente – wind, 1
desmoronarse – break down
desnudar un santo para vestir a otro – santo, 3
despacharse a gusto – make, 15
despedida de soltera – hen
despedida de soltero – stag
despedirse a la francesa – leave, 4
despistar/dar una pista falsa – throw, 1
devanarse los sesos – brain, 2, rack
di patata – cheese, 1
día de perros – perro, 6
día y noche - around
diamante en bruto, un – rough, 2
dicho y hecho – hecho
dictar la ley – law, 1
diferente como de la noche al día – different
dijo la sartén al cazo... – pot, 2
dímelo a mí! – decir, 1
dinero contante y sonante – dinero, 1
dinero es la raíz de todos los males, el – money, 3

dinero es lo de menos/no es problema, el – money, 2
dinero fácil – money, 6
dinero mueve al mundo, el – money, 4
dinero no lo regalan/no cae del cielo/ cuesta mucho trabajo ganarlo, el – money, 1
dinero tirado a la calle – dinero, 3
dineros del sacristán cantando se vienen, cantando se van, los – easy, 2
diñarla – pata, 1
Dios aprieta, pero no ahoga - Dios, 4
Dios los cría (y ellos se juntan) – bird, 1
Dios me libre! – far
Dios mediante – Dios, 7
Dios mío! – heaven, 1
Dios no lo quiera! – heaven, 3
Dios nos libre! – heaven, 3, perish
dirigir el cotarro – pull, 3
discutir a voz en grito – hammer, 2b
distancia es el olvido, la – sight, 3
distar mucho de... – be, 3
divertirse de lo lindo – heel, 6
divide y vencerás – dividir
doble o nada – doble
doctores tiene la (Santa Madre) Iglesia – doctores
dolorosa, la – damage
don nadie, un – devil, 2
donde caben dos, caben tres - room
donde Cristo perdió el gorro – pino
donde está la marcha - where
donde hay confianza da asco – asco, 1
donde las dan las toman – tit for tat
donde quiera que fueres, haz lo que vieres – Rome
dorar la píldora – píldora
dormir al aire libre/a la intemperie – rough, 1
dormir como un tronco/lirón – sleep, 1
dormir la mona – sleep, 2
dormirse en los laureles – laureles
dos es compañía, tres es multitud – dos
dos no se pelean si uno no quiere – pelearse
dos veces más - twice
dulce como la miel – as, 1 (as sweet...)
duro de corazón – nail, 1
duro de pelar - hueso
echar a patadas – give, 6
echar a suertes – draw, 3
echar chispas – chispas
echar con cajas destempladas/con viento fresco – flea
echar de menos – homesick

en tiempos de guerra, cualquier hoyo es trinchera - storm
en titulares – headlines
en total – all, 7
en un abrir y cerrar de ojos – ojo, 5
en un aprieto – apuro, 1, fix
en un dos por tres – ojo, 5, periquete
en un periquete – periquete
en un pis pas – ojo, 5
en un santiamén – periquete
en una palabra – word, 2
encantado de conocerte – nice
encapricharse con algo/ de alguien - fancy
encerrarse en sí mismo – shell
encontrar la horma de su zapato – match
encontrar un filón – strike, 1
enganchado a algo, estar – hooked
engañar como a un chino – queso, 1
engañar el hambre – edge, 3
enmarronarse – carry, 2
enrollado, ser –with, 1
enrollarse – go, 12
enseñar los dientes – tooth/ teeth, 4
entendérselas con alguien – carry on
enterarse de oídas – grapevine
enterrar el hacha de guerra- bury
entrar con muchos bríos – new, 1
entrar ganas de ... – mind, 2
entrar muy fuerte – bad, 3
entrar por el aro – heel, 1
entrar por un oído y salir por el otro – oído, 2
entre la espada y la pared, estar – espada, back, 6
entre pitos y flautas – thing, 3
entre que...y... – what, 4
entre tú y yo/ entre nosotros – between
entre unas cosas y otras – thing, 3
entregarse en cuerpo y alma – heart, 20
equivocarse de medio a medio – bark, 2
éramos pocos y parió la abuela – desgracias, 1
érase una vez... – once, 2
es la hora – time, 8
es más fácil decirlo que hacerlo – easy, 4
es un poco fuerte – fuerte, 1
es una lástima – lástima, 2
escaparse de entre las manos/ los dedos – finger, 5
esconder la cabeza bajo el ala/ en la arena – avestruz
escribir cuatro letras/ unas líneas – drop, 2
escurridizo como una anguila – slippery

eso es asunto mío – business, 1
eso es todo – about, 3
eso lo sabe hasta el gato – gato, 7
eso no es asunto tuyo – business, 2
eso se dice pronto – easy, 4
espada de Damocles, la – Damocles
esperanza es lo último que se pierde, la – cloud, 1
esperar a ver por dónde van los tiros – cat, 2, wind, 3
esperar sentado – whistle, 1
esperar tiempos mejores – tight, b
espicharla – pata, 1
espina clavada en la carne – thorn
estamos todos en el mismo barco – boat, 1
"están verdes" – sour
estar a la altura – live, 2, mark, 2, rise, 3, scratch, 2
estar a las duras y a las maduras – maduras
estar al día – with, 1
estar anticuado – out, 1, time, 12
estar bien fundado – hold, 2
estar bien/ mal con alguien – book, 1
estar buscándosela – come, 1
estar como un queso – hot, 5b, hunk, queso, 2
estar como una cabra/ chiva/ /un cencerro/ una regadera – mad
estar con el mono – mono, 1
estar con todo a su favor – sitting
estar de buen humor – mood, 2, temper, 1
estar de mal humor – mood, 2, out, 3b, temper, 1
estar de Dios – Dios, 6
estar de humor – mood, 1
estar de mala leche – leche, 3, sin.
estar de maravilla – fit, 1
estar de punta – punta, 4
estar de uñas – matar
estar de vuelta de todo – vuelta, 3
estar deseando que le regalen a uno los oídos – fish, 2
estar empapado – wet
estar en babia – head, 9
estar en boca de todos – talk, 2
estar en camino – way, 1
estar en el pellejo de alguien – shoes
estar en el plato y en la tajada – plato, 2
estar en la cuerda floja – tightrope
estar en la onda – with, 1
estar en las últimas – leg, 2
estar en los huesos – thin, 1
estar en medio – way, 1

haber gato encerrado – gato, 1
haber oído campanas y no saber dónde –
talk, 2
haber para todos – go, 13
haber sido cocinero antes que fraile –
cocinero
haber vivido la vida – cocinero
haberse acabado todo para alguien – up, 1
habichuelas de uno, las – bread
hábito no hace al monje, el – hábito
hablando del rey de Roma (por la puerta
asoma) – hablar, 3
hablando en plata / sin rodeos- hablar, 7
hablar cada uno por su lado – talk, 1
hablar claro / sin rodeos – mind, 7, point, 3,
talk, 3, hablar, 7
hablar con entera libertad – speak, 2
hablar con la pared – flog
hablar en chino – Greek
hablar más de la cuenta – mouth, 1
hablar por boca de ganso – hablar, 8
hablar por los codos / más que siete –
hablar, 4, donkey, 3
hace siglos que no te veo – ages, 2, time, 10
hace un frío que pela – monkey, 4
hacer algo a su manera – way, 16
hacer algo por gusto / diversión – kick, 1
hacer añicos / trizas – pieces, a
hacer ascos a algo – turn, 6
hacer aspavientos – make, 13b
hacer autostop – thumb, 5
hacer buen uso de algo – account, 1
hacer buenas migas – hit, 1
hacer burla – burla
hacer caso omiso – ear, 4
hacer cosquillas – cosquillas, 1
hacer cuentas – cuenta, 8
hacer de carabina – gooseberry
hacer de la necesidad virtud –virtue
hacer de menos – hold, 5
hacer de tripas corazón – tripas
hacer el avío – avío
hacer el caldo gordo- hand, 18
hacer el indio / tonto / payaso / ganso - indio
hacer el juego – hand, 18
hacer el ridículo – ridículo, 1
hacer el rodaje – run in
hacer el vacío – send, lado
hacer furor – rage
hacer honor a la fama – live, 2
hacer honor a su palabra – word, 6
hacer la pascua – cook, 2
hacer la pelota / la rosca – coba, boot 4,

butter, 1
hacer la peseta – bird, 14b, finger, 6
hacer la rabona – rabona
hacer la vista gorda – look, 6, vista, 1
hacer las paces – make, 4
hacer lo imposible – pull, 9
hacer lo posible – do, 5
hacer los deberes – homework
hacer mella – skin, 3
hacer milagros – work, 4
hacer muchos aspavientos por algo sin
importancia – dance, 3
hacer novillos / pellas - rabona
hacer oídos sordos – turn, 7
hacer ojitos – eye, 5
hacer pedazos (criticando) – pieces, b
hacer perder el juicio – cabeza, 2
hacer perder la cabeza – sweep
hacer picadillo – picadillo
hacer polvo – cook, 2
hacer rabiar – rabiar, cosquillas, 3
hacer todo lo que esté en sus manos – do, 5
hacer un calvo – calvo, 4
hacer un favor – do, 9
hacer un pie agua – cook, 2, pull, 7
hacer una chapuza – chapuza, pig, 11
hacer una comedia – put, 11
hacer una faena – trick
hacer una mala jugada / faena / jugarreta
– do, 9
hacer una montaña de un grano de arena
– montaña
hacer una pedorreta – raspberry
hacerle a uno mella (críticas, etc) – skin, 3
hacer(se) la boca agua – agua, 2
hacerse cargo de una situación – take, 15
hacerse cuesta arriba – go, 8
hacerse el sordo – turn, 7
hacerse el tonto / sueco – dumb
hacerse la estrecha – play, 8
hacerse un flaco servicio – shoot, 2
hacerse un lío – knickers, b, mixed
hacérselas pasar moradas / canutas a
alguien – put, 13
haga frío o calor – rain
harina de otro costal, ser – harina, fish, 4
hartarse de reír / llorar / gritar, etc – head,
12
hasta aquí podíamos llegar – foot, 1
hasta el cuarenta de mayo no te quites el
sayo – mayo
hasta el cuello / hasta arriba – eye, 3
hasta el culo, estar – culo, 1

lavado de cara, un – lick
lavar el cerebro – comer, 2
lavar los trapos sucios – wash
lavarse las manos – hand, 14
leche y habas – bird, 13
leer entre líneas – read
leer la cartilla – carpet, 1
lento como una tortuga – as (as slow...)
letra con sangre entra, la – spare
levantar ampollas – point, 7
levantar cabeza – cabeza, 12
levantarle la mano a alguien – hand, 21
levantarse con el pie izquierdo/por los pies de la cama – side, 2
levantarse con las claras del día – lark, 2
ley del embudo, la – embudo
liar el taco – marimorena
liarse - mixed
liarse la manta a la cabeza – manta
librarse por los pelos – pelo, 1
libre como los pájaros/como el aire – as, 1 (as free...)
ligar con unos,-as y con otros,-as – play, 9
ligero como una pluma – pluma
limpiar sólo lo que ve la suegra – lick
limpio como los chorros del oro/una patena – clean, 1
limpio, estar (ser inocente) – clean, 2
lindar con lo prohibido – wind, 2
liquidar a alguien – bump off, knock off, b, do, 2,cargarse
lisa como una tabla – flat, 1
llamar a capítulo – carpet, 1
llamar a las cosas por su nombre – pan, 2
llamar al orden – rap
llamar la atención – strike, 3
llavar la corriente – corriente, 1
llegar a final de mes – make, 2
llegar a los oídos de alguien – ear, 5
llegar a viejo – bone, 2
llegar y besar el santo – santo, 6
llegarle a alguien su hora – number, 3
llenar un hueco – fill, 1
llenazo, un- full, 2
llevar al huerto – queso, 1
llevar el agua a su molino – agua, 5
llevar la batuta – call, 3, rule, 3, run, 3
llevar la cesta – gooseberry
llevar la contraria – contraria
llevar la voz cantante – call, 3, rule, 3, run, 3
llevar las de ganar – ace, 1
llevar las emociones escritas en la cara – heart, 2

llevar leña al monte – carry, 1
llevar los pantalones – pantalones
llevar una eternidad – tardar, 2
llevar una vida de perro – perro, 3
llevar/tener una copa de más – copa, 2
llevarlo claro – think, 6
llevarlo en la sangre – blood, 8
llevarse a las mil maravillas – get on, 3
llevarse bien/mal – get on, 1, hit, 1
llevarse como el perro y el gato – perro, 1
llevarse el gato al agua – bring, 4b, win, 2
llevarse la palma – cake, 2
llevarse las manos a la cabeza – cabeza, 13
llevarse un chasco – laugh, 3
llevarse un susto de muerte/de padre y muy señor mío – susto, 2
llorar a lágrima viva/a raudales – heart, 7, llorar
llorón, ser un – baby, 2
llover a cántaros/manta – llover
llovido del cielo – llovido
lo bueno, si breve, dos veces bueno – brevity
lo curioso del caso – funny
lo malo es que... – trouble, 1
lo mejor de lo mejor – pick, 2
lo mismo digo – same
lo pasado, pasado está – bygones
lo pillas? - pillar
lo primero es lo primero – first, 2
lo prometido es deuda – prometido
lo que a uno cura, a otro mata – meat
lo que alguien dice va a misa – misa
lo que importa es el detalle – detalle
lo que no va en lágrimas va en suspiros – make, 5
lo que tú digas – say, 2
lo último, ser algo – grito, 2
lobo de mar – lobo, 1
lobo disfrazado de cordero, un – wolf, 1
lobo feroz, el – wolf, 6
loco de atar – mad
loco por alguien/algo – loco, 2
luz verde, dar – green, 3
machacar en hierro frío – flog
machacar los sesos – brain, 3
macizo, estar – hunk
majareta, estar – bananas, 1, chiflado
mal de muchos, consuelo de tontos – cold, 1
mal de ojo – eye, 10
mal genio, tener – quick, 2
mal menor – mal. 2
mal rollo – blood, 3

menudo consuelo – cold, 1
meollo de la cuestión, el – nitty-gritty
meter al lobo en el redil / gallinero – cat, 12
meter cizaña – add, 2
meter en cintura / vereda – meter
meter ideas a alguien en la cabeza – head, 4
meter la nariz en los asuntos ajenos – nose, 4
meter la pata – pata, 2
meter las cabras en el corral – get the wind
meterse a alguien en el bolsillo – eat, 1
meterse con alguien – cosquillas, 3
meterse en camisa de once varas – bite, 1
meterse en la boca del lobo – boca, 4
meterse en líos / en un lío- fix, jam, 1, trouble, 2
meterse en su concha – shell
meterse en un jardín / berenjenal – jardín
meterse los dedos en la nariz – pick, 1
metérsele a uno algo en la cabeza – cabeza, 1
mi menda – yours, 1
michelines – michelines
mientras hay vida hay esperanza – esperanza
mira quien fue a hablar! – pot, 2
mirar a la cara – look, 5
mirar a los ojos – look, 5
mirar con el rabillo del ojo – look, 4
mirar de arriba a abajo – look, 7
mirar de reojo – look, 4
mirar el lado bueno – look, 3
mirar para otro lado – look, 6
mirar por el rabillo del ojo – rabillo
mirar por encima del hombro – nose, 6, hombro, 1
mirarse en los gastos pequeños y no importar los grandes – penny, 3
mirón, ser un – Peeping Tom
mis labios están sellados – lip, 5
misión imposible – blood, 6
misma historia de siempre, la – story, 1
misma ralea / calaña, de la – bird, 2
mismo de siempre, lo – story, 1
mismo rollo de siempre, el – bull, 3
moco de pavo – chicken, 3
molar mazo - molar
moler a palos – shit, 5
mondarse / troncharse / partirse / descojonarse de risa – risa, 1
mono de imitación – mono, 2
montón de basura, un – load
montones de cosas que hacer / ver, etc – punta, 1

monumento, un – camión
morder el anzuelo – rise, 2, swallow, 2
morder el polvo – dust, 2
morderse la lengua – tongue, 3
morderse los labios – lip, 1
morir como un perro – dog, 10
morir con las botas puestas – botas, 1
morirse de hambre – hambre, 2
moros en la costa, hay / no hay – coast
mosca, la – pasta
mosquita muerta, un – look, 1
mover el culo – leg, 3a
mover el esqueleto – leg, 3b
mover influencias – pull, 2
moverse más que un saco de ratones – ants
movimiento se demuestra andando, el – movimiento
mucha mierda! – leg, 6
mucho ruido y pocas nueces – ruido
muchos jefes y pocos indios – Indian, 2
muchos pocos hacen un mucho / montón – penny, 4
muérete! – drop, 3
muerto de envidia – green, 2
muerto de miedo – scare, 1
muerto de risa – risa, 2
muerto el burro, cebada al rabo – burro, 2
muerto el perro se acabó la rabia – perro, 4
mujer de bandera – bandera
mula – mule
mundo al revés, el – tail, 2
mundo es suyo, el – oyster
mundo es un pañuelo, el – world, 3
música celestial - music
muy ancho / ufano – cat, 17
muy conocido en su casa (a la hora de comer) – conocido
nacer con buena estrella – estrella, 2
nacer de pie – estrella, 2
nada del otro jueves / mundo – jueves
nadando en dinero – dinero, 2
nadar contra corriente – swim
nadar entre dos aguas – hare, agua, 6
nadar y guardar la ropa – nadar
nadie da nada por nada – free
nadie es profeta en su tierra – profeta
necesidad carece de ley, la – storm
negar el saludo – cut, 6
negocios son los negocios, los – business, 3
negro como el carbón – as, 1 (as black ...)
ni calvo ni con tres pelucas – calvo, 3
ni chicha ni limoná – fish, 6
ni en broma- broma, 4

no pegar ojo – ojo, 6
no perder la cabeza- head, 1
no pestañear – bat, 2
no pintar nada – pintar
no poder (ni) con su alma – alma, 4
no poder aguantar (las ganas de ir al
baño) – short, 2
no poder meter baza – word, 9
no poder tragar a alguien – rub, 3, tragar, 1
no poder ver ni en pintura – sight, 5,
pintura
no poner una mano encima – finger, 7
no por mucho madrugar amanece más
temprano – bird, 9
no quedar algo – run out
no querer ser menos – Joneses
no quieres caldo, tres tazas – desgracias, 1
no saber a ciencia cierta – guess, 1
no saber a qué carta quedarse – agua, 6
no saber de la misa la media – first, 1
no saber dónde se tiene la mano derecha –
first, 1, know, 3
no sacar nada en limpio/claro – draw, 1
no se ganó Zamora en una hora – Zamora
no se ha hecho la miel para la boca del
asno – asno
no se oía ni una mosca – mosca, 3
no se quieren mucho que digamos – love, 4
no ser cosa de broma – laughing
no ser culpa de alguien – fault
no ser del tiempo de uno – time, 4
no ser gran cosa – much, 1
no ser ningún niño – chicken, 1
no ser ninguna maravilla – much, 2
no ser santo de la devoción de alguien –
santo, 1
no será verdad tanta belleza – true
no servir de nada – point, 2
no sostener las piernas – way, 6c
no te metas donde no te llaman – mind, 1
no te miento – kidding, a
no te sulfures – hair, 1
no tener abuela – abuela, goose/geese, 1
no tener correa- correa, 1
no tener donde caerse muerto – muerto, 2
no tener estómago para ver algo –
estómago, 2
no tener más que pedirlo – ask, 3
no tener nada que ver con algo/alguien –
have, 5
no tener muy buena opinión de alguien/
algo – think, 5
no tener ni la más remota posibilidad – cat, 7

no tener ni puñetera/ni la más remota idea
de algo – foggiest
no tener ni puñetera/puta idea de nada-
know, 3
no tener pelos en la lengua – bone, 1,
word, 10
no tener un pelo de tonto – pelo, 6
no tenerse en pie – leg, 1
no tocar ni un pelo de la cabeza – hair, 3
no tocar un pelo – finger, 7
no valer gran cosa – much, 2
no venir a cuento/al caso – neither
no venir al caso – point, 4
no ver (ni) tres en un burro – blind, 1
no ver con buenos ojos – take, 5
no ver las cosas de la misma manera – eye, 6
no ver más allá de sus narices – nose, 8
notarse/verse a la legua – stick, 1
nulo y sin valor/nulo a todos los efectos
– null
números rojos, estar en – red, 2
nunca digas de ese agua no beberé- - agua, 8
nunca es tarde si la dicha es buena – tarde, 1
nunca se sabe – know, 5
o jugamos todos o rompemos la baraja –
moros
o todos moros o todos cristianos – moros
objetivo número uno, el – object
obra bien empezada, a mitad acabada –
well
obras/hechos son amores (y no buenas
razones) – actions
ociosidad es madre de todos los vicios –
devil, 4
odiar a muerte – guts, 2
oír como quien oye llover – duck, 2
ojito derecho de alguien, el – ojo, 9, blue, 3
ojo avizor, estar – ball, 2, toe, 3
ojo del amo engorda el caballo, el – ojo, 10
ojo morado/a la funerala – eye, 3
ojo por ojo y diente por diente – ojo, 7
ojos que no ven (corazón que no siente) –
ignorance, sight, 3
oler a chamusquina/a cuerno quemado –
gato, 1
oler a perro muerto – heaven, 4
oler/saber a rayos – rayo, 2
olerse algo – get wind
oportunidad de su vida, la – chance, 1
orden del día – day, 13
orgulloso como un pavo real – peacock
oscuro como boca de lobo – oscuro
otro cantar, ser – harina

perder el norte – bearings
perder el salto / tren- salto
perder facultades – touch, 1
perder la cabeza- cabeza, 3
perder la cuenta – cuenta, 5
perder los estribos – fly, 1, go 17, hit, 4, temper, 2
perderse (extraviarse) – way, 14
perdido, estar – done for
permitirse el lujo de ... – lujo
perro del hortelano, el – hortelano
perro ladrador, poco mordedor – bark, 1
perro que ladra no muerde – bark, 1
perro viejo, ser – hand, 24
persona de recursos – string, 1
pesado, ser un – pesado
pescadilla que se muerde la cola, la – vicious
pescar en río revuelto – río, 3
peso de la ley, el – book, 3, law, 2
pez gordo, un – cat, 18, pez, 1
picar el gusanillo – gusanillo, 2
piedra movediza no cría moho – stone, 2
pies de barro – feet, 2
pillar a alguien un farol – call, 4
pillar con las manos en la masa / in fraganti – red, 3
pillar desprevenido – catch, 4
pillar dormido – catch, 1
pillar en bragas / con los pantalones bajados – catch, 1
pillar lo que alguien quiere decir – point, 10
pillar una trompa, pea, tajada, cogorza, curda, mona / n tajón – tajado
pillarle a uno el toro – dedos
pillarse los dedos – dedos
pirárselas – pirárselas
pisar el acelerador / pisar a fondo – step
pisar los talones – hard, 2, neck, 3b
pisar terreno resbaladizo / peligroso – skate, 1, wind, 2
pitarle a uno los oídos – ear, 1
plantar a alguien – plantar, compuesto
plato de segunda mesa, ser – plato, 3
plomo, ser (un) - pesado
pobre diablo, un – devil, 2
pobre porfiado saca tajada – try
poco a poco – by, 10a, poco, 2
poco a poco hila la vieja el copo – poco, 1
poder mirar por un agujerito para ver lo que pasa – fly, 3
podrido de dinero, estar – money, 5, dinero, 2

poner a alguien – poner
poner a alguien en evidencia – call, 4
poner a caer de un burro – verde, 2
poner a huevo – huevo, 1
poner a prueba – put, 7
poner a trabajar las células grises – put, 15
poner al corriente – picture, 1
poner al día – brush up
poner cara de asco – asco, 4
poner cara de perro / de pocos amigos – daggers
poner cara larga – face, 11
poner como un trapo – run down
poner de patitas en la calle – boot, 2
poner de vuelta y media – verde, 2
poner el dedo en la llaga – llaga
poner el grito en el cielo – cut, 2, murder y grito, 1
poner en antecedentes – picture, 1
poner en bandeja – bandeja
poner en ridículo – ridículo, 2
poner en un aprieto – spot, 4
poner enfermo – make, 10
poner furioso – wall, 1
poner la otra mejilla – cheek, 1
poner la zancadilla – zancadilla
poner las cartas boca arriba / sobre la mesa – carta, 1
poner los cuernos – cuerno, 1
poner los nervios de punta – nervios, 1
poner los ojos en blanco – ojo, 4
poner los pelos de punta – hair, 4
poner los pies en – set, 3
poner los puntos sobre las íes – dot, 1
poner manos a la obra- get down
poner negro – boil, 2, nose, 10, nervios, 1
poner palabras en boca de alguien – word, 11
poner palos en la rueda – spoke
poner pegas – water, 2
poner peros – pero
poner pies en polvorosa – heel, 2, leg, 5a, tail, 1
poner por las nubes – sky, 3, speak, 1
poner tierra de por medio – tierra, 2
poner toda la carne en el asador – pull, 9
poner trabas – spanner, spoke, water, 2
poner una multa – ticket, 1
poner una pica en Flandes – tanto
poner una pistola en el pecho – head, 10
poner una vela a Dios y otra al diablo – hare
poner verde – call, 1, run down, verde, 2

quedarse de piedra – feather, 1
quedarse de una pieza – aback, feather, 1
quedarse estupefacto - aback
quedarse pasmado/ boquiabierto – feather, 1
quedarse para vestir santos – santo, 2
quedarse sin fuelle – run, 5
quedarse sopa – sopa, 4
quedarse tan pancho – bat, 2, cool, 1a, turn, 3
quedársele a uno cara de tonto – egg, 7
quejica, ser un – baby, 2
quemar la sangre – boil, 2
quemar las naves – quemar
querer comerse a alguien – jump, 1
querer es poder – querer, 1
quien a hierro mata, a hierro muere – hierro, 1
quien algo quiere algo le cuesta – egg, 3, pains
quien bien te quiere te hará llorar – querer, 2
quien calla, otorga – callar
quien espera, desespera – pot, 3
quien hace la ley, hace la trampa – ley
quién le pone el cascabel al gato? – cascabel
quien mucho abarca poco aprieta – abarcar
quien mucho corre, atrás se halla – correr, 2
quien mucho habla mucho yerra – hablar, 1
quien no arregla la gotera, arregla la casa entera – stitch, 1
quien no se arriesga no pasa la mar – arriesgar
quien paga, manda – piper
quien presta a un amigo...(pierde dinero y amigo) – prestar
quien quiere a Beltrán, quiere a su can – love, 5
quien ríe el último ríe mejor – laugh, 2
quien siembra vientos recoge tempestades – viento, 4
quién te dio vela en este entierro? – vela
quitar a algo su encanto – shine
quitar a alguien de en medio – knock, 2b, cargarse
quitar el hipo – take, 7
quitar importancia – play, 5
quitar las palabras de la boca – word, 5
quitarle a alguien algo de la cabeza – cabeza, 21
quitarle a alguien la venda de los ojos – eye, 9

quitarle hierro a algo – hierro, 2
quitarse a alguien de encima – back, 10a, get rid of
quitarse de en medio – get away, 2
quitarse de la bebida/ el tabaco, etc. – swear off
quitarse el hambre a puñetazos – wolf, 2
quitarse el sombrero – hat, 1
quitarse las ganas de hacer algo – feet, 1
quitarse un peso de encima – peso, 1
quitársele a alguien algo de la cabeza – cabeza, 22
racha de mala/ buena suerte – run, 1
Radio Macuto – grapevine
rajado, ser un – chicken, 4
rara avis – bird, 12
ratito, un – while, 2
ratón de biblioteca, ser un – ratón, 2
raya en el agua, una – drop, 1
rebosar vitalidad – full, 4
recibir con todos los honores – carpet, 2
recibir su merecido – comeuppance
recobrar el habla – tongue, 4
recoger el guante – guante, 1
recurrir en caso de apuro – fall, 1
refrescarse el gaznate – whistle, 2
regalar los oídos – fish, 2
regalo del cielo – agua, 9
regalo para la vista – eye, 7
reglilla práctica, una – thumb, 3
regular – so-so, 1
reírse para sus adentros – laugh, 1
relamerse de gusto – lip, 3
remover cielos y tierra - earth, 2, leave, 1
remover el pasado – rake
repicar y andar en la procesión – cake, 1, way, 8
reproducirse como conejos – rabbit
resaca, tener – resaca
resbalar las cosas – skin, 2
resbalar las críticas – duck, 2
respiro, un – breathing
restregar algo a alguien – rub, 1
resurgir de las cenizas – rise, 1
retirada a tiempo es una victoria, una – discretion
retirar lo dicho – eat, 4, word, 4
retroceder en el tiempo – set, 1
revolver el estómago – estómago, 1
rizar el rizo – loop, gato, 2
rodarán cabezas – cabeza, 23
rollo, ser algo un – rollo, 1
rollo, ser alguien un – pesado

sentirse raro – feel, 2
separar el grano de la paja – separate
ser agua pasada – water, 3
ser anterior a la época de uno – time, 4
ser como un elefante en una cacharrería – bull, 2
ser de fiar – lie, 1
ser el fuerte de alguien – street, 1
ser la comidilla de... – talk, 2
ser la hora – time, 8
ser la leche – leche, 1
ser mayor/menor de edad – age, 2
ser mucho pedir – order
ser pronto para cantar victoria – wood, 3
ser una cruz para alguien – trial
ser una incógnita – unknown
si Dios quiere – Dios, 7
si él/ella levantara la cabeza – cabeza, 8
si la memoria no me falla – memory, 2
si no es por ... – but
si no hay otro remedio – at, 5
si vamos al caso – at, 4
siempre habla el que/quien más tiene que callar – glasshouses, pot, 2
silencio es oro, el – golden, 4
silencioso como una tumba – as, 1 (as silent...)
sin blanca, estar – broke, tieso
sin decir ni mu – mouse
sin nada que hacer – end, 2
sin noticias, buenas noticias – news
sin orden ni concierto – rhyme
sin parar – on, 10
sin pensarlo – off, 4, on, 6
sin rodeos – shoulder, 2
sin ton ni son – rhyme
sin techo, los – down, 2
sin un céntimo/una gorda/un duro/un euro/una lata – broke
sobre gustos no hay nada escrito – gusto
soga/cuerda siempre se parte por el lado más endeble, la – soga, 1
soltar cuatro frescas – cuarenta, give, 2
soltar la pasta – cough
soltar una fresca – head, 5
soltarle la lengua a alguien – tongue, 7
soltarse el pelo – kick, 4, pelo, 2
solterón – old, 2
solterona – old, 2
sombra de lo que se fue, ser una – shadow
sonar a chino – Dutch, 3, Greek
sonar divinamente – music
sonar la flauta por casualidad – flauta

sonarse la nariz – blow, 2
sonreír sin venir a cuento – cat, 10
sopa, estar – world, 5
sordo como una tapia – sordo, 1
soy todo oídos – oído, 1
su ojo se llena antes que su tripa – eye, 4
su seguro servidor – yours, 1
subido de tono – bone, 8
subirse a la parra – burro, 1
subirse al carro/tren de los triunfadores – jump, 2
subirse por las paredes – hair, 6, hit, 4, wall, 4, chispas
subírsele a alguien a las barbas – barbas, 1
subírsele a alguien algo a la cabeza – cabeza, 7
subírsele a alguien el pavo – pavo, 2
sudar sangre - blood, 7
sudar tinta – grindstone, put, 13
suerte está echada, la – die
sufrir un revés – come, 5
suspiro de alivio – back, 2
tajado, estar – loaded, a
tal para cual, ser – bird, 2, tarred
tan campante/pancho – cool, 1a
tantear el terreno – terreno, feelers
tanto mejor/peor – much, 4
tanto va el cántaro a la fuente... – pitcher
taparse los oídos – ear, 6
tardar siglos – ages, 1
tardar un verano – tardar, 2
tarde o temprano – tarde, 3
te ha comido la lengua el gato? – cat, 15
tela, la – pasta
temblar como un azogado/flan – azogado
tempestad en un vaso de agua, una – tempestad
templar gaitas – pour
tener a alguien en el bolsillo - twist
tener a alguien metido en un puño – string, 2, twist
tener a bien – see, 1
tener agallas – guts, 1
tener agarrado por los huevos – short, 3
tener algo en cuenta – account, 2, hold, 7a
tener ángel – way, 2
tener atravesado – rub, 3
tener azogue en el cuerpo – ants
tener buen ojo – eye, 2
tener buen/mal rollo con alguien – rollo, 2
tener buena cabeza para algo – cabeza, 26
tener correa – correa, 2

tirar de la lengua – lengua, 3
tirar de la manta – blow, 6, lid
tirar del carro – carro
tirar la casa por la ventana – boat, 2, town, 3
tirar la toalla – throw, 2
tirar los tejos – pass
tirar piedras contra su propio tejado –
nose, 2, shoot, 2, piedra, 1
tirar por tierra – applecart
tirarse a matar – matar
tirarse de los pelos –hair, 5, kick, 5, pelo, 9
tirarse / marcarse un farol – farol
tirarse un pedo – wind, 6
tires por donde tires, te encontrarás con
Ramírez – catch, 6
tocar a su fin – draw, 4
tocar de oído – ear, 2
tocar fondo – touch, 3
tocar la fibra sensible – heartstrings
tocar madera – finger, 1, wood, 2
tocar resortes – pull, 2
tocar todas las teclas – pull, 9
tocarle a uno el (premio) gordo / la lotería
  jackpot, strike, 2
tocarle a uno la china – straw, 2
tocarse las narices – thumb, 6
todo a su debido tiempo – time, 16
todo el mundo tiene su día grande – dog, 5
todo lo contrario – way, 5
todo no puede ser trabajar – Jack, 3
todo hijo de vecino – bicho, 5
todo quisque / todo el mundo / todo bicho
viviente – butcher, 1, bicho, 5
todo seguido / recto – straight
todo vale en la guerra y en el amor – love, 2
todos los caminos conducen a Roma –
Roma
tomar atajos – cut, 11
tomar cartas en el asunto – carta, 2
tomar el pelo – pelo, 3
tomar el rábano por las hojas – rábano
tomar en cuenta algo a alguien – hold, 7a
tomar las de Villadiego – heel, 2
tomar partido – take, 10
tomar por asalto – take, 13a
tomar un giro favorable – turn, 9
tomar un trago – whistle, 2, copa, 1
tomar una copa – copa, 1
tomarla con alguien – take, 12
tomarle a alguien algo en cuenta – hold, 7a
tomarse a pecho – heart, 9
tomarse la justicia por su mano – hand, 13
tomarse las cosas con más calma- slow

down
tomarse molestias por algo – put, 4
tomarse todo el tiempo que haga falta –
take, 9
tomárselo con calma – play, 4, take, 1-2
tonto del bote / de la haba / de capirote / de
remate / del culo – tonto
torre de marfil – torre
torticolis, tener – stiff, 2
trabajar como un enano – back, 5
trabajar como una mula – work, 3
traer a la mente – mind, 9
traer cuenta – cuenta, 7
traer sin cuidado – pito
traérnosla floja – shit 10
tragarse a alguien la tierra – vanish
tragarse algo (una mentira, etc) – tragar,
2, buy, 1
tragarse el orgullo – swallow, 1
tragarse las palabras – word, 4
tragárselas dobladas – take, 11
trago amargo, un – trago
traje de domingo, con – Sunday
trapos sucios – skeleton
trasto, ser un - loss
trastornar la cabeza- cabeza, 2
tratar con guantes de seda – guante, 5
tratar de ganar tiempo – time, 15
trato hecho – deal
trepa, ser un – trepa
tú mismo! – please, up to, 1
tú te lo has buscado – as, 4
tú te lo pierdes – loss, 5
tú tienes la palabra – ball, 1
última gota (que hace rebosar el vaso) –
straw, 1
último grito, ser el – rage
último mono, el – mono, 3
un día de estos – day, 7
un día sí y el otro también – day, 6
un día sí y otro no – day, 5
una cosa es predicar y otra dar trigo –
actions
una de cal y otra de arena – carrot
una y otra vez – over, time, 9
única pega, la – fly, 2
unión hace la fuerza, la – unión
untar pasta – grease
uña y carne, ser – uña, 1
utilizar a su antojo – make, 15
va a salir un pajarito – cheese, 1, sin.
vaca sagrada – cow, 2
vago de siete suelas – lazybones

Printed in Germany
by Amazon Distribution
GmbH, Leipzig